新时代冶金矿山企业高效开采管理模式

——中钢富全矿业管理创新之路

连民杰　卢才武　著

北　京
冶　金　工　业　出　版　社
2019

内 容 提 要

本书介绍了中钢富全矿业的资源外部性成本、冶金矿山企业文化建设、“RHO”安全生产管理模式、生产管控一体化管理模式、“五位一体”绿色矿山建设模式等，系统地总结了富全矿业在多年探索的基础上形成的一套行之有效的安全绿色高效开采与创新管理模式，为矿山企业可持续发展探索了一条实现路径。

本书可供矿山企业管理层人员阅读，也可供高校矿业工程管理等相关专业的师生参考。

图书在版编目(CIP)数据

新时代冶金矿山企业高效开采管理模式：中钢富全矿业管理创新之路/连民杰，卢才武著. —北京：冶金工业出版社，2019. 1

ISBN 978-7-5024-7978-7

Ⅰ. ①新… Ⅱ. ①连… ②卢… Ⅲ. ①矿山企业—工业企业管理—管理模式—研究—山东 Ⅳ. ①F426. 1

中国版本图书馆 CIP 数据核字（2018）第 289464 号

出 版 人 谭学余

地　　址 北京市东城区嵩祝院北巷 39 号 邮编 100009 电话 (010)64027926

网　　址 www. cnmip. com. cn 电子信箱 yjcbs@ cnmip. com. cn

责任编辑 高 娜 美术编辑 彭子赫 版式设计 禹 蕊

责任校对 郭惠兰 责任印制 牛晓波

ISBN 978-7-5024-7978-7

冶金工业出版社出版发行；各地新华书店经销；固安华明印业有限公司印刷

2019 年 1 月第 1 版，2019 年 1 月第 1 次印刷

169mm×239mm；14. 75 印张；287 千字；227 页

65. 00 元

冶金工业出版社 投稿电话 (010)64027932 投稿信箱 tougao@cnmip. com. cn

冶金工业出版社营销中心 电话 (010)64044283 传真 (010)64027893

冶金工业出版社天猫旗舰店 yjgycbs. tmall. com

（本书如有印装质量问题，本社营销中心负责退换）

前　言

在矿产资源开采过程中，由于受自然条件因素及企业管理模式、方法等限制，矿产资源开发面临着巨大的挑战。粗放型开采不仅给生产人员带来了安全威胁，而且还造成了资源浪费和环境污染等问题，给社会增加了大量的环境负外部性成本。在国家政策引导下，资源开发负外部性成本逐步向“内部化”过渡，资源税的改革与新《中华人民共和国环境保护法》的实施，带来的既是机遇也有挑战，对资源开发企业来说，将意味着生产成本的进一步提高。近年来，矿产品价格走势低迷，国内矿山投资持续下降，我国矿业遭遇了前所未有的生存压力。在价格与成本的双重压力之下，矿山企业都在探索新的出路。

在现代科技助推下，矿山企业逐步焕发出新的光彩，同时也带来了新的问题：矿山企业高效开采模式和逐渐落后的管理方式之间的矛盾日益突出，传统的管理经验和方法严重阻碍了矿山生产的安全高效运行，增加了矿山企业的生产成本。降本增效、管理创新、提高企业核心竞争力是矿山企业发展的必由之路。中钢富全矿业有限公司经过多年的探索和实践，逐步形成了一套行之有效的安全、绿色、高效开采与创新管理模式，为矿山企业可持续发展探索了一条实现路径。

本书所介绍的新时代冶金矿山企业高效开采管理模式是在中钢富全矿业全体员工在多年改革实践中总结出来的理论成果，希望能对我国冶金矿山企业的生产管理实践起到借鉴和参考作用。

由于作者水平所限，书中不妥之处，恳请读者批评指正。

作　者

2018 年 9 月

目　录

1 概　述

1.1 冶金矿山企业现状

近年来，受经济复苏乏力、需求不振影响，全球矿业形势持续低迷。国内矿山企业在中国经济新常态和矿业新形势双重考验下更是负重前行，多数矿山企业在自然禀赋条件差、体制机制不灵活、债务负担重、成本高居不下、矿山生产经营传统思想禁锢等因素影响下，盈利能力大幅下滑，亏损面越来越大，甚至资金链断裂，可谓是濒临生死存亡的边缘。随着经济新常态的提出，我国经济增速放缓，第三产业消费需求逐步成为主体，从投资驱动逐渐转向创新驱动。尤其是进入 2017 年，中国全面进入大改革与大调整之年，“供给侧改革”助推经济发展方针的提出，为今后宏观经济改革指明了方向和着力点。

在经济结构调整和转型升级中，大力压缩过剩产能，加快淘汰落后产能的重点是钢铁、煤炭行业。世界三大铁矿产资源开采企业正全力扩大生产，加快技术改造和新技术应用，生产效率不断提升，生产和运营成本逐步下降，迫使高成本铁矿石供应商逐渐破产关闭，被挤出市场。未来三大矿企在国际铁矿石海运市场上仍将延续其主导地位，市场占有率不断提升，市场垄断地位不断增强。就国内铁矿山企业而言，多数存在规模小、品位低、成本高、债务高等特点，市场竞争力和生存能力远低于国际主要矿业公司。

我国冶金矿山企业目前存在以下危机：

（1）钢铁产能无序扩张造成了矿山盲目建设。我国钢铁产能占世界总产能的 50%，过去 10 年多来，由于矿产品的价格大幅度上涨，我国探矿权、采矿权面积不断扩大，一些矿山企业盲目投产，建成了一些品位低、储量小、成本高的劣质矿山。2016 年全国登记探矿权 28425 个，登记面积 549745km^2；登记采矿权 74023 个，登记面积 104083km^2，生产规模超过 150 亿元。

（2）经营业绩严重下滑，生存发展举步维艰。从 2013 年开始，矿山企业步入寒冬期，价格呈断崖式下跌态势。从 2016 年 2 月份开始，在钢铁行情转暖的情况下，铁矿石价格进行了反弹。目前，矿山企业存在的普遍问题是成本高，降成本的空间非常有限，资产收益率低，每百元资产实现主营业务收入 45.6 元，是工业企业平均水平的 43%，人均收入占比低。

（3）高成本、低产能企业退出加快，成为僵尸企业。一批亏损严重企业一度停产，但企业退出机制没有建立，退出政策没有确立，往往企业在资金链断裂后，仍然退不出市场，等待市场复苏。

(4) 企业资金困难，人员老化，转型难。在产业经济衰退、企业面临困难时，银行为减少坏账，往往会压缩或减少贷款，在这样的情况下，企业会面临资金链断裂的危险。

(5) 企业税收、安全、环保等费用负担重。2016 年 7 月，国家税务总局规定，资源税由原来从量稽征变更为从价稽征。改革后，有的企业资源税有所减低，但部分矿山企业资源税增长了 1 倍。矿山充填费用的支出占比较大，国家为减少采用充填采矿法的企业负担，规定资源税减半征收，闭产期矿山企业实行减30%征收。但在具体执行时，由于认定工作比较烦琐，有些企业并没有享受到此优惠。近年来，随着国家对安全、环保的治理，企业对安全、环保设备的投入以及因限产带来的损失，会给企业带来沉重的负担。

(6) 国外进口铁矿石的冲击。我国自产铁矿石占国内消耗比只有 15%左右，其余大部来自进口。国内铁矿石企业很难同进口铁矿石抗衡，国际矿业巨头操纵市场，对我国铁矿产业甚至钢铁产业造成严重影响，他们以低价倾销战略将国内铁矿石产业打垮。

中国冶金矿业在种种危机下举步维艰，但是，大浪淘沙，能够在这次全球性的矿业寒冬期生存下来的矿山，必将破茧成蝶、涅槃重生。所以，目前的关键在于找出一条让冶金矿山企业持续稳定的发展之路，以规避国际国内环境造成的风险。

企业生存的关键是经济效益，因此，有必要对我国矿产品的价格机制和成本进行研究，尤其是对矿产品价格的影响因素和容易被企业忽略的外部性成本进行剖析，提前预测价格走势，认清矿产品成本组成，合理规避风险。面对国际环境不可逆的难局，唯有改变自身才能够规避风险，维持企业健康生存乃至发展。就矿山企业生产管理水平来讲，我国的矿山企业尤其是冶金矿山企业远远落后于其他的行业，面对国际环境和新时代的需求，利用管理模式创新来提高矿山企业的生产管理水平，促进矿山企业降本增效，实现矿山企业转型升级，才是冶金矿山企业的生存之道。

1.2 新时代冶金矿山企业高效开采管理背景

党的十九大明确提出，在 2020 年全面建成小康社会的基础上，再奋斗两个十五年，到 2035 年基本实现社会主义现代化，2050 年建成富强民主文明和谐美丽的社会主义强国。实现这些宏伟目标要求我国经济在相当长一段时间内保持较高的发展水平，这必然带来矿产资源“集中高强度”的消耗。然而我国矿产资源尤其是铁矿资源对经济社会的支撑力度正在逐渐下降，资源短缺问题越来越突出，低品位矿产资源绿色安全高效开发问题已成为我国经济健康可持续发展的瓶颈问题。

新时代冶金矿山企业绿色安全高效开采管理创新是我国重要矿产资源战略安全的需要。我国已探明的铁矿石资源总储量571亿吨，位居世界第5位，就资源总量来看，我国铁矿石较丰富。但我国铁矿资源分布不均，露天矿越来越少，开采难度大，许多矿山的生产能力逐年衰减，铁矿石开采的增长速度跟不上钢铁产能的增长。同时，我国富铁矿资源极其短缺，97%的铁矿储量为贫矿，铁矿石平均品位只有33%，与世界铁矿平均品位相比低了11个百分点，比澳大利亚和巴西铁矿平均品位低20多个百分点，无论是铁矿石品位还是产量都不能满足钢铁行业发展的需求。数据显示，2017年我国全年进口铁矿石10.75亿吨，同比增长了5%；2018年中国进口铁矿石预计在11.2亿吨左右，中国对进口的铁矿石依存度达80%以上。近10年统计数据显示，我国铁矿石对外依存度一直居高不下。在高对外依存度下，进口铁矿石价格冲击将直接影响我国以铁矿石为主要原材料的相关产业成本及利润，进一步影响到国民经济的健康发展。与此同时，我国作为全球最大的铁矿石消费国和进口国，虽然对全球经济做出了巨大贡献，但依旧充当着铁矿石价格接受者的角色，严重缺失国际铁矿石定价权，这充分暴露出了我国重要矿产资源的安全性问题。在当前矿产品价格持续波动期，应以技术进步为突破口，加大科技创新的支持力度，提升矿产资源勘查和开发能力及资源利用效率，促进资源的综合利用、循环利用，最大限度降低矿产资源对外依存度。

新时代冶金矿山企业绿色安全高效开采管理创新是落实“创新、协调、绿色、开放、共享”发展理念的需要。长期以来，矿业领域在资源开发利用方面呈现粗放式增长模式，矿产资源开发利用低效，资源浪费严重。相关数据显示，目前我国铁矿资源回采率不到70%，比发达国家低10%～20%；采选回收率为50%～60%，采、选、冶回收率比国际水平低10%～15%；矿产资源综合利用率低，达到70%的矿山还不到矿山总数的2%，达到50%的矿山不到15%，75%的综合型矿山企业综合利用率不到2.5%。另一方面，矿区环境恶化，安全问题突出。据统计，我国目前铁矿石选矿过程中排放的尾矿占用了大量的土地资源，尾矿已经成为铁矿资源环境污染的重要因素；开采活动导致大气中的粉尘含量大量增加，特别在干旱季节比较严重，加重了对周围环境的污染；矿井疏干排水和选矿废水对地表水和浅层地下水造成威胁。

新时代冶金矿山企业绿色安全高效开采管理创新是我国冶金矿山企业大力推进两化融合、建设智慧矿山的需要。将信息化和工业化的深度结合，以信息化带动工业化、以工业化促进信息化，其核心是以信息化作为支撑，追求工业的可持续发展。“两化融合”已经成为国家的基本政策。我国矿山企业的信息化程度一直较为滞后，原有井下通信网络技术较为落后、实际应用能力较差，尤其是无线通信系统的普及率较低，不但影响生产和管理效率，也阻碍了矿山安全事故的有效减少和避免。

新时代冶金矿山企业绿色安全高效开采管理创新是我国冶金矿山企业转型升级、降本增效的需要。在中国经济新常态和矿业新形势双重考验下，国内多数矿山企业在自然禀赋条件差、体制机制不灵活、债务负担重、成本高居不下、矿山生产经营传统思想禁锢等因素影响下，盈利能力大幅下滑，亏损面越来越大，甚至资金链断裂，可谓是濒临生死存亡的边缘。

中钢富全矿业原有的管理方式主要存在如下问题：

（1）传统的矿山企业人力资源配置和生产组织架构已经固化，冶金矿山企业数十年来一直沿用着这种传统的模式，此种组织架构已无法适应新时代现代矿山企业发展需要；

（2）原有的生产管理模式中原材料消耗大、节能技术落后、能耗大，矿山资源综合利用率低，尤其是矿业“三废”的综合利用程度不高；

（3）员工安全意识薄弱，安全管理制度和安全考核需进一步完善，安全文化建设需进一步加强；

（4）工业化与信息化融合的程度不够，部分岗位依赖传统的人工作业和手工操作，没有构建统一集中的生产管控系统平台，需要大量投入劳动力，招工难加大了人工成本。

1.3 富全矿业绿色安全高效管理模式

我国原有的矿山企业管理模式通常是采用粗放型的管理模式和方法，这种方式不利于我国矿山企业的长远发展。在新时期之当下，随着我国经济产业转型升级不断推进，矿山企业的管理模式也需要加以改革和创新，要引入现代化的管理理论和手段，借助信息化平台来提升和优化矿山企业管理，实现矿山企业良性发展。

中钢富全矿业经过多年实践和探索，对组织架构、绿色开采技术、安全生产管理、智能开采系统等管理模式进行了一系列的改革和创新，总结形成了一套富有成效的冶金地下矿山高效开采管理模式，该成果的取得对推进我国冶金矿山企业降本增效、实施供给侧改革及转型升级等具有重要推广应用价值。

1.3.1 精简高效的企业组织文化

在组织架构、人力资源管理、组织文化与符号架构理论的基础上，结合矿山实际，遵循精简、统一、效能的原则，构建了一套系统的组织架构体系，主要特色与创新体现为：

（1）精神理念明确化。富全矿业将模糊的企业精神文化理念用简短鲜明的语言进行表述，使每个员工都能铭记在心，时刻用于激励自己。如企业愿景：成为国内一流、国际知名的冶金地下矿山企业。企业使命：矿产资源可持续开发与利用。价值观：以绩效为先，讲求和谐高效；以行动为主，讲求务实创新；以人本为要，讲求团结互助。企业精神：艰苦创业、绿色环保、精益求精、开拓创新。服务理念：诚信是态度，守信是承诺。经营理念：安全、高效、和谐、创新。研发理念：以务实为根本，以创新为动力。用人理念：爱护人、尊重人、培养人、成就人。成本理念：投入精当、控制精细。安全理念：生命是财富，安全系万家。总体目标：保持续发展，做行业标杆。

（2）减员增效常态化。在人员管理上，实行“精简高效、一岗多职、一专多能”，严格控制岗位定员和人员招聘。对每个部门设置的每一个岗位进行了明确的岗位描述，规定每个岗位应具备的基本条件、基本技能、公司内外的业务衔接以及工作职责，岗位职责清晰、分工明确。

（3）组织架构扁平化。本着精简、统一、效能的原则，紧紧围绕理顺职责关系，有效推行两级架构扁平化管理模式——大部制，以实现职能有机统一。原有组织为传统三级管理体系，即：公司→部室→车间，通过改变车间设置，管理层级变为二级，即：公司→部室。公司新的机构设置为六部一中心，即：综合部、财务部、安全环保部（安全部、环保部）、供销部、提选部、运输部、生产技术中心。

（4）绩效成本挂钩化。将业绩考核与产量、质量、设备等生产技术经济指标挂钩，同时将办公及低值易耗品费用一并纳入考核。绩效考核管理分两个层次：组织对组织、组织对个人。即公司对车间（部室）、车间（部室）对班组或个人。前者考核方案的制定和实施，具体由公司人力资源部门负责；后者由车间（部室）根据经济责任自行制定，其落实和执行情况由人力资源部门负责监督检查。

（5）人员配置最优化。在人员聘用上，采取多种招聘渠道，其整个招聘和人员配置过程形成一个循环。首先根据需求提出增补申请，然后进行招聘，录用后再一次对现有人员进行优化，对富余操作维护类员工，采用“劝退和自愿退出机制”，实施减员甄选淘汰，以不断优化成员构成，让员工主动自谋出路，在公司效益好且人力缺位时，可优先再聘，最终实现双赢效果。

（6）党政工作明细化。在政治文化建设上，合理设置党务工作机构，制定年度党建、工会、团委工作计划。以廉洁从业为着眼点，以“党的群众路线教育实践活动”为契机，积极推进领导干部作风转变，为职工办实事、办好事。为确保党建工作高质高效地开展，设计例会制度、定期报告制度、党建研究制度、党建联系点制度和建立督促检查制度。在组织领导上，一是明确分管领导，公司副总经理分管工会工作，对建家工作直接给予指导；二是精心配备兼职工会干部，成立了女工委员会和经费审查委员会，达到了合理调配资源、党政工组织齐心合力的格局。

（7）符号概念深入化。企业生产的产品和提供的服务是企业生产经营的成果，它是企业符号架构的首要内容。企业的生产环境、建筑、广告、产品包装与产品设计等，都是企业符号文化的主要内容。以看得见摸得着体会得到的符号形态来反映出企业的精神面貌。因此，企业从产品包装、工衣厂牌、公司广告和企业工作环境都进行了设计，重新制定了相关标准，提高了企业的整体精神面貌。

1.3.2 ROH 安全生产管理体系

应用现代安全管理方法、内部市场化和人力资源激励等理论和方法，坚持“预防为主”和“持续改进”的管理理念，建立和实现了冶金矿山 RHO（风险分级管控体系、隐患排查治理体系、基于内部市场化价值激励的安全目标管理体系）安全生产管控体系。主要特色与创新体现为：

（1）深入开展风险预控，狠抓事故超前防范。富全矿业深刻领会风险分级管控与隐患排查治理“双体系”建设的内涵，准确把握风险、隐患与事故的内涵和关系，把防范事故关口前移，全面排查安全风险，强化风险管控。运用多种风险分析手段（FEMA 法、LEC 法等）全面、系统地对可能发生的事故、灾害、设备故障等进行辨识，并对可能造成的影响进行预评估，给出每个工序、作业点、岗位存在的风险和评级，对风险管控需要的人力、物力、财力、技术方法做出规划，不断改进隐患排查治理方式方法，通过明晰责任、完善制度、健全管理，解决改变当前隐患排查不全面不深入、治理不彻底以及屡查屡犯的问题，切实提高隐患排查治理的有效性。在严格管控风险、强化隐患排查治理的基础上，加强事故应急前期处置，构建形成风险排查管控、隐患排查治理和事故应急前期处置三道重特大事故防范屏障。

（2）价值量化激发热情，安全管理深入人心。富全矿业运用内部市场化理论进行安全管理，将安全目标分解、细化，并通过内部市场化手段对每一个岗位的隐患服务进行价值量化，员工发现和排查的安全隐患经检查人员核实后可转换为安全工资。安全管理人员进入井下生产现场进行检查时，对于员工的井下行为以及生产现场出现可能造成事故的安全隐患进行排查，对照《职工岗位安全生产标准》及时填写《生产过程安全服务收费表》，写明检查的时间、地点、存在的隐患、整改措施意见、奖惩的金额，明确责任人。《生产过程安全服务收费表》与以往的罚单存在的区别主要在于奖惩金额栏，以往的罚单只会记录罚款金额，而新的检查表激发了员工发现和查找隐患的热情，若出现“三违”则会显示惩罚金额，若是处于安全状态，检查人员根据标准写出奖励金额，作为职工安全工资的一部分显示出来。提交的安全服务收费表将通过与奖惩制度对比，清算出当日职工的奖惩金额，由相关人员填写安全质量标准化班清班结表，最后算出当日的安全工资并公示在网络上，每位职工都可以在网络系统上查询出自己的当日安全工资。鼓励员工实时、动态地不断发现岗位中、工作中存在的风险、隐患，做到“人人都是安全员”，使安全生产成为一种有益于自身价值提高的日常生活习惯。

(3) 实施科技兴安战略，打造本质安全型矿山。以信息技术为基础，将采、选、掘、机、运、通、装、卸等多系统监测监控声光报警集成一体，形成了具有图形、数据、语音、图像等综合安全信息管理平台。系统针对主副井、选矿、供电、排水、通风压气等20余个生产系统，将监测监控、人员定位、压风自救、供水施救、通信联络和紧急避险等“六大系统”有效对接，能够满足“三分钟通知井下所有人员”的要求，可听、可视、可操控。一旦发生险情，可以准确掌控人员和重要装备位置，及时取得联系，科学实施救援。供配电、提升、通风、排水、计量、充填、选矿等系统实现无人值守和远程控制，实现了本质安全化，既减少了生产作业人员数量，又保障了安全生产，提高了工作效率。与科研院校合作，对于存在大面积空区、顶板破碎、易发生事故采空区实施变形监控系统，有效地防止了安全事故的发生。

1.3.3 高效生产智能管控系统

以工业化与信息化融合为目标，以机械化换人、自动化减人为原则，以系统集成理论和管理过程理论为指导，将开拓、采矿、运输、选矿、充填等多个生产环节管控集成一体，构建了集成化的高效生产管控系统平台。主要特色与创新体现为：

(1) 顶层规划设计，构建高效生产管控一体化平台。为对矿山各类生产设备、生产数据、运行管理进行全局性的有效管理与控制，实现冶金地下矿山各类信息集成标准化、运行管理一体化、经济运行最优化、资源利用最大化、业务应用互动化、决策支持智能化，为采矿生产运行提供坚强可靠、经济高效的支撑，冶金地下矿生产智能管控系统在整体规划，分层设计，统一管理的基础上，实现公共模型、参数、数据、图形统一管理、存储和维护。其总体架构如图1-1所示。

(2) 基于新一代信息技术，打造一站式、一键式智能化矿山。自动化、数字化、智能化、无人化矿山建设是实现矿山产业升级的战略性步骤，代表着当今矿山发展的方向。富全矿业结合生产实际，一是依照国家信息产业部《国家信息化发展战略和规划思路》相关规定，以信息资源整合和无人化生产管理为主要内容，制定并执行智能化矿山建设规划。二是依据建设规划要求，积极推广使用新一代物联网、大数据等技术，打造一站式矿山，一键式智能矿山应用平台，通过

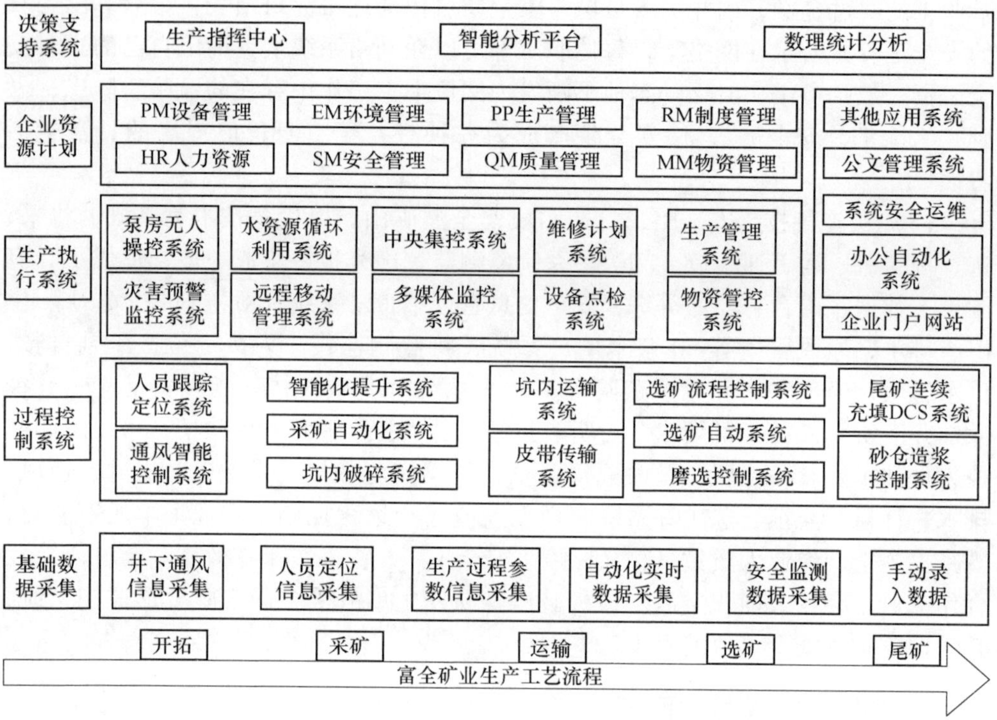

图 1-1　生产过程智能管控系统总体架构

一个站点即可管控全生产流程所有生产设备、动态掌握各生产工艺和环节的信息。通过一个按键即可启停选矿过程中的生产设备，从磨选工序开始点击“开始”按钮开启生产设备，系统具有连锁控制、故障诊断报警、智能选择、优先启车等功能。

1.3.4　集约高效绿色开采技术

中钢富全矿业紧紧围绕矿产资源综合利用、节能减排、发展循环经济的发展目标，探索出“五位一体”的集约高效绿色开采模式，从根本上转变发展方式和经济增长方式，真正实现资源合理开发利用与环境保护协调发展。主要特色与创新体现为：

（1）转变观念，创新采矿方法，实现资源综合利用。创新充填采矿方法，提高资源开采率。根据矿山环境的特殊性、岩石状况以及地质条件，大胆革新采矿方法，完全实现废石不出坑，降低了采矿运输和地压处理成本，降低了矿石损失率和贫化率，提高了矿产资源的开采率。加强尾矿废石利用，实现废物资源化。针对固体废弃物破坏生态环境、造成环境污染以及资源浪费等问题，该矿通过建设地下开采充填体系，加强尾矿废石利用，实现了废物资源化，尾矿、废石等固体废弃物的利用水平达到行业先进水平。

（2）多措并举，加强排放管控，实现企业节能减排。

1）加强排放管控，推行清洁生产。一是根据生产工艺、设备布置等现场条件，建成了三套高效布袋除尘系统，分别对矿山在皮带运输、破碎和筛分环节产生的粉尘予以捕集，采用密闭或吸风罩抽尘、除尘设备净化方法，同时配套喷洒雾化水方式，进行降尘处理；二是修建大型尾矿浓缩池及循环水泵池，电机控制全部采用变频器，达到尾矿高浓度输送的要求，同时将选矿废水回收送至生产流程循环利用，减少废水排放；三是在尾矿库废水排放口处建设安装在线监控设施，对排放的污染因子和排放量进行实时在线监测，加强了污染物的排放控制管理。

2）研发水源热泵技术，解决高燃煤污染问题。与山东科灵空调设备有限公司合作，成功研发出水源热泵技术。利用地球水体所蕴藏的太阳能资源作为冷热源，进行能量转换的冷暖空调，是清洁可再生能源技术，无任何污染，并且节水、环保效益明显。该技术的推广实施，解决了企业高燃煤和高污染的问题。积极推广节能照明，减少电能消耗。积极研发推广井下照明无极灯，降低生产成本，节约能耗。

（3）变废为宝，大力发展循环经济，实现企业降本增效。

1）科学利用设备余热，减少电能消耗。富全矿业充分挖掘自身潜力，针对生产用风采用地表空压机站集中供风导致热能散失的问题，制定了利用空压机散热进行副井预热方案，通过一系列的技术改造，成功实现了空压机余热满足冬季副井井口预热要求，实现了冬季副井井口预热和井口房采暖的零能耗，减少了人力投入和建设费用。

2）构建水资源闭环系统，减少水资源浪费。对于水资源的综合利用，率先在铁矿山中利用井下生产疏干水源，抽取矿井水至水容器中，利用水容器对水的保压功能，直接供至水源热泵系统，实现水资源循环利用，不仅能满足矿山选场工业用水，而且还满足了工业厂房、办公区及部分住宅的采暖、制冷和职工洗浴用水等。

3）自主研制污水处理设备，实现污水再利用。富全矿业采用中钢集团马鞍山矿山研究院自行研制的生化处理技术一体化生活污水处理设备，实现生活污水再处理。该系统投入运行后，既保护了环境，又达到了污水再利用的目标。

（4）科技先导，推动技术创新，促进企业转型升级。一是富全矿业历来重视科技创新对生产和环保的重要作用，近年来科技创新资金占矿业产值比重远高于国家规定1%的标准，保持在3%左右；二是不断改进和优化工艺流程，淘汰落后工艺和产能，生产技术居国内同类矿山先进水平。科研高投入换来众多科技创新成果，为公司带来更高效益。富全矿业在矿山安全、高效开采，废水综合利用，粉尘治理，尾矿综合利用、废石充填等方面取得10多项技术创新成果，创新技术成果的应用对于绿色矿山建设起到了积极推动作用。

（5）建章立制，加强科学管理，保持可持续发展。富全矿业结合生产实际，一是依照《绿色矿山公约》的相关规定，以资源综合利用管理和安全生产管理为主要内容，制定并认真执行绿色矿山建设规划；二是依据规划建立了矿产资源开发利用、保护环境、土地复垦、安全生产等9大类管理办法，涉及规章制度共计60余项，详细规定了有关管理工作的工作流程、管理及职责范围和考核办法，使公司的各项工作进一步规范化、科学化、高效化，这些规章制度的建立和完善，初步形成了中钢富全矿业现代化管理体系，奠定了“低碳环保、现代化”的绿色矿山高效、安全运营的基石；三是健全了矿山企业的组织机构并落实了目标责任制，建立了标准化的矿山管理体系，明确了管理制度的管理流程和职责分工，并明确了各部门、各管理岗位的职责条例、岗位职责以及安全职责，不断完善现场管理工作机制，提高管理水平，充分构建和完善“三标一体化”综合管理体系，建立了内部审核、管理评审与外部认证相结合的贯标推进工作机制。

2 矿产品价格机制与外部性成本

2.1 矿产品价格形成机制——以铁矿石为例

铁矿石是世界工农业生产与消费的主要大宗商品之一。地区资源分布的差异性导致了铁矿石资源供给的垄断性，世界各国经济发展的不平衡导致对铁矿石资源需求的集中性，生产水平高低及资源禀赋差异导致铁矿石生产成本的不公平性。过去十几年，我国处于大规模基础设施建设过程中，对钢材需求较为突出，我国国内铁矿石资源供给无法满足钢铁产业的需求，出现了我国铁矿石资源连续十几年处于进口量世界第一的现象。随着我国经济发展增速放缓，钢铁产业产能过剩，这对我国铁矿石产业带来巨大冲击。如何能够顺利完成铁矿石产业的转型升级，保障我国钢铁行业的稳定发展，是一个迫切需要解决的问题。

矿山经营者对其主要产品市场价格的研究判断直接影响矿山企业的生存与发展。矿山企业只有在正确预判市场的基础上，才能做好矿山运营的“顶层设计”，优化生产组织，实现利润最大化，同时可以利用铁矿石期货、套期保值交易等金融工具增加企业经济效益，应对价格波动风险。

2.1.1 铁矿石价格形成机制

1980~2002 年间，我国铁矿石价格主要由政府管制，这个阶段我国铁矿石价格约为 15 美元/吨，价格波动均值约为 12~13 元人民币，波动方差较小，价格虽然随着市场供需变化而变化，但幅度不大。这期间由于我国未加入世贸组织，出于保护国内铁矿石产业，我国的主要铁矿石需求由国内供给，国外铁矿石供给也只是沿海比较有优势的钢铁企业通过与国外签订价格协议，进口铁矿石。随着我国加入世贸组织，国内铁矿石价格管制放开，国外铁矿石由于具有成本、价格、品位等优势迅速挤占国内市场，国内铁矿石产业萎缩较为严重。另外我国钢铁企业在此期间盲目扩大产能，钢铁产业准入口槛过低，导致我国铁矿石对外依存度达到 60%以上，最高甚至达到 85%，国外铁矿石 3 大巨头迅速形成供给寡头的局面，我国铁矿石价格呈指数增长，国外铁矿石供给者一年一提价，最高达到 180 美元/吨（不含运费）左右，给我国钢铁企业造成了巨大负担。2012 年后，由于国内钢铁企业产能下降，对铁矿石需求放缓，铁矿石市场供给大于需求，铁矿石价格出现巨大跌幅，一度跌破 40 美元大关，这种局面在未来几年可能仍将持续。

面对铁矿石价格的剧降以及人工材料费用的上扬，铁矿石企业如何才能生存下去？在企业价格与成本的双重压力之下，我们既要关注价格，也要关注成本，面对国际环境不可逆时，改变自身才能够规避风险，维持企业健康生存乃至发展。因此，我们必须对矿产资源价格的影响因素有清醒的认识，对资源成本有深刻的剖析。

2.1.2 影响铁矿石价格的主要因素

2.1.2.1 国家税收

国内铁矿企业税费种类多，税负重，企业要缴纳的税费种类平均多达 25 种。据统计，2011~2013 年国内重点冶金矿山企业销售税费负担率平均为 22.51%。我国铁矿企业税率比国际铁矿石四大巨头（淡水河谷、力拓、必和必拓、FMG）平均水平要高出近 6%[1]。

显然，铁矿企业在生产成本不变、产品销售价格不变的情况下，减少税收将会增加企业经济效益；反之，则会减少企业经济效益。高税负使得我国矿山企业在国际竞争中丧失了主动性和竞争优势，如果国家能够在政策层面上降低铁矿企业税费负担，将大幅提高国产铁矿石在国际市场中的竞争力，有效抑制我国铁矿石对外依存度的剧增趋势。

2.1.2.2 石油价格

中国主要从澳大利亚和巴西两国进口铁矿石，绝大部分铁矿石通过海运方式运送至中国港口。海运价在铁矿石到岸价中占有一定的比例。对于中国从巴西和澳大利亚进口的铁矿石，海运价在铁矿石到岸价中所占的比例分别为 10%和 20%左右。而石油价格是影响海运价最直接也是最重要的因素，石油价格的涨跌直接影响海运费的升降。

2.1.2.3 环保法的严格实施

国内部分铁矿山在生产运营中，逃避环保监管，拒绝履行环保义务，缺乏环保投入，肆意排污，占用土地，不搞绿化复垦。环保投入的减少降低了其产品成本，使得其成品矿销售价格明显低于按照环保法要求运营的正规矿山，这种行为不仅造成了环境危害，还严重冲击了铁精矿市场销售，扰乱了市场秩序。

堪称“史上最严”的新《中华人民共和国环境保护法》于 2015 年 1 月 1 日开始施行，新的环保法强化了企业污染防治责任，加大了对环境违法行为的法律制裁，增强了法律的可执行性和可操作性，对企业环保管理提出了更高要求。此前法律主要是对环境违法进行一次性罚款，数额不大，环境违法成本较低。而新法对环境违法行为实行“按日计罚、上不封顶”，倒逼违法企业迅速纠正污染行为，强制性促使企业建造环保设施，优化升级环保设备，提高环保管理水平，这在相当程度上增加了环境违法成本，间接提高了企业生产成本。环保法严格实施以后，可以有效推动矿产资源综合利用。例如，铁矿山选矿厂尾砂可以代替河沙用作制砖原料，废石可以作为建筑用石子，不仅增加了矿山企业除铁精矿销售之外的经营收入，而且减少了环境污染。

2.1.2.4 矿业巨头垄断

目前全球最主要的铁矿石供应来自巴西和澳大利亚两国。四大巨头——淡水河谷、力拓、必和必拓、FMG，2015 年铁矿石发货量为 10.67 亿吨，占当年全球铁矿石贸易量的 77%，并且这一比例较大概率还将进一步上升。至 2017 年，四大巨头通过不断扩张，将效率低下的生产商挤出市场，铁矿行业垄断格局进一步加剧，国际铁矿石市场寡头垄断特征更加凸显。垄断格局的形成，使得四大巨头很容易控制市场、操纵价格。

2.1.2.5 “一带一路”的实施

“一带一路”是“丝绸之路经济带”和“21 世纪海上丝绸之路”的简称。“一带一路”重大倡议着眼于改善中国与周边国家的基础设施建设，为钢铁行业“走出去”提供了难得的机遇，有利于国内钢铁产能转移，拉动铁矿石需求。

2.1.2.6 新农村建设

住房改善与基础设施建设是社会主义新农村建设的重要内容，在新农村建设工作中占有很大比重。大量住房与基础设施建设将拉动钢材等建筑材料需求，对于钢铁企业和铁矿企业均属于利好。

2.1.2.7 世界经济复苏

世界经济复苏必然会拉动各国钢铁消费，带动铁矿行业持续向好发展。

2.1.2.8 金融炒作

铁矿石期货、套期保值交易是近几年发展起来的金融工具。2013 年，大商所开通铁矿石期货交易，金融“投机”行为开始在铁矿石价格中显现作用。大量“投机性”金融购买是导致铁矿石期货价格短期内暴涨暴跌的直接原因，进而对铁矿石现货价格产生影响。

企业的价格与成本永远是影响企业生存的关键因素。对矿产品价格的分析与走势预测有助于企业提前发现风险，及时采取手段规避风险，维持企业健康稳定发展。

2.1.3　规范矿产品价格形成机制的建议

（1）除了加强政府监管外，必须要加快建立以市场定价为主、能反映资源稀缺程度的铁矿石矿产资源价格形成机制。第一，价格机制是市场经济正常运行最重要的作用机制。矿石价格能正确反映其供给与需求，合理的矿石价格能让资源流向最需要的地方，保证矿产资源最大限度的合理利用。矿石价格机制不正常，就不能形成合理的矿石价格，矿产资源价格无法有效、真实地反映社会需求，矿石价格机制无法按照市场规律来调节资源的生产和消费行为，企业缺乏对矿产资源的珍惜，就会出现矿产资源破坏式或“挑肥拣瘦”式开采。因此建立完善的矿产资源价格形成机制是合理利用矿产资源的必备条件。第二，矿产资源开发过程中出现的新情况和新问题，其本质还是产权问题。矿业权市场的不规范导致矿产资源无证勘探开采、越权审批矿业权等违法违规行为及乱采滥挖现象严重。第三，矿石资源税费制度不合理与相关补偿机制不完善使得矿山企业成本不完全，矿业市场秩序混乱，市场利益扭曲，环境污染和生态破坏严重，安全事故频发。

（2）改革税费制度，考虑市场供求状况，体现资源稀缺程度，计入环境治理成本，强化企业社会责任，逐步建立能够反映矿产资源开发完全成本的矿石资源价格形成机制，整顿和规范矿产资源开发秩序。

2.2　外部性视角下的矿产资源成本

矿山生产活动与其他生产活动一样，是人类利用自然创造物质文明的过程。矿业生产条件和环境相对特殊，工作场所条件多样化，相对于其他行业，矿业生产劳动强度大、作业条件差、不安全因素多，采矿生产中的意外事故的职业危害仍然严重威胁着矿山从业人员的健康和生命。更为严重的是，矿产资源开发利用造成地表下沉、有毒有害气体散发、地表地下水污染等，这已经不是个别矿山企业的问题，而是整个采矿行业面临的困境。造成这一现象的根本原因是这些成本没有被充分认识，没有被很好地“内部化”。

2.2.1　外部性理论

2.2.1.1　外部性

外部性指某个经济主体对另一个经济主体产生一种外部影响，这种外部影响又不能通过市场价格买卖。外部性可导致市场需求与供给发生一定程度的偏离，导致市场配置资源的能力有所下降，因此应尽量减轻甚至消除外部性的负面影响。最早的外部性理论由英国科学家马歇尔提出，庇古、杨格等人将外部性理论带入了快速发展期，科斯定理的出现则标志着外部性理论进入成熟期。根据表现形式不同，外部性可以分成以下几类，见表 2-1。

表 2-1　外部性分类

外部性分类	概　述
正外部性与负外部性	根据外部性对受体所造成的影响是有益还是有害
生产外部性与消费外部性	生产外部性是由生产者活动产生的；消费外部性是由消费活动产生的
代内外部性与代际外部性	代内外部性指外部性供体对同一时代的受体所产生的影响；代际外部性指外部性供体对未来若干代人所产生的影响
技术外部性与货币外部性	技术外部性产生于生产者之间，不需要通过市场媒介产生影响；货币外部性是通过市场媒介中各因素的相互作用而产生

外部性导致市场调节失灵。资源配置在完全竞争条件下偏离帕累托最优状态是外部影响造成的最为严重的后果，也就是说，由于经济存在外部影响，即使在完全竞争经济条件下，资源配置效率也不能达到帕累托最优。在外部影响面前，“看不见的手”失去了调节作用。

正外部性导致资源配置不足。在正外部性影响下，生产经济主体采取某项经济活动获得私人收益 V_p，产生社会收益 V_s。由于正外部性存在，必然有私人收益和社会收益的关系为 $V_p<V_s$。倘若该经济主体实施这项活动的私人成本 C_p 小于社会收益而大于私人收益，$V_s>C_p>V_p$，作为理性人，尽管活动对整个社会有利，但这项活动不会被进行。因为如果这个经济主体采取了这项活动，它将蒙受（C_p-V_p）的损失，社会其他人则获利 V_s-V_p。很显然，帕累托最优状态无法实现，存在帕累托改进的余地。当经济主体的行为产生正外部性时，其产出水平就会低于社会最优水平，整个经济资源的配置达不到帕累托最优状态。图 2-1 是在完全竞争的条件下，正外部性造成社会资源配置不足的原理。

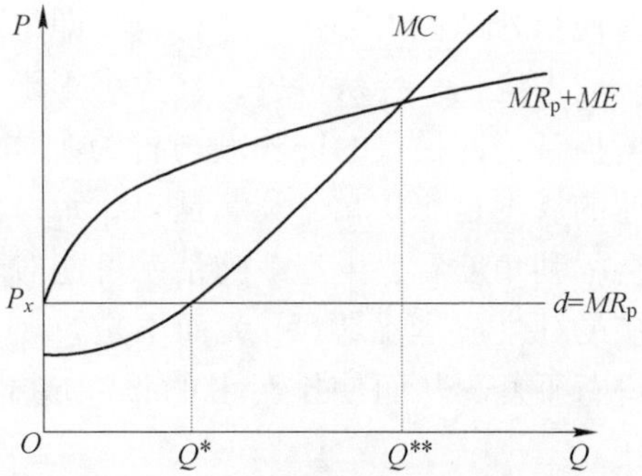

图 2-1　正外部性与资源配置不足

图 2-1 中水平直线 $d = MR_p$ 为生产行为主体私人边际收益曲线和需求曲线，MC 为边际成本曲线，$MR_p + ME$ 是社会边际收益。正外部性的存在导致私人受益

低于社会的边际收益，私人选择的供给量为 Q^*，而帕累托最优的供给量为 Q^{**}。

当某经济主体采取某项活动具有负外部性时，意味着它的私人成本 C_p 小于社会成本 C_s。倘若某经济主体行动的私人收益小于社会成本而大于私人成本（$C_p<V_p<C_s$），那么，它一定会行动。进行该项活动经济主体获得的收益为 V_p-C_p，社会损失为 C_s-C_p，由于 $C_s-C_p>V_p-C_p$，故帕累托最优状态亦未实现，尚有改进的余地。图 2-2 是在完全竞争条件下，生产的负外部性造成社会资源配置过多的原理示意图。

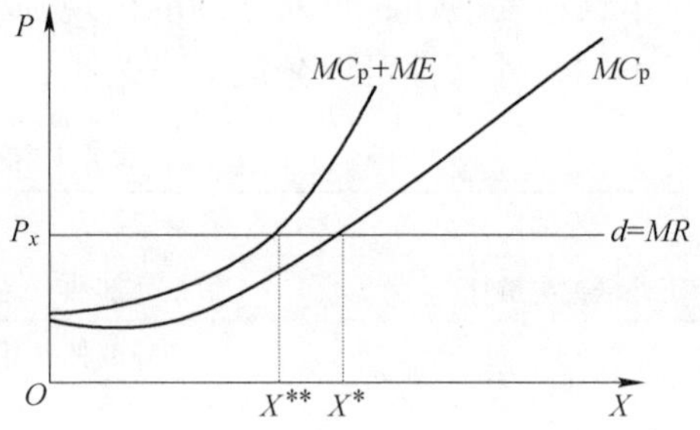

图 2-2 负外部性与资源配置过多

图中直线 $d = MR$ 代表经济行为主体边际收益曲线和需求曲线，曲线 MC_p 代表其边际成本。在负外部性影响下，私人边际成本将高于社会边际成本，故社会边际成本曲线 MC_p+ME 位于私人成本曲线之上，两条曲线与边际收益曲线的交点分别为社会最优活动水平和私人最优活动水平。显然，在负外部性情况下，生产的外部不经济造成产品生产过多，超出了帕累托最优水平 X^{**}。

2.2.1.2 庇古税

庇古（Arther. C. Pigou）是英国现代福利经济学家，他在研究外部性问题时发现，环境污染这种负外部性会导致资源配置的低效率，同时只靠市场机制难以消除这种负外部性，必须依靠政府的行政手段，通过征税的方式来校正这种外部性，使得外部性内部化。这种税收即是庇古税。

庇古税是一种从量税，其大小等于行为主体每生产一单位产品所带来的外部环境损害，即税收的征收额与行为主体的边际外部成本相同。如生产一吨精矿，企业的成本是 500 元，利润是 200 元，从企业角度讲其收益为 200 元，但从整个社会福利角度看，生产一吨精矿可能对环境造成的损害为 150 元，那么生产一吨精矿的社会成本就是 650 元而不是 500 元，政府应该对这种差异通过征收庇古税来进行平衡，从而使排污者的私人成本与其社会成本一致，以实现外部成本内部化。

2.2.1.3 外部性理论发展历史

外部性概念最早出现于 1890 年马歇尔（Alfred Marshall）的《经济学原理》。在这本书中，“外部经济”的概念首次被提出。马歇尔在书中表示：“我们可将为扩大商品生产规模而产生的经济进行以下划分：①生产规模扩大依赖于产业的普遍发展；②生产规模的扩大依赖于个别企业的全部资源、经营组织和经营效率的提高。我们可以称前者是外部经济，后者是内部经济"，这是有关外部性的最早论述，为正确分析外部性问题奠定了基础。

马歇尔的学生，英国著名经济学家庇古（Arthur Cecil Pigou）继承并发展了老师的外部经济性理论。1920~1932 年庇古对外部性做了更进一步的分析，在《福利经济学》一书中，首次提出了外部经济的正外部性和负外部性等理论，并对这两种理论作了区分。庇古认为：如果存在外部不经济性或负外部性，则私人的净边际产品将大于社会的净边际产品，国家则可以采取征税的形式，这种税称为庇古税；如果存在外部经济性或正外部性，则私人的净边际产品将小于社会的净边际产品，国家则可以给予奖励金，这种奖励金可称为庇古补贴。

弗兰克·奈特（F. H. Knight）于 1924 年反对庇古外部性成本的计算，发表了不同意见，指出"外部不经济"的原因在于稀缺资源产权界定的缺失，解决"外部不经济"的方法是将稀缺资源化为私人所有。奈特为"外部性"问题的研究开辟了新的方向。

新制度经济学创始人科斯（Coase）对外部性的贡献在于他 1960 年发表的《社会成本问题》一文对外部性理论的发展。他的观点主要体现在：外部性效应往往是相互性的，而不是一方侵害另一方的单向问题；在产权界定清晰和交易费用为零的情况下，无论产权归谁，都可以产生资源配置的最佳化结果，结果是有效率的，庇古税根本没有必要；现实情况中，交易费用常不为零，不同的产权界定导致不同的效率和资源配置结果。解决外部效应的内部化问题要根据各种政策手段各自的成本收益比较，庇古税可能是低效的制度安排，也可能是有效的。科斯提出的通过确立产权以消除外部性效应的思想对于解决环境问题仍具深刻意义。

虽然经济学家对外部性有了较深认识和研究，但是对于外部性的概念，至今却没有一个统一的标准。不过从现有的研究来看，我们可以从两方面对外部性进行分类：一类是从产生外部性主体的角度，一类是从接受外部性的主体的角度。美国经济学家保罗·萨缪尔森（Paul A. Samuelson）和威廉·诺德豪斯（William D. Nordhaus）2001 年在前人的基础上从外部性产生主体角度，将外部性定义为一种向他人施加其并不情愿的成本或者效益的行为，抑或说是一种其影响无法完全地体现在价格和市场交易之上的行为；并指出外部性的两种表现形式：正外部性（即外部经济）和负外部性（即外部不经济），前者强加的是收益，后者强加的是成本。泰勒·科文（Tyler Cowen）将外部性定义为厂商或个人的活动对其他厂商或其他人的外部影响，也称溢出效应。

2.2.2　矿产资源开采负外部性成本

矿产资源开发利用为我国 60 多年的经济持续发展做出了重大贡献，但也给社会带来难以估量的负外部性影响。资源开发的负外部性，是指资源开发的既得利益者在开发、转换、运输和利用矿产资源过程中对生态环境和社会造成的额外的经济损失，这种损失又不能得到合理补偿[2]。由于这些负外部性损失通常是隐性的，所以常被忽视。过去，我国对这些负外部性成本认识不深，矿产资源税一度为零，资源负外部性成本得不到补偿，造成资源破坏性浪费，环境污染，工人和矿区居民身心健康损害。

矿产资源开发负外部性的表现形式如图 2-3 所示。

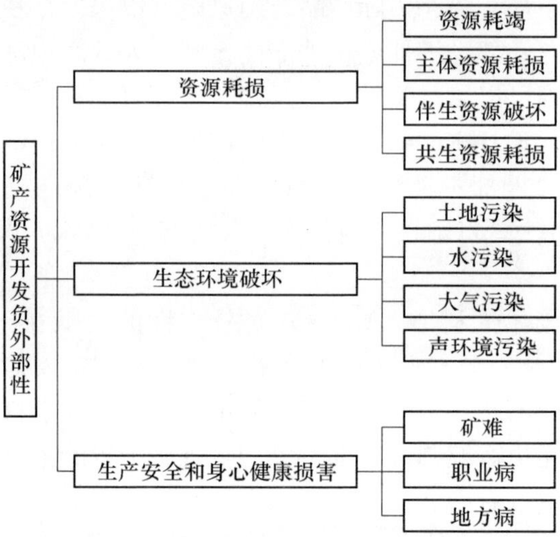

图 2-3　矿产资源开发负外部性表现形式

2.2.2.1　矿产资源耗损的负外部性成本

矿产资源是经济增长、社会发展不可缺少的物质基础，它是一种不可再生的耗竭性资源。早在 20 世纪初，西方学者就注意到了矿产资源耗竭的问题。农业经济学家 L. C. Grey 是这方面的先驱，他的观点是，矿山管理者考虑到资源的耗竭会在初期限产以满足未来的需求。之后，数量经济学家 H. Hotelling 定量分析了资源耗竭问题，形成了资源耗竭理论。

根据矿产资源耗竭理论，矿产成本不仅包括劳务成本和资本成本，还包含了矿产资源的机会成本（资源补偿费），即因当代人对矿产资源的开发使后代人丧失了开发矿产资源的机会。

矿产资源开发过程中的耗损外部性指的是在矿产资源的开发过程中，不合理的规划或资源的无偿或低偿使用，造成了矿产资源开发的过度和资源的浪费，从而引起资源储量的急剧减少，直至枯竭，对当代人和后代人对矿产资源的需求或者对未来的经济和社会的可持续发展造成影响，而这些资源耗竭和成本浪费均是由社会、当代人和后代人承担的情况。

具体来说，矿产资源开发带来的资源破坏包括矿产资源耗竭、主体资源的耗损以及伴生共生资源的破坏与损失。中华人民共和国成立60余年来，随着矿产资源的大规模勘探与开发，矿产资源综合利用取得了很大进展，但由于水文、地质、矿床赋存条件及开采技术水平等因素，矿产资源综合利用水平和采选回收率指标还相对比较低，资源损耗与破坏非常严重。

长期以来，我国并未意识到矿产资源的经济价值，只是规定了矿产资源的国家所有性。国家除征收少量的矿产资源补偿费（约占原矿价格的1%~4%）和采矿权价款外，资源几乎是免费开采的。由于矿产资源的开采凝聚了人类的劳动价值和其他的特征效应，所以矿产资源具有价值性。矿产资源成本又称矿产资源耗竭成本，指在核算期内，矿产资源“实体性”的物量耗减所产生的成本，也就是由于经济利用使自然资源存量减少的价值。

不可再生资源的耗竭成本问题的广泛讨论，直至20世纪80年代末甚至90年代初才开始。主要的计算方法包括：净现值法（change in value method）、净价格法（net price）、净租金法（net rent method）、使用者成本法（user cost approach）等。其中，使用者成本法的基本观点是将自然资源和环境资源都视为有价资产，加入折旧。结合矿产行业，需考虑把主体资源、伴共生资源的（耗损）浪费和破坏计入使用者成本，并考虑我国矿产开采过程中的浪费现象等因素对模型进行修正[3]。假设开采单位矿产资源造成的耗损量为η_1，价格为P，共伴生资源的单位综合损耗量为η_2，综合价格为$\overline{P}$，资源开采量为Q。经修正的资源耗竭成本为：

$$UC = VA + VATP - EP \times AW - NV \times RATE - RI - Q \times (\eta_1 \times P + \eta_2 \times Q) \tag{2-1}$$

式中，UC为使用者成本，万元；VA为矿产资源工业增加值，万元；$VATP$为本期应交增值税，万元；EP为从业人员总数，人；AW为职工平均工资，万元；NV为固定资产净值，万元；$RATE$为一年期存款利率，%；RI为通货膨胀率，%。

2.2.2.2 生态环境破坏负外部成本

生态环境问题是典型的负外部性问题，在矿产资源的开发利用过程中，矿产资源生态环境的负外部性是指由于政府监管缺位和产权制度不健全等深层矛盾，矿产资源行业为追求利润而对生态环境造成的破坏。矿产资源开采对环境的影响表现在很多方面，涉及土地、空气、水资源、噪声等多个环境介质，主要包括自然生活环境的破坏，地表塌陷、大量废石的堆集，大量耕地的占用和破坏；废水废气的排放，河流环境和水资源的变化、周边耕地劣化和空气污染等环境破坏，固体废物对环境的影响，地质灾害、噪声环境污染等。

目前对环境成本的计量，可以利用自然资源价值计量模型和破坏环境成本计量模型进行分析。

2.2.2.3 生产安全和身心健康负外部成本

矿产资源开采中的安全事故和职业病等问题不容小觑，我国矿产资源开采行业具有小矿数量多、灾害严重的特点。主要表现为小矿安全事故频发，矿工各种呼吸道疾病、职业病的发病和死亡率明显增加。小矿事故多发的原因主要可以归纳为以下三点：小矿开采条件差；小矿开采技术落后；非法、违法生产现象严重，超负荷开采，资源整合工作不规范以及工人安全意识不足等。

矿产资源开采对身心健康的影响可分为间接影响和直接影响两种。资源开采对人类的间接危害主要是通过动植物等介质传递，生物富集各种危害，通过人类食用产生作用和危害。矿产资源开发利用过程中将大量废气、废水和固体废物排放到外界环境，污染了大气、水体和土壤等环境介质，动植物通过富集作用和食物链作用造成体内污染物含量不断增多，被污染的有毒有害动植物被人类误食以后，就有可能对健康造成不利影响。

直接影响主要体现在矿区员工和员工卫生等方面。矿石在采掘和加工过程中会产生大量有毒有害的还有金属离子的粉尘，矿井中噪声大、粉尘大、阴冷潮湿、光线暗、毒害气体多，加上矿工普遍安全防护意识偏低、劳动时间长，吸入过量这些有毒有害气体和粉尘的可能性很大，引发各种呼吸道、神经系统等疾病。

矿山企业安全成本是与安全有关的所有费用之和，是为保障安全生产而产生的全部费用和资源开发引起的所有安全问题产生的一切损失和费用。安全成本是矿产资源开采的一种附加成本。安全成本由预防性安全成本和损失性安全成本组成。预防性安全成本是企业为满足一定的安全目标，规避安全事故而进行的资源配置的安全投资性支出，主要包括安全设备费用、安全管理费用和安全预防费用。事故损失性成本指因矿区内部各种事故而造成的损失。预防性安全费用的支出越少，生产越容易出现事故，事故损失性成本就越高；相反，预防性安全成本支出越高，生产越安全，事故损失性成本越少。矿产资源开发，应该在安全生产的前提下尽量压缩成本支出，但并不是开采中削减预防性安全成本，否则其结果只能是安全事故频发，从而使事故损失性成本增加。安全生产外部费用是损失性安全成本的一个重要部分，即未经过计量和未经过补偿的损失性安全成本。所以，对安全生产外部成本进行正确核算有利于矿产资源企业进行权衡利弊。

可以将安全外部成本分成个人安全成本和社会安全成本两部分。个人安全负外部成本是指由于生产安全事故和环境污染等导致的矿工和矿区居民的人身生命健康损失及资源损失；社会负外部性成本是指由于安全事故引起的政府和企业的处理费用。例如，损失的矿产资源以及为开采该部分矿产资源而进行的各种投资，转嫁给伤亡人员及其家属的成本等。从这个意义上讲，安全外部成本的计算公式为：

$$C_s = Q_r P_r + L_h - L_p + Z_s + U \tag{2-2}$$

式中，C_s 为社会安全负外部成本；Q_r 为因事故损失的矿产资源量；P_r 为事故发生时的矿石价格；L_h 为因环境破坏、事故、职业病以及地方病引起的人员的健康损失；L_p 为实际赔偿费用；Z_s 为政府和企业处理安全事故的成本；U 为其他未赔偿的损失。

2.3 资源税费补偿制度

为增进全社会福利，实现矿产资源优化配置是政府义不容辞的责任。当市场失灵时，政府可采取多种手段实现矿产资源社会最佳配置，如税收或补贴、环境损害标准及损害权交易等，其中征收庇古税费就是政府解决外部性的手段之一。政府征收资源税费后，每单位矿产资源的开发必须交纳一定量税款，从而抵消一部分收益，当征收的单位税款等于环境破坏损失时，矿产资源的开发量恰好处于从全社会角度资源优化配置的开发量。因此，矿产资源开发的外部性可以通过税收手段，将其内部化，实现资源有效配置。

2.3.1 我国资源税费制度历史沿革和主要问题

2.3.1.1 我国资源税费制度历史沿革

从中华人民共和国成立至今，我国的矿产资源税费制度经历了以下演变过程：

（1）矿产资源的无偿使用阶段。从1949年中华人民共和国成立开始至1986年10月1日《矿产资源法》的正式生效，我国矿产资源处于无偿开采阶段。有学者分析认为这是由于中华人民共和国刚刚成立，各项政策制度还处于探索阶段，对马克思劳动价值论的理解存在误区，加上对苏联模式的照搬导致相当长的时间内认为矿产资源是全体国民所有，所有者与生产经营者的利益是一致的，没有必要对其各自的权责进行划分，矿产资源可以无偿开采。

（2）第一代资源税阶段。1982年我国规定对开采我国海洋石油资源的国内外企业征收矿区使用费，1984年10月开始征收资源税。最初只对煤炭、石油、天然气开征资源税，其他金属矿产和非金属矿产暂缓征收，资源税采取超额累进税制，依据销售收入从价计征。基于马克思政治经济学的级差地租的思想，针对不同的利润率水平，对税率会有不同的规定，对销售利润率在12%及其以下部分免征资源税，免征资源税的企业仍然可以无偿开采资源。

（3）税费并存阶段。1986 年颁布实施的《中华人民共和国矿产资源法》规定国家对矿产资源执行有偿开采的政策，矿产资源开发者必须缴纳资源税及相关的补偿费用，矿产资源的“税费并存”制度便从此存在，之后的修正法案对矿业权及矿产资源补偿费用进行了详细规定。

（4）全面资源税与矿产资源有偿使用阶段。1994 年国务院颁布实施了《矿产资源补偿费征收管理规定》，全面落实了我国矿产资源的有偿开采政策，矿产资源正式告别了无偿开采的历史。这一时期相比以往有两个明显特点：一是扩大了资源税的征收范围，开始对黑色金属、有色金属及其他非金属矿产征收资源税；二是资源税的征收不再按超额利润来计算，而是按产品销售量来计征，同时对没有获取“级差收益”的濒临亏损的企业也要计征资源税。我国的矿产资源税费政策逐步开始受到政府和专家学者的关注，资源税费政策的改革也由此拉开序幕，针对资源税费政策的讨论和研究开始增多，资源产业的发展逐渐步入正轨。

（5）矿业权有偿转让阶段。从 20 世纪末期开始，我国明确了矿业权可以转让，对探矿权和采矿权的有偿转让与使用制度进行了明确的规定，大大提高了矿产资源投资者的积极性，市场经济体制的确定促进了矿产资源市场的活跃，同时明确资源税费政策也加强了国家对矿产资源的控制，减少了资源的浪费。随着我国市场经济改革不断深入，逐渐形成了包括国家作为矿产资源所有者而征收的资源补偿费和矿区使用费、国家作为社会管理者而征收的资源税和资源特别收益金及同时行使所有权和社会管理权而收取矿业权费的矿产资源税费体系。中国矿产资源税费制度如图 2-4 所示。

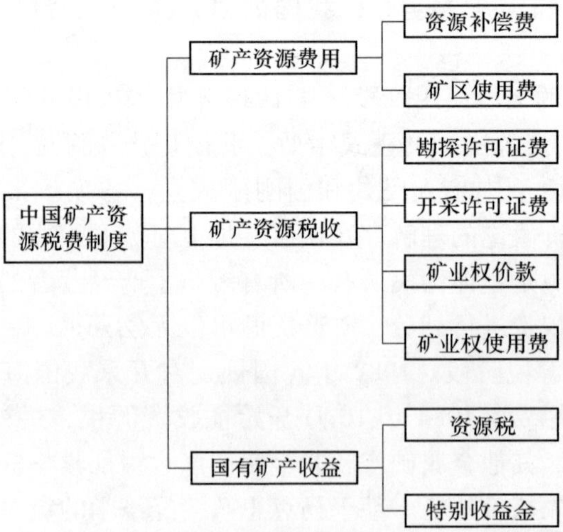

图 2-4　中国矿产资源税费制度

2.3.1.2 我国资源税费制度存在的主要问题

（1）矿产资源税费结构不完善。由于我国的市场经济体制还不完善，矿产资源税费制度还在探索阶段，我国关于矿产资源方面的税费体系还不完善，对于如何调节不同品位的矿产资源的税费方面的规定还不够合理，对矿产资源的稀缺性还不够重视，对矿产资源企业的可持续发展与转型方面的支持力度有待加强，资源税等税种的设立和执行有待进一步完善。

（2）矿产资源企业增值税和资源税的设置不合理。我国是少数几个对矿产资源征收增值税的国家，同时我国的生产型增值税执行方式给矿产资源企业带来了较大的税赋负担，不利于矿产资源企业经济效益提升，同时也加重了整个社会的资源使用成本；矿产资源企业资源税从量计征，与矿产资源补偿费的区分不明显，没有起到对矿产资源的保护和调节级差地租的作用。

（3）矿产资源产业税赋水平过高与不完全成本现象并存。一方面由于我国矿产资源企业增值税和所得税等税率较高造成了矿产资源企业整体税赋水平较重，尤其最近几年来国际矿产资源价格下跌、经济环境不乐观，很多矿产资源企业开始出现利润下滑甚至出现亏损现象，税负水平再次受到企业和学者的重视；另一方面我国关于矿产资源企业在环境污染、代际之间的配置、矿产资源的耗竭性以及安全投资和转型转产等方面的税费规定还不明确，造成了现有的矿产资源的成本构成不能完全体现矿产资源的真实成本。

（4）矿产资源产业的外部性有待进一步解决。矿产资源的特殊性就在于一方面能给人类带来巨大的经济利益；另一方面矿产资源开采又会造成生态环境破坏，耕地破坏、水土流失、水和大气污染等。同时，矿产资源是不可再生资源，而且多深埋于地下，矿产资源过度开采威胁到后代人的利益；地下地质环境复杂，矿产资源开发业属于高危行业。近年来虽然环境外部性、耗竭外部性以及安全外部性已经得到了一定程度的重视，但是法律和制度层面的努力还有待进一步加强，需要一系列的措施促进外部性成本合理内部化。

（5）资源产业多方主体利益不均衡。矿产资源属于深埋地下的自然资源，对矿产资源的开采势必占用大量的土地资源和水资源，因此矿产资源产业的发展涉及多方主体的行为，国家、地方政府、矿产资源企业以及当地居民这些利益主体都在行业的发展中相互影响，尤其是前三者的关系更为复杂。企业追求最大利润，而国家需要强调其矿产资源的所有者权益，地方政府需要通过开采矿产资源发展当地经济，这些利益主体相互博弈，法律法规的不完善以及市场经济体制不健全导致他们之间的利益不均衡，阻碍了行业的健康发展。

2.3.2 资源税费制度改革

21 世纪伊始，世界矿业市场繁荣，矿产品价格骤升，为推进矿产资源税费改革提供了大好机遇，但我们没有适时进行矿产资源税费改革，错过了这一机遇。

2010年6月1日我国启动了新疆矿产资源税改革试点，明确扩大范围，从价计征，提高税率（5%）。2010年7月举行的西部大开发工作会议上，中央决定矿产资源税改革扩大至整个西部地区，这标志着我国矿产资源税改革拉开了序幕。2016年7月1日起，我国全面推行资源税改革，对矿产资源实行从价计征。

资源税改革前，大部分矿产品从量计征，即对附加值高的矿产品多征税，对附加值低的矿产品少征税。但矿产品由于其天然的属性，根据其形成和赋存条件不同，形成了富矿与贫矿、易开采与难开采等情况。企业对矿产品"采富弃贫""采易弃难"，成为降低开采成本，提高经济效益的手段。但是，矿产资源是不可再生资源，"采富弃贫"的开采方式是对矿产资源的极大浪费和破坏。同时，由于相同矿产品品质的不同，其销售单价相差较大，也造成企业税负不均[4]。

本次改革将全面清理涉及矿产资源的收费基金，将全部矿产资源补偿费费率降为零，停止征收价格调节基金，取缔地方针对矿产资源违规设立的收费基金项目，有效解决了企业税费重叠问题，减轻了企业税费负担。改革对"三下开采"中采用充填开采方式采出的矿产资源设置了减征50%资源税的优惠政策，同时对衰竭期矿山给予减征30%资源税的优惠。此外，新环保法鼓励资源综合利用，对利用低品位矿、废石、尾矿、废渣、废水、废气等提取矿产品的，实行减税或免税。

资源税改革旨在引导企业合理开发矿产资源。税改后，从价计征，随着收入的增加，资源税的纳税额也会相应增加。这样就很好地体现出资源税的本质，开采好品质的矿石，销售收入高，多交税；销售低品质的矿石，销售收入低，少交税。税负更加合理，有效地引导企业"贫富兼采"，既可以有效地开采和利用矿产资源，又可以利用税收的杠杆合理增加企业利润。

2.4 价格成本压力下冶金矿山的发展对策

资源税费的改革标志着矿产资源税费制度更加趋于完善，在一定程度上挽救了陷入矿产品价格低迷困境的一些贫矿和小矿企业，改革后的税收并不能完全补偿资源开采的负外部性成本。随着对资源外部性越来越多的关注和研究，我国也越来越重视矿山开采过程中的环境污染治理和矿工的身心健康，并将资源负外部性成本逐步向内部化转移，企业成本无形增加。如2015年1月1日施行的新《环境保护法》强化了企业污染防治责任，加大了对环境违法行为的法律制裁，增强了法律的可执行性和可操作性，对企业环保管理提出了更高要求，强制性促使企业建造环保设施，优化升级环保设备，提高环保管理水平，这在相当程度上增加了环境违法成本，间接提高了企业生产成本。

在矿产资源价格持续走低，企业生产经营成本不断增加的压力下，建议在管理上进行创新，实行降本增效，增强企业核心竞争力，具体对策如下：

（1）做好矿产资源价格监控和趋势预测，充分发挥PPI价格指数的作用，为企业在铁精粉波动的市场行情中实现高价位销售提供参考。

（2）加强企业组织文化建设，帮助员工树立正确价值观，鼓励全员参与，团结一致应对企业经营危机。

（3）优化管理流程，减少管理层级，精简机构，解决冗员，提高劳动生产率，提高设备效率，降低生产成本。加快推进内部经营机制改革，推进机构改革，建立精干高效的管理机构，大力压缩非生产人员，将机关部室合并，整合关联岗位。

（4）创新管理机制，调整核算机制，实施成本倒逼机制。对各车间实行完全成本核算，核定利润指标、进行费用固定、自负盈亏，根据市场制定动态计划目标，以计划进行现场倒逼，以市场价格进行全面预算，制定完全计划成本、制造成本。进行月度成本效益分析和指标异常专题研究，使矿产资源制造成本和完全成本逐步达到降低目标。

（5）严格日常费用管理，压缩不必要的费用支出。开展节能降耗，从细处小处着手，算好经济账。科学合理安排好用车计划，通过核定油耗等管理手段，尽量减少不必要的支出。在用电方面，核定用电单耗，进行指标考核，开展错峰用电，对用电指标超出的单位进行经济处罚。在节水方面，降低新水消耗，增加重复用水。通过以上措施，降低能源消耗，减少污染物排放。

（6）采用现代化管理技术和手段，实现矿山安全管理模式和方法上的根本转变。以风险分级管控体系、隐患应对管理体系为基础，班清班结管理体系、价值量化激励体系为手段，给每位员工分配安全管理目标，以安全隐患作为商品对其进行交易。安全管理人员进入现场，查找隐患，排除隐患，与作业人员交易隐患，在安全管理人员与员工之间形成一种服务与被服务的关系，从根本上深刻转变员工的安全观念，确保职工成为安全生产过程中的主人翁，实现安全自主化管理。

（7）改革企业生产管控模式，实现生产管控一体化管理。针对采矿生产全流程的生产工艺，构造一种使之相互渗透、相互延伸、相互支持、相互配合的一体化模式，保证各方面工作稳定协调开展，提升采矿生产效率，增强企业竞争力。

（8）打造绿色矿山，减少资源负外部性成本。坚持以资源合理利用、节能减排、保护生态环境和社区和谐为主要目标，以开采方式科学化、资源利用高效化、企业管理规范化、生产工艺环保化、矿山环境生态化为要求，追求循环经济模式，注重资源效益、生态效益、经济效益和社会效益相互统一，将绿色矿业的理念与实践贯穿于矿产资源开发利用的全过程。

2.5 本章小结

本章对矿产资源价格形成机制进行了探讨，提出了影响矿产资源价格的 8 个因素。矿产资源开发导致的负效应可由经济学中的负外部性理论进行解释，资源开发负外部性与产业安全以及社会稳定息息相关，揭示了矿产资源开发正外部性与资源配置不足、负外部性与资源配置过多的内在机理和解决外部性的传统方法——庇古税。在对外部性理论发展历程回顾的基础上，将矿产资源开发的负外部性分成资源耗损、生态环境破坏以及生产安全和身心健康损害三部分，并就各部分的成本构成及估算做了初步探讨。针对资源负外部性成本补偿制度——资源税费制度的历史和改革进行了探讨和分析，提出了在价格和成本双重压力下企业的经营对策。

参 考 文 献

[1] 连民杰，赖木收. 铁矿石税费对中国冶金矿山的影响 [J]. 中国矿业，2016，（11）：43～51.

[2] 郜晔昕，陈庆秋. 关于我国煤炭价格机制优化的建议 [J]. 市场经济与价格，2012（4）：10～15.

[3] 王秋红，赵鑫，刘勇生. 煤炭资源开发负外部性成本定量研究 [J]. 煤炭工程，2017（6）：142～145.

[4] 邱勇. 资源税改革对矿山企业及税收的影响 [J]. 纳税，2017（32）：8.

3 冶金矿山企业组织文化建设

3.1 企业组织文化概述

3.1.1 企业组织文化的内涵与特征

组织文化是一个组织区别于其他组织独具的一系列关键特征和特色。它对组织成员的行为方式、思维模式、价值取向、组织绩效有着重要的影响。组织文化建设对于增强企业凝聚力、创新力和竞争力，增强广大员工的思想道德素质和专业技术能力有积极的作用。

广义组织文化：指企业在建设和发展中形成的物质文明和精神文明的总和，包括组织管理中硬文化和软文化两类。硬文化主体是物，是指组织的物质状态、组织技术水平和效益水平等；组织软文化主体是人，它是指在其发展过程中形成的、具有本组织特色的思想、意识、观念等意识形态和行为模式，以及与之相适应的组织结构和组织制度。

狭义组织文化：是组织在长期的生存和发展中所形成的为组织所特有的、且为组织多数成员共同遵循的最高目标价值标准、基本信念和行为规范等的总和及其在组织中的反映，其中价值观是组织文化的核心。

组织文化是指组织全体成员共同接受的价值观念、行为准则、团队意识、思维方式、工作作风、心理预期和团体归属感等群体意识的总称。它包括组织架构、人力资源架构、符号架构、政治架构四个部分。

组织文化的特征如下：

（1）组织文化的意识性。大多数情况下，组织文化是一种抽象的意识范畴，它作为组织内部的一种资源，应属于组织的无形资产之列。它是组织内一种群体的意识现象，是一种意念性的行为取向和精神观念。

（2）组织文化的系统性。组织文化由共享价值观、团队精神、行为规范等一系列内容构成一个系统，各要素之间相互依存、相互联系。因此，组织文化具有系统性。同时，组织文化总是以一定的社会环境为基础的，是社会文化影响渗透的结果，并随社会文化的进步和发展而不断调整。

（3）组织文化的凝聚性。组织文化总可以向人们展示某种信仰与态度，它影响着组织成员的处世哲学和世界观，而且也影响着人们的思维方式。因此，在某一特定的组织内，人们总是为自己所信奉的哲学所驱使，它起到了“黏合剂”的作用。良好的组织文化同时意味着良好的组织气氛，它能够激发组织成员的士气，有助于增强群体凝聚力。

（4）组织文化的导向性。组织文化规定了人们行为的准则与价值取向。它对人们行为的产生有着最持久、最深刻的影响力。因此，组织文化具有导向性。英雄人物往往是组织价值观的人格化和组织力量的集中表现，它可以昭示组织内提倡什么样的行为，反对什么样的行为，使自己的行为与组织目标的要求相互匹配。

（5）组织文化的可塑性。某一组织，其组织文化并不是生来具有的，而是通过组织生存和发展过程中逐渐总结、培育和积累而形成。组织文化是可以通过人为的后天努力加以培育和塑造的，而对于已形成的组织文化也并非一成不变，是会随组织内外环境的变化而加以调整。

（6）组织文化的长期性。长期性指组织文化的塑造和重塑的过程需要相当长的时间，而且是一个极其复杂的过程，组织的共享价值观、共同精神取向和群体意识的形成不可能在短期内完成，在这一创造过程中，涉及调节组织与其外界环境相适应的问题，也需要在组织内部的各个成员之间达成共识。

3.1.2　组织文化建设的原则

在建设组织文化时，应遵循以下四个原则。

3.1.2.1　传统文化与外来文化相结合的原则

在建立组织文化的过程中，我们既不要故步自封，也不能一味地崇洋媚外。在旧社会中的传统民族文化中有不少文化已经不适合现今的社会，部分旧文化已经在时代的潮流中消失，我们必须在传承自己优秀文化的基础上吸收外来文化。

（1）既不能全盘肯定，也不能全盘否定。对待民族文化和外来文化，全盘肯定，一概吸收是错误的；全盘否定，一概排斥也是有害的。只有取之精华，去其糟粕，批判地继承民族文化，才能使之发扬光大，成为激励中华民族前进的精神动力。与此同时，把外来文化包括资本主义文化在内，都看成是消极落后的，采取一概排斥、全面否定的态度，会使民族文化停滞，乃至延缓国民经济发展的进程。资本主义文化中有许多先进的科学技术、管理经验，不吸收这些先进的外来文化，民族文化就不能提高、前进。

（2）继承本民族文化为主，吸收外来文化为辅。任何一个民族、一个企业都不可能在封闭状态下求得发展。先进的文化，是人类的共同财富，只有用全人类创造的优秀文化遗产丰富自己的民族，才能不断发展和前进，立于不败之地。各个民族在不同的历史发展过程中形成的不同文化，各有所长和所短，各有优势和劣势。只有通过交往，在改革中扬长避短，才能发挥优势，克服弱点，自立于民族之林。在对待民族文化和外来文化上，要批判地吸收民族文化和外来文化的精华，去除糟粕，做到古为今用，洋为中用，推陈出新。坚持以继承发扬本民族文化精华为主，吸收消化外来文化为辅。着眼于传统文化，消化吸收外来文化之精华，使之融于民族文化之中，成为民族文化的一部分，使民族文化生机勃勃，茁壮成长。

3.1.2.2 全员与专家参与相结合的原则

企业是由广大员工组成的，文化体系的最终完成与实现有赖于他们的认可。组织文化建设只有以全体员工的整体愿望为基点达成共识，才能确保组织文化建设的有效性。“共识”是指共同的价值判断。企业组织文化建设强调共识原则，是由企业组织文化的本质所决定的。人是文化的创造者，每个人都有独立的思想和价值观，都有自己的行为方式，如果在一个企业中，任由每个人按自己的意志和方式行事，企业就可能成为一盘散沙，不能形成整体合力。只有从多样的群体及个人价值观中抽象出一些基本信念，然后再由企业在全体成员中强化这种信念，达成共识，才能使企业产生凝聚力。

组织文化是组织成员的共同价值观体系。组织文化的建立关乎组织全员，但同样不能忽略专家的权威性，在组织文化的建立过程中应该是全员与专家参与相结合。各级人员都是组织之本，全员充分参加，能使他们的才干为组织带来收益。专家充分参与，能够更为有效地结合企业本身，做到组织文化建设的科学性与合理性。组织在应用全员与专家参与相结合的原则时，需要使全员与专家了解他们贡献的重要性和在组织中的作用。在本职工作中，应让全员与专家有一定的自主权，并承担解决问题的相应责任。

全员与专家充分参与管理，企业内部形成一种良好的人际关系和企业文化，可以大大减少员工之间、管理人员和操作工人之间的冲突或矛盾，使企业内部关系融洽亲密；全员与专家充分参与，可以极大地鼓励士气，使人人都争先创优做贡献，从而使企业的各项工作都得以顺利完成；全员与专家参与又是企业挖掘人才、发现人才的重要途径，因为员工的聪明才智只有在参与过程中才可能被激发出来，才可能表现出来，否则就只能是自生自灭。

3.1.2.3 普遍性与特殊性相结合的原则

组织文化的普遍性一般是由组织精神、组织理念（包括发展理念、经营理念、管理理念等）、领导行为、职工行为规范等内容构成。企业可以通过组织文化的建设向社会展现企业的良好形象，可以向员工展现其企业的共同愿景，是广大员工共同的价值取向、思想方法和行为方式。组织文化的特殊性是由一个企业的历史背景、成长过程、发展过程和团队构成所决定的。只有把一个企业中的组织文化特殊性研究透彻，才能够建立起真正适用于企业发展的体系。

在组织文化的建立过程中应该将普遍性与特殊性相结合。用普遍的方法解决企业的一般问题，用特殊的方法解决企业的个别问题。

3.1.2.4　形式与内容相结合的原则

企业组织文化是企业形象的内在根基，企业形象是企业组织文化的外在表现。当企业在社会公众中具有良好形象时，消费者就愿意购买该企业的产品或接受其提供的服务；反之，消费者将不会购买该企业的产品，也不会接受其提供的服务。因此企业应将组织文化建设的内容与形式有机结合起来。文化内容和形式是多样的，在企业的方方面面，组织文化渗透其中，道德、政治、宗教、文学、艺术、教育、科技等活动，都是典型的组织文化表现形式。组织文化并不是单纯的“纸上谈兵”，更重要的是付诸行动。组织文化的建立无论是在形式还是内容方面都必须同时推进，将两者相结合不仅使组织文化的建立事半功倍，还使得群众更容易接受。

组织文化建设需要有更丰富的形式。如何让企业真正运用文化教育，传承企业精神，企业组织文化的学习形式就显得非常重要。加强企业组织文化教育与培训，是构建优秀企业精神理念的传承体系，推动文化传承创新的重要途径。当今世界，文化在综合实力竞争中的地位和作用更加凸显，越来越成为企业凝聚力和企业创造力的重要源泉。优秀企业组织文化的全面发展，必须要从形式走向内容，由内容优化形式，从企业组织文化中感悟思想，找出价值。

3.1.3　组织文化建设的内容

企业组织文化建设的内容和形式多样，通过研究和分析后将之分为四个系统模块，即符号架构、人力资源架构、组织架构和政治架构，如图 3-1 所示。

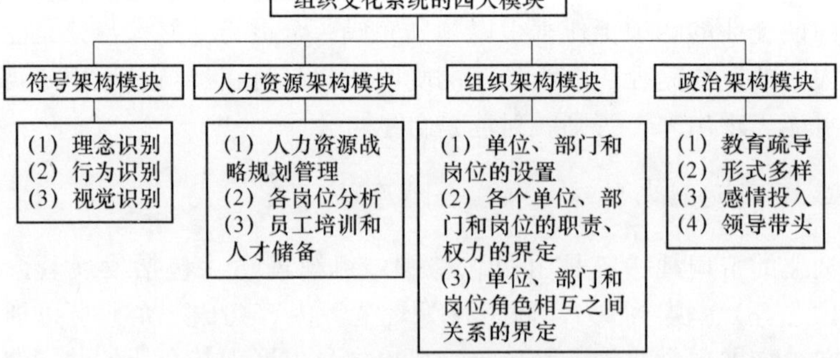

图 3-1　四大架构模块构成图

3.1.3.1 符号架构模块

组织文化中符号架构模块是指为了满足人类生存和发展需要所创造的物质及其所表现的文化，包括饮食、服饰、建筑、交通、生产工具以及乡村、城市等，是组织文化要素或者景观的物质表现。

从物质层面培养统一的价值观，主要是保证企业标志识别（CI）与精神层面的一致性。人们接触一个企业首先是认识它的视觉识别系统（VI）和行为识别系统（BI），如果企业这两个方面的表现能够让外部人员感觉到它所倡导的文化，则是成功的。企业必须朝着这个方向努力，围绕自己的核心价值观来设计企业的CI系统，体现出高度的一致性。

第一，理念识别（MI）。它是确立企业独具特色的经营理念，是企业生产经营过程中设计、科研、生产、营销、服务、管理等经营理念的识别系统。主要包括：企业精神、企业价值观、企业信条、经营宗旨、经营方针、产业构成、组织体制、社会责任等，属于企业组织文化的意识形态范畴。

第二，行为识别（BI）。它是企业实际经营理念与创造企业文化的准则，是对企业运作方式所做的统一规划而形成的动态识别形态。它是以经营理念为基本出发点，对内是建立完善的组织制度、管理规范、职员教育、行为规范和福利制度；对外则是开拓市场调查、进行产品开发，透过社会公益文化活动、公共关系、营销活动等方式来传达企业理念，以获得社会公众对企业识别认同的形式。

第三，视觉识别（VI）。它是以企业标志（LOGO）、标准字体、标准色彩为核心展开的完整、系统的视觉传达体系，是将企业理念、文化特质、服务内容、企业规范等抽象语意转换为具体符号的概念，塑造出独特的企业形象。

3.1.3.2 人力资源架构模块

企业人力资源主要涉及以下三个方面的工作：

第一，人力资源战略规划管理。任何企业尤其是集团型企业一旦缺乏与未来发展相匹配的人才战略，最终肯定要制约企业的进一步发展，这一点是毫无疑问的。人力资源的开发和整合是一项长期的工作，应以公司战略组合、事业组合为前提，进行人力资源开发活动，建立基于职业行为和核心价值观的人力资源素质模型。

第二，工作岗位管理。工作分析是人力资源管理的基础性工作之一，它对人力资源规划、人员招聘与录用、工作评价、绩效管理及培训开发等环节都有重要的支持作用。要把工作分析当作人力资源管理环节的逻辑起点，如果忽视工作分析，会造成人力资源管理失去整体性和连贯性。

第三，员工培训和人才储备。员工工作能力不足，可通过组织有针对性的培训活动，开发员工潜力，提高其工作能力；组织还可以通过各种情景模拟形式的管理者培训，不断开发和提升管理干部的管理能力。通过严格的考核，合格者可以在内部寻找合适的工作职位，通过培训仍不能适应工作的员工，应被淘汰。培训机制是保证退出机制有效运行的基础。为避免关键岗位人才退出后，企业找不到能胜任者而遭受损失，企业必须有持久发展的人才战略眼光，设计企业的继任计划。企业应加强内部人才市场建设、实施多元化的职业发展规划与管理、规范关键岗位继任人才培育流程建设等，留住人才，培育人才。

3.1.3.3　组织架构模块

组织架构指一个组织整体的结构，是在企业管理要求、管控定位、管理模式及业务特征等多因素影响下，在企业内部组织资源、搭建流程、开展业务、落实管理的基本要素。企业按照国家有关法律、法规、股东（大）会决议和企业章程，结合本企业实际，明确股东（大）会、董事会、监事会、经理层和企业内部各层级机构设置、职责权限、人员编制、工作程序和相关要求的制度安排。任何一家现代企业，要实现其发展战略，都必须建立健全和不断优化的企业组织架构。

企业组织架构包含三个方面的内容：

第一，单位、部门和岗位的设置。企业组织单位、部门和岗位的设置，不是把一个企业组织分成几个部分，而是企业作为一个服务于特定目标的组织，必须由几个相应的部分构成。它不是由整体到部分进行分割，而是整体为了达到特定目标，必须有不同的部分，这种关系不能倒置。

第二，各个单位、部门和岗位的职责、权力界定。这是对各个部分的目标功能作用的界定。这种界定就是一种分工，是一种有机体内部的分工。

第三，单位、部门和岗位角色相互之间关系的界定。界定各个部分在发挥作用时，彼此如何协调、配合、补充、替代的关系。

这三个问题是紧密联系在一起的，在解决第一个问题的同时，实际上就已经解决了后面两个问题，三者存在一种彼此承接的关系。

3.1.3.4　政治架构模块

企业政治架构是企业的有机组成部分，为企业生产经营活动提供精神动力和思想保证。那么做好新时期企业政治架构工作，以增强企业的凝聚力和向心力，促进企业按照市场经济规则健康运作和发展就显得格外重要。

为适应新形势下的新情况，使企业政治卓有成效，就必须探索新的方法。

第一，教育疏导。政治架构方法上的改进，就是讲究思想教育的艺术，对员工反映的思想认识问题，要通过耐心说服和积极疏导去解决，把大道理转化为小道理，做到循循善诱，启发觉悟，形成共识。

第二，形式多样。只有不断丰富政治架构的表现形式，实现教育形式的多样化，开展群众喜闻乐见、丰富多彩的教育活动，紧紧结合干群思想实际，有的放矢，对症下药，才会收到好的效果。

第三，感情投入。不论是思想认识的统一，还是政治觉悟的提高，都是以感情的交流、沟通、融合为基础的。这就要求思想政治工作者开展政治架构时，一定要满腔真诚、以情感人。要以共同目标、共同理想的同志之情，互相关心、互相爱护的手足之情，关心、爱护、体贴职工，帮助他们解决具体困难，把党和政府的温暖送到职工家中，把工作做到职工心坎上，用真诚感动他们。

第四，领导带头。领导干部身体力行是政治架构取得成效的关键。俗话说，"正人先正己"，"其身正，不令则行；其身不正，有令不行"。凡是要求别人做到的，自己首先做到；凡是要求别人不做的，自己首先不做，这也是政治工作者应有的基本功。领导干部必须注重身教、言教、律己、育人，使职工能从领导干部的言谈举止、工作作风中获得良好的教育和启迪。

政治架构是一项博大精深的系统工程，没有一成不变的固定模式。在新形势下，企业的政治工作者要根据社会发展的新情况，不断研究探索和创新政治工作的观念、内容和方法，推动企业向前发展。

企业中党的基层组织，应发挥政治核心作用，参与企业的经营决策，明确党组织在企业中的地位。党组织在企业中的作用主要体现为以下三点：

第一，发挥政治领导核心作用，即保证监督党和国家的方针、政策在企业能够贯彻执行，领导思想政治工作、精神文明建设和工会、共青团等群众组织。

第二，参与企业的重大决策。参与决策的主要内容包括：企业发展战略、中长期发展规划；企业生产经营方针、企业财务预决算；企业资产重组和资本运作中的重大问题；企业重要改革方案和重要管理制度的制定、修改；涉及广大职工切身利益的重大问题等。

第三，党管干部。党的干部是党的事业骨干。企业中的党组织应从政治上考查企业重要的经营管理人员，负责企业重要人事安排。

政治领导核心作用是企业党组织的使命，参与决策和党管干部则是其实现途径。

3.1.4 组织文化建设的步骤

企业组织文化建设应该注意三个基本要求：方法应该是具体的、可操作的；效果应该是可以衡量的；参加者应该是全员的。企业组织文化建设主要步骤如下。

3.1.4.1　企业组织文化的诊断

企业组织文化的核心是企业精神。成功的企业精神或口号，应该使员工产生积极的、具体的联想。正是这种联想，具有强大的激励作用。

组织的战略规划是怎样的？什么样的文化体系和文化建设规划有利于组织战略目标的实现？组织当前在经营管理中存在哪些问题？文化建设如何为解决这些问题服务？组织当前倡导的文化是否有助于组织战略目标的实现，是否有利于解决组织经营管理中存在的问题？组织文化建设存在哪些问题，以至于各种消极的亚文化现象难以克服？导致这些问题的原因是什么？这些信息都是对企业组织文化进行诊断时需要考虑的问题。

3.1.4.2　企业组织文化的提炼

企业组织文化首先要从历史中提炼。在企业十几年、甚至几十年的发展中，一定会沉淀一些支撑员工思想的理念和精神。这些理念和精神，包含在企业创业和发展过程之中，隐藏在一些关键事件之中。把隐藏在这些事件中的精神和理念提炼出来，并进行加工整理，就会发现真正支撑企业发展的深层次精神和理念，这就是企业的精神和理念。企业组织文化的精神主要体现在以下三个方面：

第一，团队协作精神。它是指企业凝聚力强，所有职员能目标一致、互相关心、共同奋斗。团队意识首先是敬业意识，企业员工能否坚守岗位、对要处理的业务和事项跟进到底，将决定员工是不是能与其他部门其他职员很好协作。这不仅体现一个员工的素质，更体现了一家企业的素质。其次是责任意识，一家企业的员工处处以企业为重，以岗位责任为重，是获得领导的赏识和做好本职工作的能力。这种精神是企业团队协作的基础，是以企业发展为中心的统一战线。

第二，个人奋斗精神。如果一个人聪明而不肯做事，就会影响一批肯做事的人变懒，这种人企业避之不及；如果一个人不聪明又不肯做事，企业更没有用人的必要。所以企业聘用人才时，一定要注意个人是否具有拼搏奋斗精神。这种个人奋斗精神可以从三个层面来理解：第一层为求知精神。要懂得要不断吸收先进知识和经验来努力充实自己，这是市场竞争与社会发展形势的使然。第二层为创新精神。企业要想长盛不衰，就必须在产品创新、管理创新、文化创新上下功夫。这种精神是企业从上而下不断倡导，并经过长期的培养、潜移默化和观察发现来的，是企业的组织文化精神。第三层为进取精神。积极向上，不满足现状并继续追求更佳成绩，在取得成就时不愿停留在现有水平而寻求突破，这就是进取精神。

第三，企业道德精神。企业必须有企业的道德，这样才能聚集和培养德才兼备的人才。企业道德的建设需要务实精神，一家企业只有树立了务实的工作作风，才能避免任人唯亲的家族式管理误区，才能做到任人唯贤。企业道德建设还需要有关爱精神，有了关爱精神，才能使员工为人豁达，胸襟广阔，就能明白“兼容和宽恕”比“对抗和怨恨”来得实际和有意义，才会使员工对事业更忠诚，对单位更有投入感。这样，企业组织文化才能更好地扎根于群众当中。

3.1.4.3 企业组织文化的设计

从组织文化的组织架构、人力资源架构、政治架构和符号架构出发，对企业的精神和理念进行诠释，将其融入到企业员工的工作与生活中。从企业的硬件设施和环境因素方面入手，制定相应的规章制度、行为准则，设计公司旗帜、徽章、歌曲，建造一定的硬件设施等，为组织文化精神文化的建设提供物质上的保证。

以规章制度为例，制度作为精神的文化产物，一方面构成了人类行为的习惯和规范，另一方面也制约或主导了精神文化与物质文化的变迁。

第一，企业管理制度。要注意公司管理制度是否严密。例如，部门间的协调和制衡，人员的任免和监察，各项规章的订立、执行以及资源的分配和运用等等，将直接影响到企业的成败和营运效率。

第二，企业协调制度。协调的基础是人事、福利政策（含员工守则）及雇佣合约公平合理。企业制定有关规定和条文既要合法，又要符合企业的实际情况，而对员工的要求、期望和福利都也应详列在员工守则内，并以此作为“灌输”组织文化的有效方法之一。

第三，企业更新制度。公司不仅要使运作过程及产品质量以及厂房、食堂、宿舍、办公室、周围环境，甚至卫生间的管理均达到要求，同时，管理、质量、监控等多个方面都要与时俱进，适时更新、出台新的制度，适应不断变更的组织要求。

3.1.4.4 企业组织文化的强化

首先，对全体员工进行企业文化培训。演讲者要按照事先的策划，将想表达的理念讲深刻、讲生动，使每一个员工都记住、理解，并主动向新员工讲解这些理念和故事。这样，故事流传起来了，企业文化、理念、精神就活了。

其次，树立和培养典型人物。在提炼和设计出企业文化并进行宣传培训之后，有一部分人能够直接认同并接受下来，并用理念做指导，付诸具体的行动。

最后，以企业文化理念与价值观为导向，制定管理制度。通过制度约束，让员工产生符合企业理念与价值观的行为，企业理念与价值观不断得到内化，最终变成员工自己的理念与价值观。

以上通过“文化建设三部曲”的实施，企业就形成了“管理制度与企业文化紧密结合”的管理环境。这对个人价值观与企业价值观相同的员工，有巨大的激励作用，对个人价值观与企业价值观不相同的员工，也有巨大的同化作用。正是这两种作用，使得“文化建设三部曲”成为一种非常有效的企业组织文化建设模式。

3.2 国内外企业组织文化借鉴与启示

3.2.1 国外企业组织文化

西方关于组织文化建设最早出现的是古典组织架构理论。泰勒（Taylor）、法约尔（Fayol）和韦伯（Weber）等古典管理理论大师们都提出了比较系统的组织架构理论，对组织架构理论做了许多开创性研究。泰勒主张实行职能管理制，法约尔提出了直线职能制的组织模式，韦伯则用合理合法的职权观点论证了官僚制存在的合理性。20世纪60年代后期到70年代中期，架构权变理论成为主流的组织架构理论，成为一个统一的理论模式。从20世纪70年代中期到90年代中期，组织架构理论的发展呈现出以下五个主要趋势：一是在古典组织架构理论上继续发展组织架构理论——泰耶尔（Thayer）的非层级架构模型、黑格（Hage）的组织控制理论。二是在人际关系和行为科学组织架构理论上进一步发展——斯梅尔斯克（Smircich）的组织符号主义、费恩（Fine）的组织文化理论、费古逊（Ferguson）的男女平等组织理论、沙通（Sutton）和拉发里（Rafaeli）的情感主义组织理论。三是架构权变理论有了进一步的发展，对信息处理模型和网络组织研究取得了进展。四是社会学继续为组织架构理论的发展提供新的理论工具——汉南（Harman）和弗瑞曼（Freeman）的总体生态理论，迈耶尔（Meyer）、罗万（Rowan）和祖克尔（Zucker）的制度理论，帕弗尔（Pfeffer）和沙兰西克（Salancik）的资源依赖理论等。五是经济学拓展了组织理论新的发展空间。巴尼（Barney）和大内（Ouchi）明确提出了组织经济学的概念，用来说明经济学对组织理论的贡献。经济学对组织理论的贡献，主要包括三个理论：一个是詹森（Jensen）和麦克林（Meckling）的代理理论，另一个是威廉姆森（Williamson）的交易费用理论，还有一个是波特（Porter）在1985年提出的比较优势理论。这些组织架构理论尽管由于相互作用和相互影响，彼此之间有很多的交叉和重叠，但在基本理论取向上的分歧还是明显可见的。

古典组织架构理论强调对一些科学的组织原则的概括和分析，认为这些组织原则是普遍适用的，是相对准确的，它们仍然坚持用科学的准确性和普遍适用性来分析组织架构的变化规律。行为科学组织架构理论认为，正式的组织架构的作用是有限的，要重视组织成员个人的情感、需要和整个组织文化特性对正式组织架构的制约作用，它们坚持用一些心理因素和文化因素来解释整个组织架构的变化。权变组织架构理论在一定程度上综合了古典组织架构理论和行为科学组织架构理论的观点。环境决定组织架构理论提出组织的外部环境主导了组织架构的变革。经济学组织架构理论认为管理者不会从组织的总体利益出发进行积极的组织架构变革，这两个理论都否定了管理者在组织架构变革中的积极主导作用。

在对企业组织架构的设计研究中，主要涉及以下两个方面：

(1) 关于专业化任务分配。亚当·斯密是最早发现专业化能带来潜在收益的经济学家。在企业的组织架构设计中，首先面临的是在一个企业组织内，任务的分工和分配究竟是采用专业化的任务分配还是宽泛的任务分配。布里克利(2004) 认为，这主要取决于技术、信息以及激励问题。专业化和宽泛化的任务分配都有相应的收益与成本，进行专业化分工是提高效率的重要途径。

(2) 企业组织架构中的等级形式。在企业组织中，管理者为了降低沟通和协调成本，将工作组合形成下级单位（部门、分布以及分公司等），从而在企业组织中形成等级制和管理层级。随着企业规模的不断扩大，企业组织中形成多个管理层，等级由单级向多级等级制转变。组织层级（或管理层级）用于描述经济组织的纵向架构特征。组织层级在表面上表现为组织架构的层次数量，但是它却反映了组织内部的纵向分工。法约尔最早对组织层级进行了研究，并提出了管理幅度原理，为层级制组织奠定了理论基础。韦伯认为一种完善的组织体制的组织层级应该是固定的，应按照权力等级划分为三层，即最高决策层、中间管理层和基层作业层。这三个层级形成一个指挥链，而且能够做到职责清楚，提高经营管理效率。奥斯丁将组织层次架构形象描述为车轮形组织架构：车轮中心是客户，职能部门（如财务、营销、产品研发、产品销售等部门）是轮辐，首席执行官和董事会是轮圈。卡伦索则一改前述组织层次数量固定的模式，提出组织层级应为缩减层次的扁平型架构，主张根据价值与战略驱动下放决策权，并强调组织层级的变动必须同时伴随着工作单元职权领域、业绩目标、责任范围、工作内容等方面的变革。莫斯利沿承卡伦索的扁平型组织层级架构理论，提出了更为扁平的倒金字塔形组织架构，主张决策权应自下而上，与客户联系紧密的营销人员应被赋予重要的决策权，而处于其他层次的人员必须为营销人员的营销行为服务。

20 世纪 90 年代以来，在前述理论指导下，西方企业尤其是大型工业企业纷纷加大了组织结构变革力度，掀起了组织结构变革的一轮热潮。到 2004 年底，全球 500 家最大公司都进行了较大程度的组织结构变革[1]。

人力资源管理的实践活动主要包括工作分析、人力资源规划、招募和甄选、培训和开发、绩效考核、报酬和福利、劳动关系。

(1) 作为一个系统收集相关信息过程的工作分析（job analysis），在人力资源管理中起着基础性的、不可替代的作用，它是企业招聘选拔、培训、薪酬管理及裁员等各种管理活动的决策基础。Sanchez 提出新的工作分析（work analysis）方法[2]，Landis、Fogli 和 Goldberg 提出未来导向的工作分析[3]，Schneider 和 Konz 强调战略性工作分析[4]。

（2）人力资源规划的理论是伴随着人力资源管理理论的发展而发展起来的，最早，人力资源被称为"人事管理"，之后，戴维·乌尔里克提出了"人力资源"的概念，被称为人力资源管理的开创者。1954 年，彼得·德鲁克明[5]确界定了人力资源的概念。随着理论的不断发展，人力资源管理逐步向企业战略管理过度，人力资源管理开始上升到企业战略高度，成为组织战略要素。人力资源管理理论的发展可以分为人事管理、人力资源管理、人力资源发展和战略人力资源管理四个阶段。

（3）人力资源招聘管理的研究起步较早，体系比较完整，成熟度高，取得了诸多的成果。约翰·霍兰德提出在一般职业招聘与甄选的过程中，使用许多不同的招聘方法进行测试，例如应征表格、人格测验或面谈，其最终目的都是企业为了寻找与组织匹配度高的优秀人才。维恩·蒙迪认为，所谓招聘过程，就是企业去吸引所接触到的人，鼓励他们主动进入企业工作的过程。

（4）关于企业员工培训研究，国外进行得比较早。美国提出系统培训模式，大致分为五个步骤：分析培训需求；设计培训过程；制定培训课；培训实施；评价培训效果。Blanchard 指出培训是一组系统过程，被设计用来迎合与受训者当前或未来相关的学习目标。Dessle 认为培训是用来给新员工或现有员工履行工作所需技能的方法或过程。Nadler 人力资源开发指在特定时期内，雇主（企业）提供的学习内容导致员工行为绩效改善和个体成长的可能性。

（5）从 20 世纪 60 年代开始了基于行为的绩效考核研究，到了 80 年代已成为绩效考核的主流，至今仍是管理实践和理论研究的热点和难点。他们把基于行为的绩效维度定义成与绩效相关的行为和特征，并且可以通过关键事件技术来获得。关键事件技术是 John C. Flanagan 在 1949 年《人事评价一种新途径》（A new approach to evaluating personnel）一书中提到的方法。通过关键事件技术，可以从行为的角度系统地观察和描述实际职务的绩效和行为[6]。Cascio 认为某一职务的观察者对有效工作和无效工作有关的行为进行报告，关键事件可以通过个体访谈、个体观察和问卷三种方式来获得[7]。20 世纪 70 年代和 80 年代研究者又不断开发出颇有影响的行为测量方法，如行为锚定等级评价法（BARS）和行为观察量表法（BOS）等[8]。Smith，Organ 和 Near 等人在 1983 年提出组织公民行为（organizational citizenship behavior，简称 OCB），把它定义为职务外行为，主要是对同事进行帮助和对组织的职责感[9]。1999 年 Conway 把管理者的作业绩效分为两个部分：技术管理和领导能力。前者是指计划、组织、技术、商业判断；后者指激励、反馈、指引、指导等。他让管理者的直接上级、同级和他们自己对绩效进行评价，结果发现敬业精神对管理者的总绩效有独立的贡献，这一点与 Van Scotter 和 Motowidlo1996 年的结果不符；人际促进与领导能力对总绩效的贡献是重叠的，无法区分[10]。目前世界范围内被广泛谈论和应用的绩效管理的理论方法主要有两个，一是发展较早的关键业绩指标法（key performance indicator, KPI）和 20 世纪 90 年代初产生并被广泛应用的平衡计分法（balance scorecard, BSC）。

（6）报酬问题是大部分经济学家都要涉及的研究领域，主要集中在对经济性报酬，即薪酬的研究。著名的 Milkovich & Newman 的 *Compensation*，Bergmann & Searpello 的《薪酬决策》和 Lance & Dorothy 的《薪酬手册》都是这方面的经典名著。薪酬理论在经济学中多以工资理论的面目出现，经济学两百多年来的工资理论主要划分为三个阶段，即早期的工资决定因素论、以马歇尔为代表的工资市场机制决定论以及马歇尔以后的工资理论。员工福利制度（employee benefits）在国外人力资源管理中倍受重视，通常认为其可以补充雇主薪酬不足的缺陷，对于提升组织忠诚度和满意度有着重大意义。对企业员工福利的研究起步更早，也更为细致，仅对福利项目的划分就更为详细，也十分肯定福利对于员工激励和组织发展的重要作用。

（7）在西方，自 19 世纪中叶产业革命开始，就出现了各种劳动关系问题，从而也就开始了对劳动关系问题的研究。研究劳动关系问题是为了解决资本主义工业生产方式下生产中所遇到的劳资矛盾和劳工运动。最早进行相关研究的学者是英国古典经济学家亚当斯密（Adamsmith），亚当斯密之后，分别是马克思（Karl Marx）、韦伯夫妇（Sidney and Beatrieewebb，1981）、康芒斯（JohnR. Comfnons，1924）、帕尔曼（Selig Penman，1935）等，他们分别从政治、经济、社会和历史等不同学科角度对劳动关系问题进行了探讨，形成了各具特色的劳动关系理论，他们的理论和观点对于后来劳动关系的理论发展和完善有着重要的指导和借鉴意义。

目前，国外人力资源管理的研究与实践已经超越了员工招聘与挑选、培训与开发、工作设计、业绩考评、薪酬设计等传统内容，形成了三个新的发展方向：其一，战略性人力资源管理，将人力资源管理与组织发展战略目标实现结合在一起；其二，跨文化人力资源管理，强调经济全球化情况下跨文化人力资源管理；其三，政治行为与人力资源管理，探讨非正式组织的活动对人力资源管理的影响。

3.2.2 国内企业组织文化

我国企业组织文化的研究起步较晚，直到 20 世纪 90 年代初，我国学者才开始重视追踪组织理论的国际前沿课题，比如流程组织、柔性组织、网络组织和组织变革等问题。国内期刊上经常见到相关的综述性文章。比如，吕巍从业务的收益概率分布特征角度来解释企业的组织结构[11]；王凤彬针对职能和流程这两个组织结构的维度，发表了关于结构变革和过程变革的文章[12~13]；孙国强和赵民杰、刘松博等学者将网络组织内涵等相关问题进行了深入的挖掘[14~15]；张志勇等人对基于流程的组织设计研究进展进行了综述[16]；蒋峦等人则回顾了组织柔性结构的演进[17]。从这些综述性文章和译著中可以看到，国内学术界的视野不再仅仅局限于组织架构中的职能维，而是将组织架构的学科领域拓展到了流程维；不再仅仅局限于组织内部，而是扩展到了国际上所普遍关注的组织间关系领域；不再仅仅局限于静态的组织架构，而是更加关注动态的组织变革和新型的组织形态。

现代企业出现后，我国企业先后采用了三种内部层级的组织架构：集中的一元结构、多分支的组织架构、控股公司的组织架构。集中的一元结构是一种高度集权的组织架构。在外部环境日趋多样且公司业务种类和数量不断递增的前提条件下，原先权力集中于一人的组织架构已满足不了企业日常的经营活动，出现了控股公司的组织架构和多分支的组织架构，即事业部组织架构。其中，控股公司组织架构形式，由企业集团形式的母子公司和相对独立的利润中心组成。目前国内大多数矿业企业均采用直线职能制和控股公司相结合的组织架构模式。图 3-2 为首钢集团的组织架构图。

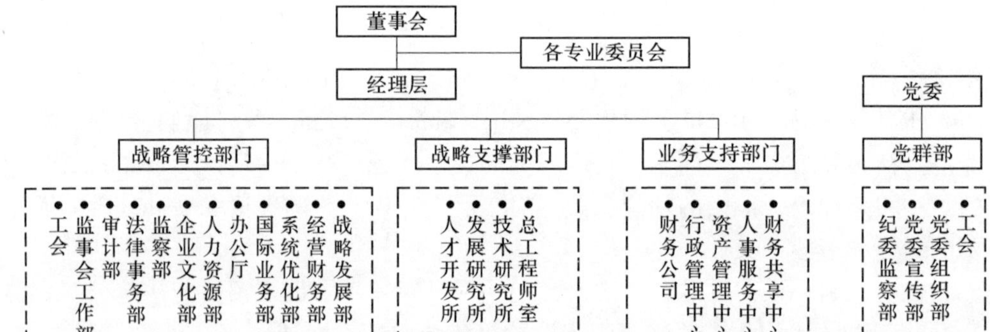

图 3-2 首钢集团组织架构

直线职能型和控股公司相结合的组织架构最大特点就在于集权式管理，满足了企业对权利控制的需求。这种结构模式既保持了直线领导的统一指挥权力，又可以发挥专业管理机构和人员的优点，有利于提高企业的管理水平。在工业社会中，企业组织最显著的特征就是层级结构的不断规范化和深化，企业试图通过层级结构来规范作为单个成员的参与者在企业活动中的关系和行为：专业化分工、命令和指挥的统一、高度集权化，使其与环境能最佳匹配。

宝钢集团公司的发展也展现了直线职能型和控股公司相结合的组织架构特点。上海宝钢集团公司共拥有全资子公司 36 家，控股子公司 24 家（见图 3-3）。

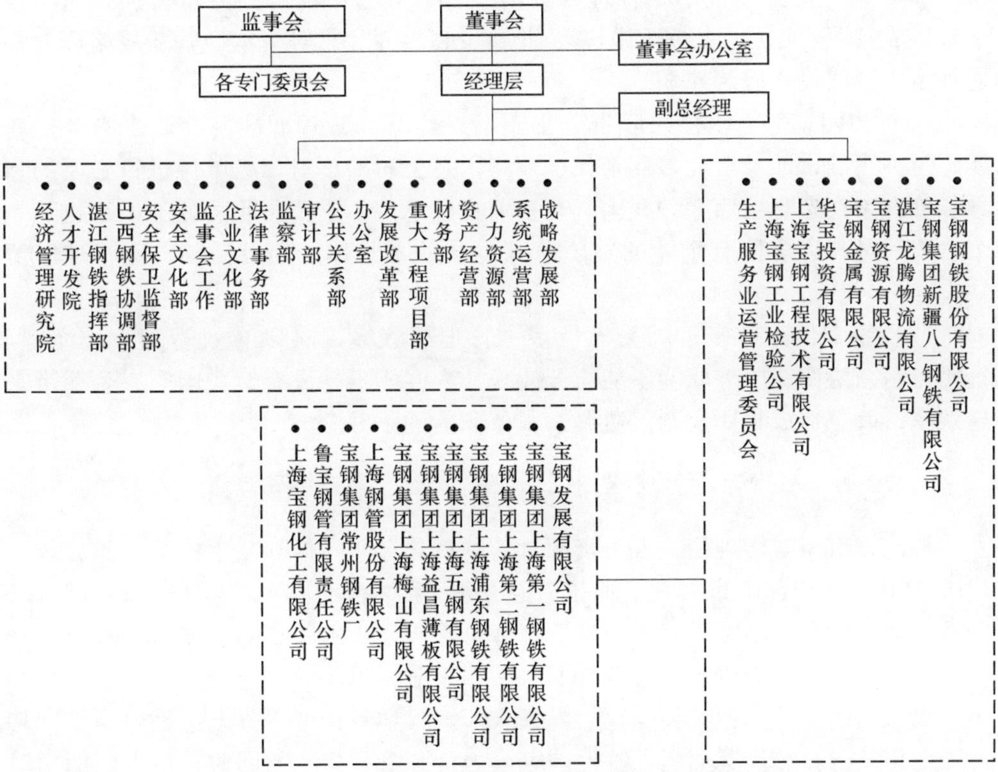

图 3-3 宝钢集团组织架构

集团管控模式的设计和调整必然会带来组织结构的变革，组织结构变革成为集团管控模式的设计和调整能否成功的关键因素。在对国有企业的管理实践研究发现，目前国有大型矿山企业或多或少存在的组织通病是：机构臃肿、职能不清；管理层次多、沟通协调差；执行力差、运营效率低下；专业化集中度低，市场反应迟缓等。主要表现在以下几个方面[18~20]：

（1）和现代企业组织的运行模式不符。现代组织运行模式要求建立相应的现代企业制度，而我国大多数国有企业基本上还是沿袭计划经济时代的体制，组织结构设置不合理，不符合现代企业组织运行模式的要求。

（2）组织不能成为战略的有效载体。战略决定结构，结构传承战略，这是组织运行的基本规律。我国国有企业的组织结构设置基本上和战略相分离，谈不上和战略相匹配，更谈不上成为战略的有效载体。

（3）公司法人治理结构不健全。我国许多国有企业还没有进行股份制改造，基本上还沿用国有独资企业形式，缺少有效的法人治理结构。

（4）部门设置分散，职能交叉，组织管理效率较低。

（5）人力资源配置不尽合理，资本经营、战略研究部门力量薄弱。与人浮于事形成鲜明对比的是，我国国有企业缺少高级人才，对资本经营、战略研究知之甚少，部门设置较为薄弱。

（6）集团总部、子公司职责分工不清，经营和管理职能并存。二级单位职能定位不明确，涉及产业多而杂，矿业集团总公司缺乏对二级单位进行必要的指导和管理。在宏观层面上，我国国有企业集团总部、子公司职责分工不清也是一个普遍问题，许多国有企业的集团总部也在从事具体的经营活动，而管理职能缺失。

（7）事务性工作多，机关人员多，管理层级多，难以有效管理下属企业。集团控制、协调、服务职能不能充分体现。人浮于事并没有给我国国有企业带来高效率，而是造成集团控制、协调、服务职能的不健全。

3.2.2.1　人力资源管理问题

相比于组织架构理论，人力资源管理的概念自20世纪80年代就从西方传入我国。90年代初，廖泉文、王通讯、赵曙明等学者率先研究人力资源管理[21]，较系统地翻译和介绍了西方人力资源管理研究成果，出版了一批专著和教材。90年代中期以来，人力资源管理问题日益受到我国学术界和企业界的重视。张德、于凯成、陆国泰、郑绍、吴国存、冯虹、何娟等学者，把西方先进理论与中国特殊国情相结合，在借鉴美国和其他国家人力资源管理模式的同时，从不同的角度对中国人力资源管理进行了研究和探讨，在人力资源管理理论、方法与实证分析方面取得了丰硕的成果。

目前在国内关注的热点问题主要集中在以下几个方面：

（1）人力资源管理理论。主要探讨“以人为本”的管理思想、人力资源管理模式和人力资源管理战略。吴持平认为，人本管理即以人为中心的管理，主要是把人视为管理的最主要因素与企业的最重要资源，充分发挥人的潜力。许小东[22]则研究了战略导向型的人力资源管理：职能、特点与模式转型。许庆瑞[23]等人研究了21世纪的战略性人力资源管理。

（2）员工招聘。主要研究人才选拔方法与测评技术。张文松认为，人力资源主管的一项日常工作是填补某些职位的空缺。这不外乎两种方式，即内部选拔和外部招聘。前者有助于维持现有的强势组织文化。后者则利于改善或重塑现有的弱势组织文化。刘宇辉[24]则指出，以心理测评为主要依据的人才选拔，它的信度和效度都是有一定限度的，较为权威的测评量表都来自国外，他们在国内的样本数量相当有限，因此，测评的结果只能作为重要的参考，同时还必须结合如面试等更多的手段，否则就会有失之偏颇之嫌。

（3）员工培训与开发。主要研究培训的作用和方法、评估培训效果、规避培训风险、职业生涯管理和学习型组织。谢中平认为，在职培训是企业人力资源开发的重要措施。李三支认为，企业在培训系统的投入应该是一个长远的战略投入，可以说在培训上的投入永远是赢利的。纪少英、刘晨辉[25]则指出，企业人力资源开发应把握五个要素，即基础、机制、对象、思想道德的教育、开发效果的检验。

（4）薪酬与激励。主要探讨对企业员工的激励方式和对企业家的激励方式。张建国[26]认为，对于真正为企业做贡献的员工要给予合理的回报，而且必须充分拉开差距，在企业内形成一个有效的激励机制。孟莉建议，在制定薪酬政策时，企业应主要从三个方面来考虑，即薪酬的对外竞争性，薪酬对内公平性及公司本身的支付能力。杨东涛、朱武生[27]提出：从企业的角度来看，基本薪酬是吸引、保留核心员工的一个重要因素，一个稳定的基本薪酬体系确定下来，员工才会放心，抱怨才会减少，设计一个以基本薪酬为中心的、具有激励性和可操作性的薪酬体系对企业来说是最为重要的，也是目前企业最为关注的。

（5）绩效考评。主要探讨绩效考评的作用和方法，特别是360度绩效反馈考核法。目前更加注重评定者的信息加工、评估精度、绩效考核测量。陆昌勤等人研究了360度反馈及其在人力资源管理中的效用。马晶中总结：绩效考核是一项系统工程，涉及战略目标体系及其目标责任体系、指标评价体系、评价标准及评价方法等内容，其核心是促进企业获利能力的提高及综合实力的增强，实质是做到人尽其才，使人力资源作用发挥到极致[28]。刘秋平认为绩效考核是定期考察和评价员工在企业中的工作行为状态和结果的一种正式的制度安排[29]。

总的看来，目前人力资源管理研究中理论的研究比较多，如何理论联系实际较少，这是人力资源管理工作的重点和难点。很多理论和方法听起来或看起来很好，但与实际工作相结合时就会发现，可行性较低，难度很大。从人力资源管理研究的方法上看，定性分析的方法较多，定量分析的方法较少，不利于人力资源的科学管理。

3.2.2.2　企业组织文化符号

文化是具有象征意义的一种力量，它能够推动或者阻碍企业组织的生存、发展和繁荣。从沟通的角度来看，企业管理者可以借助象征或者符号，在组织的内部或外部进行文化传播。代表企业的文化符号很多，怎样界定企业的身份、个性，如何建立和其他组织的关系，如何招聘用人，如何满足客户需求等等。管理者在帮助实现组织目标的过程中，必须了解到公司中的那些代表文化的象征物或者符号，并能够对其进行有效管理。

A　企业名称

企业为了生存，必须对周围的环境进行分析。在对竞争对手的情况、市场细分、技术水准等进行评估以后，企业会给自己一个定位并在此基础上逐步形成自己的文化。比如有的公司将自己定位成提供优质服务的公司，有的则认为自己最擅长的是研究开发等等。在发展过程中，企业的定位会随着环境要素的要求、客户的需求不断发生延伸。例如联想集团在国际化的进程中，花大力气将公司的品牌定位为“lenovo”；位居世界五百强的中国石化集团公司借助 F1 赛车比赛这个平台将其散布在大江南北的各种品牌统一到“长城”这一品牌旗下。从这可以看出，企业名称是企业组织文化中最重要的一个符号标识。

B　公司标志

公司标志是公司视觉识别系统中的核心部分，是一种系统化的形象归纳和形象的符号化提炼，经过抽象和具象结合与统一，最后创造出高度简洁的图形符号，既要能展示公司的经营理念，又要能在实际应用中方便适用，保持一致。品牌标志，是指品牌中可以被认出、易于记忆但不能用言语称谓的部分，包括符号、图案或明显的色彩或字体，又称“品标”。

首钢集团标志设计由字母 S 和 G 变形组合而成，字母 S 部分变幻成中国最古老的图形“太极”，此图形寄予了企业无限的含义：稳定有序的发展方向、和谐可持续的发展观念、创新拼搏的进取精神、团结一致的企业精神，庞大有力的组织结构。字母“G”部分则理解为钢管的横切面，通过横切面的钢管半径厚度，则显现出企业产品质量之优，性能之高。标志整体来看，简洁大气，含义深刻，让人过目难忘。字母“S”部分延伸出来的弧线围绕字母“G”，表达了企业寻求全球化发展的积极愿景。宝钢集团的标志由日本人设计，里面的 B 表示宝钢的宝，外圈 G 是钢铁的意思。标志是蓝色的，用蓝色是为了标志能更好地体现出企业的行业特征（见图 3-4）。

(a)　(b)

图 3-4　集团组织标志

（a）首钢集团；（b）宝钢集团

C　工作环境

工作环境可提高士气。企业和员工是一对共荣辱、同患难的利益共同体。员工工作努力、负责，那么企业效益就会得到提升。同样的，如果企业得到发展，给员工提供更加好的环境和条件，员工会更加倍努力工作回报企业，这是一个良性互动。但这种情况只有在理想状态下才会发生，现实中的企业员工关系往往会让对方不甚满意。企业需要给员工提供的工作环境涉及方方面面，理论上讲如果一个企业在这几个方面都做得好，那么员工的工作效率和忠诚度等都相应也让企业满意，反之就会出现企业和员工相互指责和埋怨的局面。

工作环境主要指办公的硬件环境建设，目前，在对办公环境的研究上主要涉及包括空气环境、视觉环境、声音环境、电磁辐射、空间布局等多种要素，它们对办公人员的身心健康均有重要影响。

3.2.3 企业组织文化建设的启示

国内外企业组织文化的发展，对企业文化建设的理论和实践有如下启示：

（1）需加大对组织文化前沿的研究，深入进行微观组织文化研究。目前，国外组织文化研究在工作场所学习、组织学习、学习干预等方面取得了较大进展。相比国外研究，我国人力资源开发研究在这些方面还需加大，研究重点应该从宏观、中观领域转向微观领域，针对企业具体组织展开组织文化研究。

（2）企业等社会微观组织应参与到组织文化研究中来。相关研究机构及人员重视纵向研究项目，忽视横向研究项目，这不利于组织文化研究的发展。

（3）加大对组织文化理论的系统性研究。目前，组织文化研究的多视角也导致组织文化研究众说纷纭，给人一种杂乱感，也为其他学科研究者所诟病。在今后的组织文化研究中，应进行系统性研究，形成较为规范的学科体系，才能有效支撑组织文化研究的发展。

（4）需要与企业实际需求相匹配。中国企业组织文化研究严重滞后于中国企业组织文化发展实践，许多企业在塑造组织企业文化时主要是企业内部自己探讨，虽然也有专家学者的介入，但是由于对该企业组织文化发展的内在逻辑、企业组织文化定位、企业组织文化变革等问题缺少长期深入的研究，所以企业文化实践缺少真正的科学理论指导，缺少个性，同时也难以对企业长期发展产生文化的推动力。

3.3 富全矿业组织文化建设的现状、问题与机遇

3.3.1 富全矿业组织文化建设的现状

3.3.1.1 组织架构建设现状

公司设置有九部两室三车间，另有 3 个外委项目部分别负责井下采矿、运输

和充填作业，具体架构见图 3-5。九部为党群工作部、资产财务部、人力资源部、技术计划部、质量管理部、设备材料部、安全环保部、销售部、物业管理部；两室为总经理办公室和生产调度室；三车间为采运车间、机电车间和选矿车间。在职人员 187 人，全公司从业人员 533 人，生产组织模式为四班三运转制。

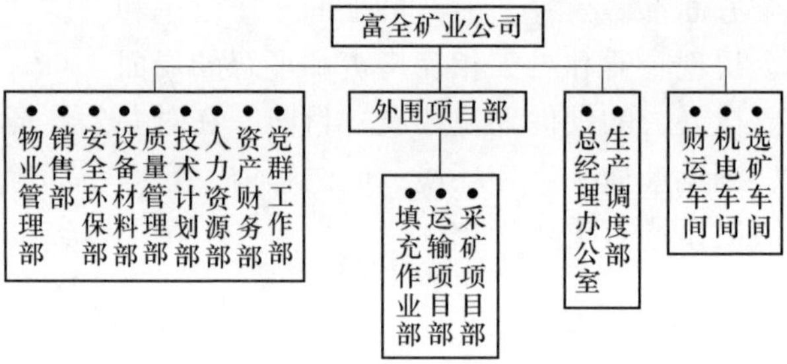

图 3-5　富全矿业组织架构

在生产系统部门职责及人员配置具体如下：

（1）生产调度室负责公司生产组织协调管理、井下轨道衡矿岩计量、全公司生产设备的开停及工艺参数的调整，配置地表调度员 4 人、井下调度员 4 人、集控操作员 8 人。

（2）质量管理部负责地质取样，原矿、精矿、尾矿取样及样品分析化验，负责外销汽车衡的计量。配置地质工 4 人，取样化验员 8 人，汽车衡计量员 1 人。

（3）设备材料部负责火工品的存储、发放及井下炸药库的安全保卫工作，配置炸药库工 8 人。

（4）采运车间负责充填站的管理及井下采矿、运输、采场充填的生产组织协调。配置维护巡检人员 10 人，全车间共计 15 人。

（5）机电车间负责公司提升系统、变配电线路及站所、供排水主管路及站所、供通风系统及站所、供暖及制冷系统及站所等的维护、维修管理。配置信号工 12 人，井下破碎、放矿工 8 人，维护维修、巡检人员 24 人，全车间共计 53 人。

（6）选矿车间负责地表供矿、磨选系统、精矿浓缩和排尾系统的管理，负责尾矿回水及精矿外运的装载工作。配置装载机司机 2 人，中控操作员 4 人，回水泵工 2 人，新水补水泵工 2 人，维护维修、巡检人员 45 人，全车间共计 62 人。

（7）外委运输、充填项目部负责井下矿岩运输入主溜井，井下采场的充填及充填管路的维护、维修工作，负责充填和运输两道工序。充填配置充填人员 16 人，维修人员 8 人；运输配置机车司机 12 人，放矿人员 12 人，主溜井放矿管理8人，维护、维修人员11人，道轨维护人员4人，井口拥罐把钩人员8人，井下拥罐把钩人员8人，项目部后勤及管理人员11人，共计100人。

此外，全公司提升系统、变配电站、供通风系统、计量装置、地表充填站及选矿厂已实现巡岗制作业，现场无人操作。而且，公司为扩大产能，实现增产增效，开展了深部开拓扩能项目，并于2014年底形成了深部溜破、皮带提升系统，具备了出矿能力，但人员未配备。

3.3.1.2 人力资源架构建设现状

中钢富全矿业一直把“以人为本”作为企业的管理理念，这种理念内涵深刻，具有很大的现实意义。首先，树立以人为本的理念，把增进每个人的利益作为评价和衡量企业制度、规范各项发展措施的标准。其次，增强企业的竞争力，把“客户价值”的概念融入企业管理中，正是“以人为本”企业文化的内容。把“客户价值”植入每一个员工心中，以此激励员工的创新行为，增强员工的责任心，把员工的切身利益与企业的利益、客户的利益紧密地结合起来，体现出了“以人为本”的企业文化价值。

在薪酬与激励方面，薪酬激励的公平性包含在企业文化之中，从一个侧面体现了企业追求的目标和价值观的取向，它是企业薪酬激励机制的基本要求。目前，中钢富全矿业按照“责任层层落实，压力层层传递，激励层层链接”考核机制，形成包含固定薪酬、浮动奖金、强制性企业支出、自愿性企业支出、特殊津贴、培训基金等在内的完整经济薪酬激励机制。明确定义薪酬与业绩的关系，将业绩“测量”的结果与薪酬水平挂钩，实现薪酬激励与工作绩效的有效结合。

员工招聘方面，“选人、用人、育人、留人”构成了现代企业人力资源管理的四大基本职能，作为四大职能之首的人员招聘和选拔直接影响企业人力资源的输入和引进质量。当前人力资源配置的社会化市场化程度不断加深，员工招聘在企业人员补充方面的作用也日益突出。2015年随着全球矿业形势进一步低迷，中钢富全矿业出现了减员裁员情况，人才招聘不足，导致其缺乏详细工作分析和职位说明书、无长远人力资源规划。

在绩效考评方面，近年来，中钢富全矿业十分重视绩效考核工作，每年都将其列为管理工作重头戏，总经理亲自安排部署，并始终参与方案制定与修改，通过广泛调研、科学评价和反复讨论后再付诸实施。通过几年的运行，具有中钢富全矿业特色的绩效考核体系日趋成熟，为富全矿业各项经营目标实现提供了强有力的支撑。中钢富全矿业绩效考核方案突出特点表现在“全、细、严、实、公”上。所谓全，是指全员、全面、全过程；所谓细，是指精细；所谓严，是指严谨、严格，不打折扣；所谓实，是指实事求是，注重实效；所谓公，是指公平、公开、公正透明。但是仍存在以下问题：其一，绩效考核指标设计不当，过分强调定量指标考核，忽视了对于定性指标的使用；其二，强调激励的统一性，忽略了激励的差异性；其三，员工对绩效考核认识缺乏统一性。

在员工培训与开发方面，富全矿业强化企业文化建设，积极创建学习型矿山。公司组织开展素质教育和聚心工程，有针对性、分层次地开展员工素质教育培训工作，以提高员工综合素质。充分利用《富全信息》、橱窗等阵地，积极宣传公司的企业文化，加强形势目标教育，帮助职工进一步认清形势，不断解放思想，转变工作作风，认真查找问题和不足，边学习、边整改、边实践，有力促进了公司各项工作向前发展。工会、团支部也紧紧围绕公司生产经营重点开展师傅带徒、合理化建议、青年岗位能手等活动，充分调动大家的积极性。

3.3.1.3 政治架构建设现状

自从中钢矿业公司成立以来，公司一直将“三严三实”作为一项员工素质专题教育的重要工作。以廉洁从业为着眼点，狠抓领导班子和党员干部队伍廉政建设；以“党的群众路线教育实践活动”为契机，积极推进领导干部作风转变，为职工办实事、办好事；稳抓“党政思想”建设，有步骤地开展了专题教育，通过学习、教育，提高了全体党员干部的整体素质和认识，形成了一套“促进思想改革、强化素质提升”的企业教育理念，切实发挥了党员干部的先锋模范作用。

公司加强工会组织建设，努力夯实建“家”的基础。一是明确分管领导，公司副总经理分管工会工作，对建家工作直接给予指导。二是精心配备兼职工会干部，成立了女工委员会和经费审查委员会，达到了合理调配资源、党政工组织齐心合力的格局。经过多年的努力，员工对建家工作比较满意，根据民意测验，员工对工会和建家工作的满意率都在95%以上。

3.3.1.4 符号架构建设现状

A 组织标志

组织标志是以标志性的外化形态，来表示本组织的组织文化特色，包括厂牌、厂服、厂徽、厂旗、厂歌、商标、组织的标志性建筑等。

富全矿业作为中国中钢集团公司下属矿产资源板块子公司之一，在企业标志上沿用集团LOGO设计理念，该图形部分似“中”字，寓意中钢集团是中央企业，肩负国家重要使命。中间蓝色柱体形似钢铁支柱，体现行业特征和奋发进取的企业精神。两侧红色椭圆形体象征团结、合作，展示中钢集团立足全球、双赢发展的经营理念。文字部分是中钢集团的英文简称，代表企业坚实的基础和国际化运作体系。图3-6（a）中全面展示了中钢集团“团结奋进、争创一流”的企业风范和远大理想。富全矿业在厂服上也沿用集团公司设计理念，统一各部门、各岗位服装要求，安全头盔、厂服等配套装备上都印有统一的集团 LOGO，具体见图 3-6（b）。

(a) (b)

图 3-6 中钢富全矿业企业组织标志

（a）中钢富全矿业企业组织标志（LOGO）；（b）中钢富全矿业企业组织标志（厂服）

B 工作环境

为给广大职工创造一个优美、舒适的工作、生活环境，公司不断加大厂区绿化力度，一年组织干部、职工义务植树两次，实现绿化覆盖率 90% 以上，如图 3-7 所示。

图 3-7 富全矿业办公区域植被覆盖情况

此外，为进一步提升职工的业余文化及生活水平，公司先后启用了职工食堂，新上了设施完备的多功能厅，为二号公寓楼安装了水源热泵供暖、制冷系统。工会也在原有基础上挤出部分资金，为职工添置了乒乓球台、单双杠、篮球、象棋、台球等室内文体设施，修建了小型足球场，翻修了橡胶篮球场和羽毛球场地（见图 3-8），维修了职工浴室，装修了招待所、阅览室等文化场所，丰富了员工的业余文化生活。

(a)　　(b)

图 3-8　富全矿业娱乐配套设施

（a）富全矿业娱乐配套设施（篮球场）；（b）富全矿业娱乐配套设施（小型足球场）

在工作福利上，公司始终坚持以人为本，注重了解并及时反馈反映员工切身利益的问题，解其所难，帮其所困。每年为员工进行体检，办理了工伤、医疗保险；根据员工的要求和建议，认真督促后勤部门办好员工食堂，管好职工宿舍。利用闲置的洗车设备，安装用水管线，设置电源，在非工作时间为广大干部职工免费开放洗车，为公司及员工车辆节约了洗车费用，并给广大职工提供了方便。

C　规章制度

近年来，中钢富全矿业结合生产实际陆续修订下发了安全管理、生产组织、技术管理、财务、销售、后勤等各类管理办法和规章制度共计 20 余项，细化了各项工作流程、职责范围和考核办法，使公司的各项工作进一步规范化、科学化、高效化，真正做到公司干部职工有章可循，有规可守。

3.3.2　富全矿业组织文化发展所面临的问题

（1）矿山企业组织文化的建设缺乏系统性。成功的企业必然有成功的企业文化作支撑，而成功的企业组织文化必然自成一体。从企业组织文化的整体看，它是以精神文化为根基，各有侧重，有着内在一致性、责任权利相结合的一种体系。

（2）矿山企业组织文化概念模糊，没有用市场化的语言进行准确表述。企业组织文化是企业在经营管理过程中逐步形成的，其内容涵盖企业生产、经营、管理的各个方面，其精神贯穿于企业发展的全过程，并伴随企业在实践中不断丰富发展。企业组织文化除了应有先进的企业价值观，积极向上的企业精神和正确的经营理念外，在表现形式上也需要有时代特色，用市场化的语言进行表述，概念明确，各得其所。

（3）新旧组织文化冲突，限制了思想解放与观念转变。员工的综合素质与现代化矿山建设要求相比仍有较大距离，思想解放不到位，观念没有根本转变。公司目前包括中层干部和技术骨干存在靠老经验度日的思想，不愿意也不主动学习新的先进的管理方法，在接受新生事物上畏缩不前。

（4）规章制度落实不到位，导致了组织文化的建设流于形式。在公司制度的建设、执行上缺乏动力，当前制度制定的不少，执行上却存在不少的问题。主要表现在：一是制度修订没有及时跟进，没有根据形势变化，及时进行制度修订，以更好地适应生产经营的要求；二是制度执行得不严格，有的形同虚设；三是新制度的制定跟进不及时，如新部门成立，但新制度的建设却明显滞后。

3.3.3 富全矿业组织文化发展所面临的机遇

3.3.3.1 行业转型发展的市场要求

纵观国内外矿业形势的变化，面对我国经济增速换挡期、结构调整阵痛期、前期政策消化期“三期叠加”的复杂形势，矿业发展进入了暂时的低谷期，但这也是我国推进矿业发展理念转型，进行矿政管理改革，推进重点矿产领域试点改革，推动产业集约化、规模化以及结构深度调整，改善投资环境的良好时机，这无疑对于整个行业来说也是一次新的发展机遇。

面对新常态，企业应该如何去认识、去应对？习近平同志指出“我们要增强信心，从当前中国经济发展的阶段性特征出发，适应‘新常态’，保持战略上的平常心态”。在这一大的背景下，富全矿业应顺应规律、顺应趋势，找准自己的位置，找到自己的增长点，加快转型升级，跨界思维，力求创新。

3.3.3.2 依托中钢集团的硬件优势

中国中钢集团公司是国务院国资委监管的中央企业，主要从事冶金矿产资源开发与加工，冶金原料、产品贸易与物流，相关工程技术服务与设备制造，是一家为冶金工业提供资源、科技、装备集成服务，集矿产资源、工程装备、科技新材、贸易物流、投资服务为一体的大型跨国企业集团。富全矿业作为中钢集团的子公司，不仅意味着组织架构进一步扩大和延伸，更标志着企业治理的深入化。

3.3.3.3 智能化浪潮的发展趋势

管理和技术的进步是推动矿山企业发展的新力量。近年来，智能矿山建设是技术创新与体制创新、管理创新的有机结合，是对现有采矿生产管理模式和管理理念的一次重大变革。随着生产过程自动化控制、矿山生产集成化系统监控的逐步实施，企业可大幅提升生产效率、降低运营成本。面对全球矿业形势持续低迷，成本高居不下的现实，智能化的推进无疑是在矿业行业寒冷的冬天里给了富全一条生存发展之路，为用人机制的变革提供了实现的可能。

3.4　中钢富全矿业组织文化建设

中钢集团山东富全矿业有限公司（简称“中钢富全矿业”）成立于2008年，是中钢矿业开发有限公司所属的全资子公司，属鞍山式磁铁角闪岩型贫磁铁矿，矿石全铁地质品位25.43%，磁性铁地质品位16.6%，是目前国内最贫铁矿山资源企业之一。设计年铁矿石生产能力100万吨/年，2010年12月建成投产，2012年达产，当年从业人员612人。2008年以来，中钢富全矿业以提升管理为中心，健全和完善基于战略管理的管理体制、组织架构、运营体系、发展目标，经过多次改革，建立了较为完善的具有中钢富全矿业特色的组织文化体系，经济效益大幅提高。

3.4.1　富全矿业的愿景、使命、价值观

3.4.1.1　富全矿业组织文化理念的构成

组织这个术语是指一种实体，它具有明确的目的，包含人员和成员以及所具有的某种结构。一个组织较之于另一个组织更为成功，是由众多因素综合作用的结果，但核心要素却是组织文化，是以此形成的软实力——核心竞争力，它是组织文化的灵魂。组织文化关键要素是：VMV，即愿景（vision）、使命（mission）、核心价值观（value）。所谓优秀的组织文化，首先要理清愿景、使命、核心价值观，并且这个VMV能够指引组织长期健康成长和发展。当然，光有理念的理清远远不够，更重要的是对理念的坚守和执行，通过理念对组织制度的全面渗透，即经由制度化的途径，使之成为组织成员自觉的思维和行为习惯，形成明显的组织特征，具有这样优秀的组织文化，该组织将战无不胜。

（1）企业愿景译做远景、远见，简称愿景，在20世纪90年代盛行一时。企业愿景是指企业战略家对企业前景和发展方向一个高度概括的描述。由企业核心理念（核心价值观、核心目的）和对未来的展望（未来10~30年的远大目标和对目标的生动描述）构成。愿景是由组织内部的成员所制订，由团队讨论，获得组织一致的共识，形成大家愿意全力以赴的未来方向。所谓愿景管理，就是结合个人价值观与组织目的，通过开发愿景、瞄准愿景、落实愿景的三部曲，建立团队，迈向组织成功，促使组织力量极大化发挥。愿景形成后，组织负责人应对内部成员做简单、扼要且明确的陈述，以激发内部士气，并应落实为组织目标和行动方案。一般而言，企业愿景大都具有前瞻性的计划或开创性的目标，作为企业发展的指引方针。在西方管理论著中，许多杰出的企业大多具有一个特点，就是强调企业愿景的重要性，因为唯有借助愿景，才能有效地培育与鼓舞组织内部所

有人，激发个人潜能，激励员工竭尽所能，增加组织生产力，达到顾客满意度的目标。

（2）企业使命是指企业在社会经济发展中所应担当的角色和责任，是企业的根本性质和存在的理由，指明企业的经营领域、经营思想，为企业目标的确立与战略的制定提供依据。

（3）企业价值观是指企业在追求经营成功过程中所推崇的基本信念和奉行的目标。从哲学上说，价值观是关于对象对主体有用性的一种观念，企业价值观是企业全体或多数员工一致赞同的关于企业意义的终极判断。

表 3-1~表 3-3 为企业的部分精神符号。

表 3-1 宝钢集团企业精神符号

公司使命	创享改变生活
公司愿景	成为钢铁技术的领先者，成为环境友好的最佳实践者，成为员工与企业共同发展的公司典范
核心价值观	诚信、协同
社会责任	公司致力于为股东、客户、供应商、员工与社会等创造价值，实现与相关利益主体的共同发展
战略目标	成为全球最具竞争力的钢铁企业，成为最具投资价值的上市公司

表 3-2 首钢集团企业精神符号

公司愿景	2020 年进入国际一流钢铁企业集团行列，把首钢建成具有世界影响力的综合性大型企业集团
核心价值观	首钢服务 首钢品牌 首钢创造
首钢精神	传承 敢闯 敢坚持 敢于苦干硬干 发扬 敢担当 敢创新 敢为天下先

表 3-3 紫金矿业企业精神符号

使命	以优质的矿物材料为中国及全球经济增长助力
公司愿景	全球重点的黄金和有色金属生产商
核心价值观	和谐创造财富；企业、员工和社会协调发展
精神	艰苦创业，开拓创新

从国际视野看，美国自 1776 年建国，至今 240 多年，在建国的愿景、使命和核心价值理念方面的理清和坚守方面基本上是做得比较好的，这是只有短短二百来年历史的美国能成为世界强国的重要原因。中国企业在改革开放大潮的推动已经登上了世界经济舞台中心，有些大企业进入世界五百强。但中国企业要真正成为优秀的世界级企业，尚需时日，企业文化将是它们前行的原动力。

（1）帮助所有的员工确立价值观。价值观是企业文化的核心组成部分，对于企业的发展至关重要，甚至员工的价值观影响着整个企业的生死，对于现代企业来说，除了要实现物质价值之外，也应该重视实现文化价值。企业领导层要懂得，企业除了经济方面的竞争，还在企业文化、员工、智慧、伦理等诸多方面存在竞争。企业除了满足自身的经济利益需求，其另一重要目标就是满足社会需求，实现社会价值的最大化。

（2）确立企业理念及精神。建立有特色的企业理念和精神，深入发掘员工的内在潜力，是加强企业文化建设的关键，也是企业文化的首要任务和主要内容。确立企业理念及精神，既要符合企业自身利益，又要具有激励功能；既要先进不落伍，又要体现出企业本质；既要符合行业特点，又要有本单位特色，同时还要突出企业的经营和管理理念。

（3）公司愿景和使命的建立是企业生存发展的根本目的和精髓所在，它是通过企业的生产经营理念来完整地体现企业的价值观。

针对中钢富全矿业这几年的发展现状，在对部分矿山企业的发展理念进行分析的基础上，将富全矿业发展精神理念制定为表3-4。

表3-4　富全矿业公司精神理念的构成

1	企业愿景	成为国内一流、国际知名的冶金地下矿山企业
2	企业使命	矿产资源可持续开发与利用
3	价值观	以绩效为先，讲求和谐高效； 以行动为主，讲求务实创新； 以人本为要，讲求团结互助
4	企业精神	艰苦创业、绿色环保、精益求精、开拓创新
5	服务理念	诚信是态度，守信是承诺
6	经营理念	安全、高效、和谐、创新
7	研发理念	以务实为根本，以创新为动力
8	用人理念	爱护人、尊重人、培养人、成就人
9	成本理念	投入精当、控制精细
10	安全理念	生命是财富，安全系万家
11	战略目标	保持持续发展，做行业标杆

3.4.1.2　富全矿业组织文化理念的释义

富全矿业组织文化的愿景、使命、核心价值观解释如下。

（1）企业愿景：成为国内一流、国际知名的冶金地下矿山企业。将国内一流、国际知名冶金地下矿山作为发展方向，表达了企业在国内和国外所期望达成的愿景，该愿景需要坚持用中钢集团战略目标和企业发展愿景来统一职工的思想、凝聚干部职工的力量，脚踏实地做好每一天、干好每一件细小的事，一步步接近目标愿景。

（2）企业使命：矿产资源可持续开发与利用。由于矿产资源属于不可再生的有限资源，因此，珍惜、保护、开发、利用矿产资源是一项重要工作，是有关国民经济和社会持续发展至关重要的根本保证。矿产资源短缺和开发利用中的浪费问题，不仅严重影响着我国当前经济的快速发展，而且也制约着我国今后经济社会的可持续发展和全面建设小康社会目标的实现。该使命表达了企业需要转变经济增长方式，实现矿产资源的可持续开发利用。是企业用可持续发展思想指导矿产资源合理配置，科学确立矿产资源开发战略，大力发展循环经济，运用科技手段推动矿产资源的可持续开发利用。

（3）企业价值观：以绩效为先，讲求和谐高效；以行动为主，讲求务实创新；以人本为要，讲求团结互助。

1）以绩效为先，讲求和谐高效。以突出富全矿业业绩考核与产量、经济效益挂钩，坚持奖勤罚懒，鼓励高产、高效的价值观。

2）以行动为主，讲求务实创新。务实的根本在于讲究实际、实事求是，是鞭策和要求企业成员做到把诚实与实干当成必须遵守的价值理念。创新的重点在于突破常规、解放思想，在当前新形势、新任务面前，摒弃旧观念中兜圈子等靠老办法、老经验对待新事物的观念，把思想认识从那些不合时宜的观念、做法和体制中解放出来，站在新时代创新的前列。

3）以人本为要，讲求团结互助。表达了在员工与员工之间的关系中，为了实现共同的利益和目标，互相帮助、互相支持、团结协作、共同发展的价值理念。

（4）企业精神：艰苦创业、绿色环保、精益求精、开拓创新。

1）艰苦创业，一方面体现了矿山企业艰苦的工作环境，另一方面体现了矿山企业的创业精神。它既是一种崇高的思想境界，也是人们成就任何事业不可缺少的精神动力；主张勤俭节约、艰苦朴素的工作作风，是进行现代化建设需要大力倡导和弘扬艰苦创业的精神。

2）绿色环保，表达了公司对矿产资源、社会环境的珍惜，这是打造“绿色矿山”的要求。尽其可能善用资源，创造股东、员工、社区、伙伴等的美好生活，履行公司的社会责任，体现公司的社会价值。

3）精益求精，表达了企业培育精益求精的工匠精神，用于提品质、创品牌。

4）开拓创新，人们根据确定的目标与需要灵活地、创造性地运用已知的一切知识与信息产生出某种具有独到见解的、新颖的、具有开拓性的而富有积极社会价值的精神产品或物质产品的能力，这是企业不断变革、不断进步的根本。表达了公司对科技利用、科技创新的重视，这是打造“智慧矿山”的要求。

（5）服务理念：诚信是态度，守信是承诺。诚信，即忠诚老实，就是忠于事物的本来面貌，不隐瞒自己的真实思想，不掩饰自己的真实感情，不说谎，不作假，不为不可告人的目的而欺瞒别人。守信，就是讲信用，讲信誉，信守承诺，忠实于自己承担的义务。

（6）经营理念：安全、高效、和谐、创新。经营理念是系统的、根本的管理思想。一套明确的、始终如一的、精确的经营理念，可以在组织中发挥极大的效能。

1）安全，安全意味着责任。责任是一种要求、一种义务、一种保持企业持续稳步发展的庄重使命。在众多企业之中，矿业是公认的高危行业，作为企业就更应该将安全放在首位。

2）高效，在一定的经济条件下，企业在生产经营过程中能够合理配置企业资源，最大限度地提供满足市场需求的产品并获得高额利润，推动组织目标达成的能力，表达了中钢富全矿业讲求不断提升工作效率的经营理念。

3）和谐，表达了中钢富全矿业要努力实现职工与企业、干部与职工、企业与客户之间关系的和谐，以小和谐促大和谐，通过企业的和谐才能促进整个社会的和谐的经营理念。

4）创新，企业通过创新经营，在市场的某些领域或层次能捷足先登，就能与企业对手拉开差距，这是确定企业优势的最重要的手段。

（7）研发理念：以务实为根本，以创新为动力。务实就是讲究实际、实事求是，是对企业脚踏实地，稳步向前的要求。企业也正是在稳步中求发展，推创新。建立高效可持续的研发创新能力，是每个企业家梦寐以求的目标。它表达了企业把增强自主创新能力作为科学技术发展的战略基点和调整产业结构、转变增长方式的中心环节。

（8）用人理念：爱护人、尊重人、培养人、成就人。

1）爱护人。员工能否热爱自己的企业，不全在于是否有诱人的高薪，领导者的关怀爱护同样可成为吸引优秀人才的强大磁石，这种爱护主要表现为最大限度地满足员工的各种生理心理需要。

2）尊重人。建立公正、公平、公开的员工福利制度，为员工提供良好的工作环境，耐心听取员工意见，及时肯定员工成绩等。

3）培养人。真正的人才是可遇而不可求的，被企业需求的人才是企业必须给予重视和重点培养的。企业必须想方设法把不适合企业文化的行为转变过来。育人是一件长期的、重要的事，是企业领导的责任。它表达了企业想要让员工重视工作带来的成长，以及在工作中，积累自身的核心竞争力，让员工克服因为工作而带来的枯燥、乏味和疲劳，让员工找到工作的意义，激发员工的工作激情，并有勇气去克服很多工作中遇到的问题。

4）成就人。有文化的企业是成就人才的企业，企业通过成就员工来顺利实现企业的目标。优秀的企业文化可以使得企业目标和员工的人生梦想趋于一致，达到上下同欲，实现企业文化信仰化。

(9) 成本理念：投入精当、控制精细。没有投入就没有产出，投入不足必制约发展，合理设置成本结构，是智慧经营之要义，超前投入到位，是确保安全，推动发展之基石。该投的一分钱不能少，该省的一分钱也不花。

(10) 安全理念：生命是财富，安全系万家。安全就是生命；安全就是生产力；安全就是效益；安全就是财富。安全是每一个人在做事前考虑的第一要点，因为只有安全了，才能使宝贵的生命不受到伤害，使工作和生活充满欢乐、更加美好。

3.4.2 富全矿业推进组织架构改革的方案设计

3.4.2.1 富全矿业组织机构的减员增效

在人员管理上，始终坚持“精简高效、一岗多职、一专多能”的原则，严格控制岗位定员和招聘人数。对每个部门设置的每一个岗位进行了明确的岗位描述，规定了每个岗位应具备的基本条件、基本技能、公司内外的业务衔接以及工作职责，岗位职责清晰、分工明确。

为进一步转变职能、提高效率，建立和完善结构合理、权责明确、精干高效、运转协调的企业管理体系，增强企业活力，提高人员素质，优化人员结构，公司于2016年5月推行了组织机构改革，进一步优化人力资源配置，实现了生产人员优势互补、管理人员精干高效，人工成本进一步降低。

(1) 将部分外委项目或工序进行自营管理。针对外委项目部管理手段落后、智能化程度低、人员配置不合理等造成用人多、劳动效率低、人浮于事的突出现象，公司果断将井下外委运输和充填项目划为自营，统一纳入采运车间管理。通过对管理中存在的不合理现象和突出问题进行重新梳理，并运用科技手段进行技术升级改造，将人员进行重新优化配置，用人数量大幅下降，劳动效率显著提高。

(2) 将分散设岗优化为一点设岗、多点指挥协调。将选矿厂中控操作升级为由集控中心统一远程操控；将尾矿库回水泵和北风井新水补水泵现场操控改造为由车间远程操控管理；将地表与井下调度岗位合并，运用现代化通信手段进行统一调度协调生产。

(3) 将区域内固定岗位设置优化为流动巡检制；将副井信号台操作运行模式优化为跟罐操作模式；将深部开拓破碎和皮带提矿改造为智能运行模式与原破碎。

(4) 将24h不间断作业优化为重点时段作业制。随着科技的不断进步，鉴于矿山行业部分岗位的重要性不断减弱的特点，将采样化验和井下地质人员由每天三班制作业优化为重点时段间断两班制作业。

(5) 将设备操控进行智能化升级、远程操控。将井下炸药库人员现场控制管理，改造为由集控中心远程监视加流动人员定时重点管理。将井下溜井放矿改造为智能远程放矿，由机车司机直接远程放矿，安全保障大幅提升的同时核减了所有放矿人员。

(6) 将四班三运转改为三班三运转替补制。对四班三运转生产组织中存在用人数量多的问题，在车间推行三班三运转替补制生产组织方式，鼓励职工利用业余时间多上班，并体现多劳多得。正常的人员配置中不考虑人员休班因素，将富余人员编制到维修班组，如职工有休班需求，可从维修班组中替补，保证生产系统所需人员。

(7) 推行部室合署办公。将技术计划部与质量管理部合署办公，减配部门经理1人。将总经理办公室、党群工作部与人力资源部合署办公，减配部门经理2人，部分办公人员业务进行兼顾合并。

(8) 人员重新优化配置。对原巡检人员设置的合理性在智能化矿山条件下进行重新核定，重新合理优化配置。如将选矿系统人员配置重新合理量化，节约了流动巡检人员8人。

3.4.2.2 富全矿业组织架构的扁平化

企业内部机构的设计理念，一是应全面考虑行业性质、发展战略、企业文化和管理理念等因素，科学设置内部职能机构，明确各机构的职责权限，形成各司其职、各负其责、相互制约、相互协调的工作机制；二是应对各内部机构的职责进行科学合理分解，确定具体岗位名称、权责和工作要求，明确各个岗位的权限和相互关系，根据风险评估结果建立内部牵制机制，充分体现不相容岗位相分离原则；三是应制定清晰明了的组织结构图、业务流程图、岗位说明书和权限规范，使广大员工了解和掌握其应知的组织架构设计和权责分配情况，正确履行职责。

按照中钢矿业公司整体安排部署，结合公司实际制定了《中钢集团山东富全矿业有限公司机构改革实施方案》。改革实施方案本着精简、统一、效能的原则，紧紧围绕理顺职责关系，有效推行两级架构扁平化管理模式——大部制，以实现职能有机统一，改革后的组织架构如图3-9所示。

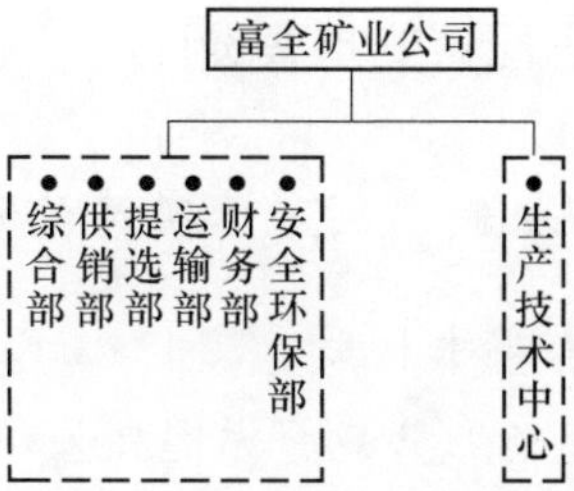

图 3-9　富全矿业改革后的组织架构

传统矿山管理层级为三级，即公司→部室→车间；通过改变车间设置，管理层级变为二级，即公司→部室。公司新的机构设置为六部一中心，即综合部、财务部、安全环保部（安全部、环保部）、供销部、提选部、运输部、生产技术中心。六部一中心管理职能及业务划分情况如下：

（1）生产技术中心由技术计划部、质量管理部、生产调度室三个部门合署办公。主要职责是生产技术、科研管理、综合统计，地质、测量、水文技术管理，产品质量、工程质量管理，生产协调组织、设备运行管理，同时履行外委施工项目部的甲方代表职责。

（2）综合部由总经理办公室、人力资源部、党群工作部、物业管理部、工会、团委等部门合署办公。主要职责是行政管理，公共关系、党群管理，纪检，劳动关系、薪酬福利管理，绩效考核，后勤管理。

（3）供销部由设备材料部、销售部两个部门合署办公。主要职责是产品销售，备品备件、材料物资、火工品采购与管理，固定资产管理。

（4）提选部由原选矿车间和机电车间部分职能组成。负责地表高低压供配电系统、主副井提升系统、选矿系统、中央变电、-320 泵房及水仓管理，供水系统、供风系统等配套设备设施的运行维护维修工作。撤销机电车间、选矿车间。

（5）运输部由原机电车间、采运车间部分职能组成。负责运输系统、充填系统、-416 破碎运输系统、-352 破碎系统、-374 装载系统和井下泵房、井下变配电站、水仓清淤、避灾硐室、电线电缆、轨道衡、通风排水系统、照明系统及其他设备设施的运行维护维修工作。撤销采运车间，原采运车间外委采矿施工甲方代表职责划归生产技术中心。

（6）财务部由资产财务部和审计部合署办公。主要职责是资金筹措与管理，成本费用、预算管理，会计核算与监督，税务管理，风险控制，内部审计。

（7）安全环保部由安全部和环保部合署办公。主要职责是安全与环保工作，以及工业卫生、职业健康监督与管理。

3.4.3　富全矿业优化人力资源配置的方案设计

3.4.3.1　强化企业管理机制，制定落实绩效考核

A　绩效考核指标体系的基本构成

为适应经济新常态和矿业新形势，努力提高公司经济效益和员工积极性，全面实现经营目标，促进公司持续稳定健康发展，公司结合生产经营实际，下发了《2016 年经营业绩考核管理办法（暂行）》。公司的业绩考核与产量、质量、设备等生产技术经济指标挂钩，同时将办公及低值易耗品费用一并纳入考核。

通过几年的运行，该考核办法科学合理且可行性和可操作强，最终形成了富有中钢富全矿业特色的绩效考核体系，为富全矿业各项经营目标的实现提供了强有力的支撑。

富全矿业绩效考核管理分两个层次：组织对组织、组织对个人，即公司对车间（部室）、车间（部室）对班组或个人。前者考核方案的制定实施具体由公司人力资源部门负责，后者由车间（部室）根据经济责任自行制定，其落实和执行情况由人力资源部门负责监督检查。企业将绩效考核体系分为三个部分，见图 3-10。

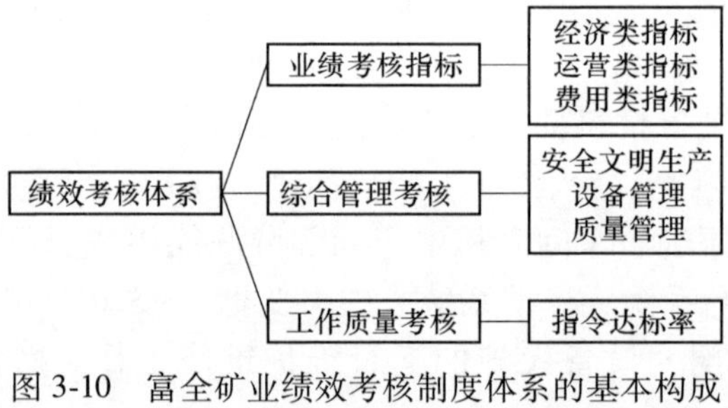

图 3-10　富全矿业绩效考核制度体系的基本构成

（1）业绩考核指标：包括经济类指标、运营类指标、费用类指标等，共 3 大类 67 项 86 个子项指标，且层层分解到车间部室。各项考核内容按所占考核项目的数量，重要程度分配分值。如提选部薪酬 100%与精矿产量挂钩考核，同时将精矿品位、金属回收率、尾矿品位等质量指标，提升设备故障率、地表破碎设备故障率、磨选设备故障率等设备运行指标以及成本消耗等按其重要程度设定不同权重和分值，作为挂钩浮动奖罚指标考核。

（2）综合管理考核：按各职能部室制定的专业管理考核细则，由部室对车间综合管理情况进行考核评价打分。如安全文明生产、设备管理、质量管理等作为业绩考核指标的调剂指标进行奖罚浮动。

（3）工作质量考核：把公司安排的重点工程和重点工作以及三项指令完成

情况作为工作质量要求，明确责任部门、责任人和完成时限，由专业部门和公司领导进行考核评价，作为业绩考核指标的调剂指标进行奖罚浮动。

B 各部门绩效考核制度设计

公司对所属各生产部室人员的岗位工资、绩效工资、学历工资、工龄工资、加班工资和各项津贴补贴等全部纳入部室核定挂钩考核绩效薪酬总额；其他各职能部室人员除岗位工资和绩效工资纳入其所在部室核定挂钩考核绩效薪酬总额外，其学历工资、工龄工资、节假日加班工资和津贴补贴由人力资源部审核后执行。

公司部（中心）每月考核基数，以月生产计划为基准。以综合部、财务部、安全环保部（安全部、环保部）、供销部、提选部、运输部、生产技术中心为考核部门分别建立其相应的考核制度。

a 运输部

当月核定挂钩薪酬总额的70%与当月实际完成运输矿岩量挂钩，30%与当月完成充填量挂钩，同时与本部当月的设备管理、安全文明生产、制度执行力等指标考核得分挂钩浮动。当月考核结算薪酬总额与当月充填及运输成本直接挂钩奖罚，成本（其中充填使用胶固粉除外，并另行专项考核）超额按实际超计划总额的10%在考核结算薪酬总额中扣除，节约按实际节约总额的5%进行奖励；办公及低值易耗品费用纳入本部成本一并核算。

计算公式如下：

本部当月考核结算薪酬额=本部当月核定挂钩考核薪酬总额×[70%×(实际完成运输矿岩量/计划完成运输矿岩量)+30%×(实际完成充填量/计划完成充填量)]×(指标考核得分/100)±成本费用奖罚额-胶固粉处罚额

指标考核得分与当月的质量、设备、安全文明生产等生产技术经济指标挂钩，满分100分。运输部业绩考核、文明生产考核、公司成本考核办法具体如表3-5~表3-7所示。

表3-5 中钢富全矿业公司经营业绩考核（运输部）

<table>
<tr><th colspan="3">项目</th><th>计划</th><th>考核办法</th><th>权值</th><th>考核部门</th></tr>
<tr><td rowspan="2">定员及工资总额</td><td colspan="2">定员人数</td><td>55</td><td></td><td rowspan="2"></td><td rowspan="2">人力资源部</td></tr>
<tr><td colspan="2">核定薪酬总额</td><td></td><td>70%与当月实际完成运输矿岩量挂钩考核；
30%与当月完成充填量挂钩考核</td></tr>
<tr><td rowspan="2">生产及任务指标</td><td rowspan="2">运输矿岩量</td><td>运输原矿/万吨</td><td></td><td rowspan="2">100×当月实际完成量/当月计划量</td><td rowspan="2">70%</td><td rowspan="2">技术计划部</td></tr>
<tr><td>运输岩石/万吨</td><td></td></tr>
</table>

续表 3-5

项目		计划	考核办法	权值	考核部门
生产及任务指标	充填实方量/万米^3		100×当月实际完成量/计划量（不含废石充填）	30%	技术计划部
	胶固粉使用量/万吨		当月实际用量超计划用量±5%，扣发 1000 元		
考核浮动奖罚指标	充填设备故障率	≤0.1%	故障率每降低 0.1%奖 5 分，最高奖励 20 分；故障率每增加 0.1%罚 10 分，最高处罚 40 分	6%	供销部
	运输设备故障率	≤0.4%		10%	
	416 破碎设备故障率	≤0.2%		10%	
	352 破碎设备故障率	≤0.5%		10%	
	352 颚破衬板单耗	0.02kg/t	单耗每增加 10%罚 10 分，最高处罚 40 分；单耗每降低 10%奖 5 分，最高奖励 20 分	2%	
	416 颚破衬板单耗	0.05kg/t		2%	
	设备卫生		根据每周设备安全检查，每发现一处设备卫生不合格，扣 2 分，最高处罚 40 分	15%	安全部
	安全设备设施完好		每发现一处缺陷，扣 5 分	5%	
	安全生产		据安全部专项考核办法考核	10%	
	文明生产			25%	
	制度执行力		各项制度健全完善、成本考核、出入库管理、能耗管理等措施落实执行到位，无重大缺陷，出现一次扣 10 分	5%	资产财务部

表 3-6 中钢富全矿业公司文明生产考核（运输部）

考核部位	序号	考核内容	考核办法	考核分数	
-320 大巷	1	大巷内无杂物堆积现象	公司考核中，考核得分 90 分及以上的，奖励 6.67 分	15	3
	2	大巷内警示标识牌清晰无损坏			6
	3	大巷内大面积的积水、积淤在四定时间内完成清理			6
充填站	1	厂房内无杂物		10	3
	2	厂房内物品摆放基本符合定置化管理要求			3
	3	厂房内警示标识牌、制度牌清晰无损坏			2
	4	4m 平台栏杆干净、无积水			2
溜破系统	1	硐室内地面无积水		10	2
	2	物品摆放基本符合定置化管理要求			5
	3	警示标识牌、制度牌清晰无损坏、无污损			3

表 3-7　中钢富全矿业公司成本考核（运输部）

类　别	单位	计划单耗	类　别	单位	计划单耗
材料、备件（深部开拓）	元/吨	0.71	352 电耗	度/吨	0.28
材料、备件（352 破碎）	元/吨	0.72	充填系统电耗	度/立方	1.34
材料、备件、低值易耗品（充填系统）	元/m^3	2.15	320 运输电耗	度/吨	0.33
材料、备件、低值易耗品（井下运输）	元/月	17000	其他电耗（120、220）	度/吨	1.38
深部开拓电耗	度/吨	0.98			

b　提选部

当月核定挂钩考核薪酬总额的 100%与当月实际完成精矿产量挂钩，同时与车间当月的质量管理、安全文明生产、磨机台时作业率等指标考核得分挂钩浮动。当月考核结算薪酬总额与供矿、磨选等选矿加工成本直接挂钩奖罚，成本超额按实际超计划总额的 10%在考核结算薪酬总额中扣除，节约按实际节约总额的 5%进行奖励。办公及低值易耗品费用纳入选矿加工成本一并核算。

计算公式如下：

本部当月考核结算薪酬额=本部当月核定挂钩考核薪酬总额×(实际完成精矿产量/当月计划精矿产量)×(指标考核得分/100)±成本费用奖罚额

指标考核得分与产量、质量、设备、安全文明生产等生产技术经济指标挂钩，满分 100 分。

当月实际完成精矿产量，以铁精矿合格品位 65.3%进行折算。

具体考核办法如表 3-8~表 3-10 所示。

表 3-8　中钢富全矿业公司经营业绩考核（提选部）

项　目		计划	考 核 办 法	权值	考核部门
定员及工资总额	定员人数	44		100%	人力资源部
	核定薪酬总额		100%与当月实际完成精矿产量挂钩		
	其中，考核分配绩效薪酬总额		100×当期考核分配薪酬总额/当期考核结算薪酬总额		
生产及任务指标	精矿产量/万吨		100×当期实际完成量/当期计划量	100%	技术计划部

续表 3-8

项目		计划	考核办法	权值	考核部门
考核浮动奖罚指标	精矿品位	65.30%	每降低0.1%扣5分，扣不超15分	5%	质量管理部
	选矿磁性铁金属回收率	97.00%	每提高0.1%奖5分，奖不超20分；每降低0.1%扣5分，扣不超30分	3%	
	尾矿品位（磁性铁）	0.80%	每降低0.1%奖5分，奖不超20分；每提高0.1%奖5分，扣不超30分	3%	
	主井提升设备故障率	≤0.3%	故障率每降低0.1%奖5分，最高奖励20分；故障率每增加0.1%罚10分，最高处罚40分。台时处理量每增加2%奖5分，最高奖励20分；每降低2%罚10分，最高处罚40分	10%	供销部
	地表破碎设备故障率	≤0.5%		10%	
	选矿磨选设备故障率	≤0.2%		10%	
	选矿磨选台时处理量	186吨/（台·时）		2.5%	
	地表破碎系统台时处理量	219吨/（台·时）		2.5%	
	钢球消耗	0.62kg/t	单耗每增加10%罚10分，最高处罚40分；单耗每降低10%奖5分，最高奖励20分	2%	
	圆锥破碎机衬板消耗	0.06kg/t		2%	
	设备卫生		根据每周设备安全检查，每发现一处设备卫生不合格，扣2分，最高处罚40分	5%	安全部 资产财务部
	安全设备设施完好		每发现一处缺陷，扣5分	5%	
	安全生产		据安全部专项考核办法考核	10%	
	文明生产			25%	
	制度执行力		各制度健全完善、成本考核、出入库管理、能耗管理措施执行到位，无重大缺陷，出现一次扣10分	5%	

表 3-9　中钢富全矿业公司文明生产考核（提选部）

考核部位	序号	考核内容	考核办法	考核分数	
井上35kV变电所，井下-320m水平中央变电所、水泵房	1	室内无杂物、地面无积水	公司考核中，考核得分90分及以上的，奖励6.67分	15	2
	2	室内物品摆放基本符合定置化管理要求			7
	3	室内警示标识牌、制度牌清晰无损坏			4
	4	电缆沟无积水			2

续表 3-9

<table>
<tr><th>考核部位</th><th>序号</th><th>考核内容</th><th>考核办法</th><th colspan="2">考核分数</th></tr>
<tr><td rowspan="3">提升机房</td><td>1</td><td>室内无杂物、地面无积水</td><td rowspan="10">公司考核中，考核得分 90 分及以上的，奖励 6.67 分</td><td rowspan="3">10</td><td>2</td></tr>
<tr><td>2</td><td>室内物品摆放基本符合定置化管理要求</td><td>5</td></tr>
<tr><td>3</td><td>室内警示标识牌、制度牌清晰无损坏无污损</td><td>3</td></tr>
<tr><td rowspan="4">球磨车间</td><td>1</td><td>厂房内无杂物</td><td rowspan="4">20</td><td>3</td></tr>
<tr><td>2</td><td>厂房内物品摆放基本符合定置化管理要求</td><td>7</td></tr>
<tr><td>3</td><td>厂房内警示标识牌、制度牌清晰无损坏</td><td>5</td></tr>
<tr><td>4</td><td>4m 平台栏杆干净、无积水</td><td>5</td></tr>
<tr><td rowspan="3">中细碎车间</td><td>1</td><td>厂房内无杂物、地面无积水</td><td rowspan="3">10</td><td>2</td></tr>
<tr><td>2</td><td>厂房内物品摆放基本符合定置化管理要求</td><td>5</td></tr>
<tr><td>3</td><td>厂房内警示标识牌、制度牌清晰无损坏</td><td>3</td></tr>
</table>

表 3-10　中钢富全矿业公司成本考核（提选部）

类　别	单位	计划单耗	类　别	单位	计划单耗
材料、备件、低值易耗品、燃料（选矿）	元/吨	6.98	提升电耗	度/吨	1.97
材料、备件、低值易耗品（其他）	元/吨	0.89	辅助电耗（提选其他）	度/吨	3.31
电耗（选矿）	度/吨	24.27			

c　供销部

本部当月核定挂钩考核薪酬总额的 100%与实际完成精矿产量挂钩，同时与公司当月的设备与物资管理综合指标等挂钩考核浮动。当月考核结算薪酬总额与办公费和低值易耗品等费用指标直接挂钩奖罚，节约按节约额的 50%予以奖励，超支按超额部分的 100%给予核减。

计算公式如下：

本部当月考核结算薪酬额=本部当月核定挂钩考核薪酬总额×(实际完成精矿产量/当月计划精矿产量)×(指标考核得分/100)±办公费等奖罚额

指标考核得分与公司的生产设备综合故障率、设备卫生等管理考核指标挂钩。

供销部业绩考核具体办法如表 3-11 所示。

表 3-11　中钢富全矿业公司经营业绩考核（供销部）

项目		计划	考核办法	权值	考核部门
定员及工资总额	定员人数	9		100%	人力资源部
	核定薪酬总额		100%与当月实际完成精矿产量挂钩		
	其中，考核分配绩效薪酬总额		100×当期考核分配薪酬总额/当期考核结算薪酬总额		
生产及任务指标	精矿产量/万吨		100×当期实际完成量/当期计划量	100%	技术计划部 经理办公室 资产财务部 物业管理部
	办公（含电脑耗材）与低值易耗品费	215.1 元/月	节约按节约额的 50%予以奖励，超支按超额部分的 100%从考核结算薪酬中扣发		
挂钩考核浮动奖罚指标	重大设备事故	0	发生一起得 0 分，只罚不奖	15%	公司领导
	设备卫生		专项考核得分 90 分以上，奖 6.67 分	20%	
	各系统生产设备综合故障率	≤0.314%	故障率每降低 0.1%奖 5 分，最高奖励 20 分；故障率每增加 0.1%罚 10 分，最高处罚 40 分	20%	
	废旧物资回收处置管理		严格按制度执行，出现一次严重违例或被上级机关通报批评一次，扣罚 20 分，只罚不奖	15%	
资产、存货及出入库管理			每降低 1 个百分点扣 5 分，直至扣完	15%	财务部
销售管理	合同执行率 100%		每降低 1 个百分点扣 5 分，直至扣完； 投诉一次扣 5 分，直至扣完	15%	综合部
	货款回收率 100%				
	客户投诉				
	西大门内外文明生产				

d　安全部/环保部

本部当月核定挂钩考核薪酬总额的 100%与实际完成精矿产量挂钩，同时与当月的安全生产和文明生产指标考核得分挂钩浮动。当月考核结算薪酬总额与办公费和低值易耗品等费用指标直接挂钩奖罚，节约按节约额的 50%予以奖励，超支按超额部分的 100%给予核减。

计算公式如下：

本部当月考核结算薪酬额＝本部当月核定挂钩考核薪酬额×（实际完成精矿产量/当月计划精矿产量）×（指标考核得分/100）±办公费用奖罚额

指标考核得分与安全生产和文明生产等管理考核指标挂钩。

安全部/环保部业绩考核具体办法如表3-12所示。

表3-12　中钢富全矿业公司经营业绩考核（安全部/环保部）

项目		计划	考核办法	权值	考核部门
定员及工资总额	定员人数	3		100%	人力资源部
	核定薪酬总额		100%与当月实际完成精矿产量挂钩		
	其中，考核分配绩效薪酬总额		100×当期考核分配薪酬总额/当期考核结算薪酬总额		
生产及任务指标	精矿产量/万吨		100×当期实际完成量/当期计划量	100%	技术计划部 经理办公室 资产财务部 物业管理部
	办公（含电脑耗材）与低值易耗品费	101.7元/月	节约按节约额的50%予以奖励，超支按超额部分的100%从考核结算薪酬中扣发		
挂钩考核浮动奖罚指标	人身轻伤事故	≤2起	轻伤发生一起，扣50分，直至扣完，只罚不奖	10%	公司领导
	人身重伤以上事故	0	发生一起得0分，只罚不奖	20%	
	火灾与环境污染事故	0		10%	
	安全隐患整改		严格制度执行，出现一次严重违例或被上级机关通报批评一次，扣罚20分，只罚不奖	20%	
	安全设施完好	≥96%	运行灵敏、可靠；定期保养、修复及时；四周无杂物、无积水；标识规范、干净整洁，每发现一处缺陷，扣5分	10%	
	文明生产综合达标率		专项考核得分90分以上，奖6.67分	30%	

e　财务部

本部当月核定挂钩考核薪酬总额的100%与实际完成精矿产量挂钩，同时与运输部、提选部两部当月平均工资指数挂钩浮动。当月考核结算薪酬总额与办公及低值易耗品等费用指标直接挂钩奖罚，节约按节约额的50%予以奖励，超支按超额部分的100%给予核减。

计算公式如下：

本部当月考核结算薪酬额=本部当月核定挂钩考核薪酬总额×(实际完成精矿产量/当月计划精矿产量)×(运输部工资指数+提选部工资指数)/2±办公费用奖罚额

注：工资指数=（运输部、提选部）当月实际结算工资总额（扣除两部当月成本费用奖罚额）/当月核定挂钩考核分配绩效薪酬总额

f　综合部

本部当月核定挂钩考核薪酬总额的100%与实际完成精矿产量挂钩。当月考核结算薪酬总额与员工食堂费用营运情况以及办公费与物业维修费用指标管控情况挂钩考核。其中，（1）食堂内部营运利润以“不亏损且上限不突破10%”为原则，并将食堂电费与各种食材一起纳入内部营运按月独立核算，亏损按亏损额的50%从考核结算薪酬中核减；盈利按盈利额的5%给予奖励，超过10%（含）以上部分，不予奖励；（2）综合部种植创收设定基数5万元/年，季度预结，年终累计结算。完成基数，按实际创收额的10%进行奖励；（3）办公费指标管控，节支按节约额的50%予以奖励，超支按超支额的100%给予核减；（4）物业维修费用指标管控，节支按节约额的10%予以奖励，超支按超支额的20%给予核减。计算公式如下：

本部当月考核结算薪酬额=本部当月核定挂钩考核薪酬总额×（实际完成精矿产量/当月计划精矿产量）±职工食堂盈亏情况奖扣金额±办公费等奖罚额±物业维修费用奖罚额+创收奖励

综合部业绩考核具体办法如表3-13所示。

表3-13　中钢富全矿业公司经营业绩考核（综合部）

项　　目		计划	考 核 办 法	权值	考核部门
定员及工资总额	定员人数	25		100%	人力资源部
	核定薪酬总额		100%与当月实际完成精矿产量挂钩		
	其中，考核分配绩效薪酬总额		100×当期考核分配薪酬总额/当期考核结算薪酬总额		
生产及任务指标	精矿产量/万吨		100×当期实际完成量/当期计划量	100%	技术计划部
挂钩考核浮动奖罚指标	办公费（含电脑耗材）与低值易耗品	579.6元/月	节约按节约额的50%予以奖励，超支按超额部分的100%从考核结算薪酬中扣	15%	总经理办公室 设备材料部
	物业维修与保洁费	3246.3元/月	节约按节约额的10%予以奖励，超支按超额部分的20%从考核结算薪酬中扣	20%	设备材料部 资产财务部

续表 3-13

项　目		计划	考核办法	权值	考核部门
挂钩考核浮动奖罚指标	职工食堂费用营运管理	保持盈亏基本平衡	食堂电费与各种食材一起纳入营运核算，亏损按亏损额的50%从考核结算薪酬中扣发；盈利按盈利额的5%给予奖励，超过10%（含）以上部分，不奖	20%	资产财务部
	种植创收奖励	5万元/年	综合部种植创收设定基数5万元/年，季度预结，年底结算，完成基数，按实际创收额的10%进行奖励	15%	

g　生产技术中心

本部当月核定挂钩考核薪酬总额的90%与实际完成精矿产量挂钩，同时与当月的精矿品位、磁性铁金属回收率、选比、采矿贫化率、尾矿品位等技术经济指标考核得分挂钩浮动；10%与实际完成掘进长度（m）挂钩。当月考核结算薪酬总额与办公费和低值易耗品等费用指标直接挂钩奖罚，节约按节约额的50%予以奖励，超支按超额部分的100%给予核减。

计算公式如下：

本部当月考核结算薪酬额= 本部当月核定挂钩考核薪酬总额×[90%×(实际完成精矿产量/当月计划精矿产量)×(指标考核得分/100)+10%×(实际完成掘进长度/当月计划掘进长度)] ±办公费等奖罚额±基准电价考核奖罚额

生产技术中心业绩考核与文明生产考核具体办法如表3-14和表3-15所示。

表3-14　中钢富全矿业公司经营业绩考核（生产技术中心）

项　目		计划	考核办法	权值	考核部门
定员及工资总额	定员人数	24			人力资源部
	核定薪酬总额		90%与当月实际完成精矿产量挂钩考核； 10%与当月完成掘进长度挂钩考核	100%	
	其中，考核分配绩效薪酬总额		100×当月考核分配薪酬总额/当月考核结算薪酬总额		
生产及任务指标	精矿产量/万吨		100×当期实际完成量/当期计划量	100%	质量管理部
	掘进延米/米				

续表 3-14

<table>
<tr><th colspan="2">项 目</th><th>计划</th><th>考 核 办 法</th><th>权值</th><th>考核部门</th></tr>
<tr><td rowspan="11">挂钩考核浮动奖罚指标</td><td>办公（含电脑耗材）与低值易耗品费</td><td>691.2元/月</td><td>节约按节约额的50%予以奖励，超支按超额部分的100%从考核结算薪酬中扣发</td><td></td><td rowspan="2">经理办公室
设备材料部
物业管理部
供销部</td></tr>
<tr><td>实际平均电价</td><td>根据单月计算</td><td>以当月平均电价下浮2%为基准，对生产技术中心全体人员进行专项挂钩奖罚，当月实际结算平均电价低于基准电价2%（含）以内，给予奖励50元/人；低于2%以上，奖励100元/人；高于基准电价2%（含）以内，予其扣发100元/人，高于2%以上，扣发200元/人</td><td></td></tr>
<tr><td>精矿品位</td><td>65.3%</td><td>每降低0.1%扣5分，扣不超15分；只扣不奖</td><td>15%</td><td rowspan="6">技术计划部</td></tr>
<tr><td>选矿磁性铁金属回收率</td><td>97.0%</td><td>每降低0.1%扣5分，扣不超15分；只扣不奖</td><td>15%</td></tr>
<tr><td>选比</td><td>3.2</td><td>每降低0.1奖5分，奖不超10分；每提高0.1扣10分，扣不超15分</td><td>15%</td></tr>
<tr><td>采矿贫化率</td><td>当月考核</td><td>每降低0.1%奖5分，奖不超10分；每提高0.1%扣10分，扣不超15分</td><td>15%</td></tr>
<tr><td>尾矿品位（磁性铁）</td><td>0.8%</td><td>每提高0.1%扣10分，扣不超15分，只扣不奖</td><td>10%</td></tr>
<tr><td>采矿损失率</td><td>13.0%</td><td>降低0.1%奖5分，奖不超过10分，增加0.1%扣10分，扣不超15分</td><td>10%</td></tr>
<tr><td>安全设备设施完好</td><td></td><td>每发现一处缺陷，扣5分</td><td>5%</td><td rowspan="3">安全部</td></tr>
<tr><td>安全生产</td><td></td><td rowspan="2">据安全部专项考核办法考核</td><td>5%</td></tr>
<tr><td>文明生产</td><td></td><td>10%</td></tr>
</table>

表 3-15 中钢富全矿业公司文明生产考核（生产技术中心）

<table>
<tr><th>考核部位</th><th>序号</th><th>考核内容</th><th>考 核 办 法</th><th colspan="2">考核分数</th></tr>
<tr><td rowspan="3">外委项目部采场及辖区</td><td>1</td><td>安全设备设施完好</td><td rowspan="3">公司考核中，考核得分90分及以上的，奖励6.67分</td><td rowspan="3">10</td><td>4</td></tr>
<tr><td>2</td><td>安全生产</td><td>3</td></tr>
<tr><td>3</td><td>文明生产</td><td>3</td></tr>
</table>

以当月平均电价下浮2%为基准电价对生产技术中心全体人员进行专项挂钩奖罚，当月实际结算平均电价低于基准电价2%（含）以内的，给予其奖励50元/人；低于2%以上的，奖励100元/人；高于基准电价2%（含）以内的，扣发100元/人，高于2%以上的，扣发200元/人。

指标考核得分与精矿品位、选矿磁性铁金属回收率、选比、采矿贫化率、尾矿品位等技术经济指标挂钩。

C 绩效考核制度的有效落实方案

结合年度目标，公司建立了“业绩考核有依据、目标责任有落实、科学评价有标准、激励约束相结合”的绩效考核机制。在“激励”政策方面，公司设立2016年总经理奖励基金10万元，专门用于奖励在生产经营中做出突出贡献的单位和个人。此外，为调动公司员工积极参与科技进步及合理化建议活动，达到科技增效的目的，公司每季度设立5万元科技进步及合理化建议奖励基金，奖励在科技进步及合理化建议方面做出贡献的单位和个人。在“约束”政策方面，在公司经营业绩考核领导小组指导下，通过与公司相关部门加强合作沟通，坚持每月结合各车间、部室定岗定编实际，严格执行考核文件要求和相关预算口径及成本费用奖罚，严格考核结果运用和兑现执行，努力做到日跟踪检查，周分析评价，月考核兑现，确保达到绩效考核既定目标。

（1）日跟踪检查：各专业职能部室围绕周、月工作重点，对各项工作进度、质量、效果进行随时跟踪，每天向主管副总汇报，并将检查情况在早调会上通报，将问题随时反馈给相关单位。

（2）周分析评价：围绕周工作进度，对不符合项反馈整改情况，各职能部室利用周二调度会进行分析讲评，科学评价各项工作任务的完成进度、质量等。

（3）月考核兑现：由人力资源部门牵头汇总各职能部室及公司领导评价结果，报绩效考核领导小组，组织召开绩效考核见面会，通报考核结果，评价工作质量，针对存在的问题提出整改意见等。

围绕月度工作重心，坚持安全第一、效益优先的原则，细致开展好各项考核工作。特别是将绩效考核与阶段性重点工作相结合，与责任落实相结合，注重抓好重点工程、重点工作的日常跟踪管理，确保各项工作全面受控。

在绩效上报、核算、发放上，制定如下要求：

（1）财务部、生产技术中心、供销部、安全部/环保部和综合部负责相应项目的具体考核工作，每月5日前将上月综合考核表经部门负责人和分管副总经理审批签字后报送人力资源部，节假日顺延。每迟报一日，扣罚部门负责人100元；考核数据必须与预算口径一致，要求真实可信，如提供虚假数据将给予严肃处理。

（2）人力资源部于每月12日前汇总考核结果，计算各部（中心）当期薪酬预结算总额，经分管领导和总经理签署审查意见后，下达各部（中心），并按内部考核方案进行自主分配。各部（中心）在收到考核数据的3个工作日内，将薪酬分配明细报人力资源部制表，按规定审核，由财务部发放。

（3）人力资源部负责工资总额的审批、发放与指标控制管理。公司发生安全事故或其他责任事故等，根据相关规定减发有关单位的全部或部分绩效薪资，已发放的按规定追回。

3.4.3.2　甄选优秀人力资源，设立部门岗位职责

A　员工干部的选拔招募甄选制度设计

为吸引优秀人才加入，矿山企业在制订人力资源规划后，应根据公司状况确定人员需求，进行员工招聘。

a　招聘渠道选择

针对公司招聘岗位类型需求以及人员招聘紧急程度，可以综合考虑以下几种招聘渠道：

（1）网络招聘。招聘人员要熟悉人才市场情况，主动搜索网络上合适的人才，每日或每周二和周四组织相应数量的候选人参加面试，根据岗位需求状况，安排各岗位候选人的比例，找出最合适的人员，予以录用。招聘人员要对候选人的成功率负责，减少或避免出现费时费力最终无功的事情发生。

（2）人才招聘会。招聘会可以根据人才类型、举办地、举办者等综合考虑，参加部分大型招聘会。参加招聘会也是公司宣传的一种重要手段，可以说是一举两得。

（3）员工介绍。公司很多岗位专业性很强，需要招聘对口人员。公司在岗员工的同学、朋友或以前的同事都可以成为招聘候选人，通过多种激励手段（如现金奖励）鼓励员工向公司推荐人才。朋友之间介绍这种方式更易形成一种更加和谐的工作氛围，易做到公司提倡的“合作、共享”，实现和谐共赢。

（4）公司内部招聘选拔。这种方法最大的好处是能够更好地激励优秀的员工，给优秀的员工一个崭新的发展平台，能够进一步激发员工的创造精神，留住优秀员工，提高公司员工稳定性，为公司创造更大的经济效益。这种方法可以开发员工的才智，培养员工一专多能，也是公司出现人员紧缺时的一个缓解之措。

（5）校园招聘。联系部分学校组织开展校园招聘，这种方法成本低、针对性强，可为公司补充新鲜血液。这种渠道招聘来的员工需要通过系统培训，量身定制职业发展规划。

（6）人事代理。如果公司的人员招聘工作比较频繁，可以考虑与人事代理公司联系，代理部分岗位招聘业务，可以使人力资源部有更多的时间去做人员激励工作，保证公司人员合理流动。

人员招聘一般采用几种方法综合来完成。

b 招聘具体流程

富全矿业招聘具体流程如图 3-11 所示。

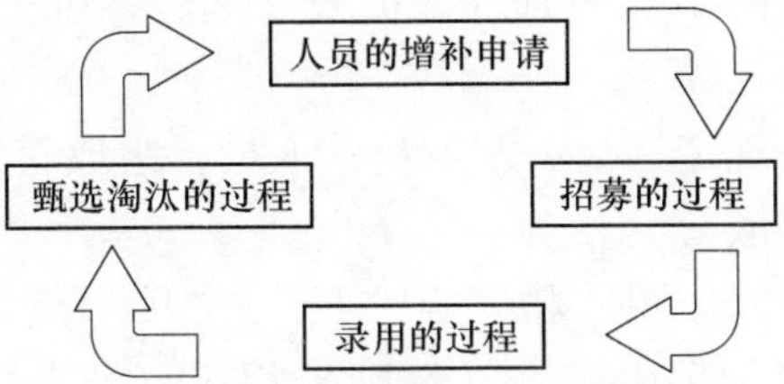

图 3-11 富全矿业招聘具体流程

在人员聘用上，富全矿业在不断变化的环境中对人力资源的供给和需求情况进行分析，对现有人员重新进行再优化，在新进员工上强化用人制度的有效施行，对富余员工，采用“劝退和自愿退出机制”，具体实施方案设计如下：

（1）人员的增补申请。各部门如需增补人员，应提前一个月向公司人力资源部提出书面申请，经过总经理批准后由人力资源部统一办理。人力资源部根据用人申请，调查所申请部门是否在定员范围内，岗位薪资预算是否在控制范围内，呈报总经理审批后，统一办理招募手续。人力资源部根据公司的意见，拟定招聘计划、发布招聘信息，并在招聘信息中说明本次招聘人员工作内容、条件、地点、安全生产状况、劳动报酬等。

（2）招募。

1）审核。人力资源部认真审核收到的应聘资料，对合格者发出“初试通知单”，通知前来公司进行面试和笔试。

2）笔试。新成员必须经过笔试，笔试合格者，按照笔试分数确定候选人参加面试。

3）面试。面试或实际操作考试，由公司主要领导、企业管理部门等相关人员组成面试工作小组，进行现场评判。

（3）录用。

1）身体检查。人力资源部统一组织体检，对体检不合格者不予录用。

2）资料复审。人力资源部验收应缴资料，若资料不全，应限期 10 日内补交，否则，视为不符合录用条件。

3）合同签订。以书面形式明确双方的责任、义务及权利，聘用合同一经签订，即具备法律效力，双方应严格遵照执行。

（4）甄选淘汰。

1）富全矿业对现有人员重新进行再优化，对富余操作维护类员工，采用“劝退和自愿退出机制”，由人力资源部负责讲宏观政策、企业现状和发展前景，通过业务考核筛选等措施，实施减员甄选淘汰机制，不断优化员工构成，让员工主动自谋出路。在公司效益好且人力缺位时，可优先再聘，最终实现双赢效果。

2）完善干部选拔机制。中钢富全矿业对原15名中层干部全部免职，并与经理助理及一般管理人员同步参加管理人员公开选聘，统一选拔有能力、懂技术、会管理、善经营的优秀人才。

其一，按国家有关规定选拔一定数量的人员，组成企业领导班子。合同期满原企业领导班子即告解散。

其二，企业内部可以按照“将”点“兵”、“兵”点“将”的方式，自上而下层层选拔干部。副职干部由矿长（经理）提名，征求党委意见，报请上级主管部门批准后，由矿长（经理）聘任；行政中层正职由矿长（经理）提名并直接聘任；中层副职由正职科长（主任）提名，矿长（经理）聘任；一般行政、技术干部由科长（主任）提名，经组织人事部门审核后由科长（主任）聘任。

B　企业部门岗位的工作职责设计

以综合部、财务部、安全环保部（安全部、环保部）、供销部、提选部、运输部、生产技术中心的“六部一中心”制定其相应的工作职责说明。

a　生产技术中心部门职责

（1）贯彻执行国家源于矿山工程管理、技术方针、设计规范、地质、测量、质量等有关政策法规及上级有关规定。

（2）依据公司发展战略，结合生产实际，编制中长期公司发展规划。负责编制年、季、月度生产经营计划，下达计划指令，落实计划执行率。

（3）负责公司采矿技术管理，进行开拓、采准、支护等设计或设计审查，及时解决生产现场出现的技术难题。

（4）负责公司地质、测量、质量技术管理，编制地质、测量、质量工作的规划，制定质量管理制度，监督检查、验收及考核原矿质量、精矿质量、精矿勘查、采掘矿石、选矿流程、铁精矿等销售样品的化验，分析质量问题，确保各项质量指标合格。

（5）做好工程施工管理工作，负责外委工程及各项工程分部、分项和竣工验收工作。负责对施工单位进行技术指导、监督，参与安全文明生产大检查。

（6）负责资源储量、三级矿量及采矿损失、贫化的监督管理及国土局年检工作，提高资源的利用率。

（7）负责制作并提供地址编录及一、二次圈定地质资料，

（8）负责水文地质、工程地质及环境地质的分析研究，警醒水文地质灾害管理、工程地质超前预报及地下水位、井下矿坑涌水量的建议观测，确保安全生产。

（9）负责工程施工放线复核及测量收图工作，定期提供实测图纸。

(10) 负责工程合同管理，通过外委工程招投标，选择施工队伍，签署合同。组织和采矿技术相关的科研、设计等技术合同的洽商、拟定、并对合同履行过程进行管理。

(11) 负责批复外委工程项目月度预结算和竣工结算，对工程预算及竣工结算严格审核，节约投资。

(12) 做好设计图纸、项目标底的保密工作。掌握工程造价新动态，及时准确的捕捉建筑市场价格信息，分析预测造价变化规律和趋势。

(13) 负责企业科技进步等科研管理，组织合理化建议的实施与评审工作。

(14) 负责公司厂区总图规划管理，总体布局合理，满足生产、生活需要。

(15) 负责与设计、咨询、科研院所等单位的技术联络和工作协调。

(16) 负责综合数据的统计，并定期向上级和地方有关部门上报生产经营过程的各项统计数据。

(17) 负责地磅房及化验室设备的维护管理工作。

(18) 负责公司的日常生活组织、协调、指挥，落实生产经营计划并按照计划和有关会议组织协调各单位生产施工，完成公司的各项生产任务。

(19) 协调有关部门搞好文明生产、违章违纪查处和部门设备维修现场管理工作。

(20) 掌握生产进度、收集、整理、上报和传递生产、施工、安全、质量、机械设备、供应、提升、运输等动态信息，编制生产日报，为公司领导生产管理决策提供依据。

(21) 参与制定生产作业计划、施工作业计划，并组织实施。

(22) 制定生产调度管理制度，建立健全各种调度统计台账，完善调度管理基础工作。

(23) 合理安排公司各生产系统检修时间，保证按计划实施。

(24) 组织，分析影响公司正常生产的因素、原因调查，并进行考核落实。

(25) 在应急救援指挥部的领导下，对井巷施工、采矿生产中发生的各种人身、设备、质量事故及抗灾抢险、设备抢修、人员抢救等事件，第一时间及时上报，按应急救援指挥部的要求展开救援工作，参与事故分析。

(26) 负责井下轨道衡、集控中心场所设备、设施的日常管理，及井下轨道衡矿岩统计工作。

(27) 负责公司所有设备运行转台和视频探头的监控，并将故障及时通知到所辖管理部门。

(28) 负责大型设备、大宗材料的使用协调组织。

(29) 负责外排岩石的运输管理，公司临时性使用工程车辆协调。

(30) 负责外委采掘施工管理，履行甲方代表职责。

（31）完成领导交办的其他工作。

b　综合部职责

（1）负责公司人力资源、行政、安全的管理工作。

（2）负责企划经营、市场推广、渠道和客户管理工作。

（3）负责组织拟定企业发展规划、年度经营计划、新产品开发计划，并做好企业经营策略研究和选择。

（4）负责组织拟定人力资源需求计划，修订完善人力资源政策和制度。

（5）负责组织拟定公司各类文件，修订完善各项管理制度，并检查落实情况。

（6）负责组织撰写公司和本部门的工作总结等有关材料，组织开展调研工作，对存在的问题，提出建议。

（7）负责对本部门人员的工作进行检查、考核、总结，对存在的问题及时提出改进意见。

（8）负责组织协调本部门各岗位人员的工作关系，调动全体人员的积极性，按时完成领导交办的各项工作任务。

（9）协助上级领导完成其他相关各项管理工作。

c　财务部职责

（1）负责公司日常财务核算，参与公司的经营管理。

（2）根据公司资金运作情况，合理调配资金，确保公司资金正常运转。

（3）搜集公司经营活动情况、资金动态、营业收入和费用开支的资料并进行分析、提出建议，定期向总经理报告。

（4）组织各部门编制收支计划，编制公司的月、季、年度营业计划和财务计划，定期对执行情况进行检查分析。

（5）严格财务管理，加强财务监督，督促财务人员严格执行各项财务制度和财经纪律。

（6）负责全公司各项财产的登记、核对、抽查的调拨，按规定计算折旧费用，保证资产的资金来源。

（7）参与公司及各部门对外经济合同的签订工作。

（8）负责公司现有资产管理工作。

（9）原物料进出账务及成本处理，外协加工料进出账务处理及成本计算，各产品成本计算及损益决算。预估成本协助作业及差异分析。

（10）经营报告资料编制，单元成本、标准成本协助建立，效率奖金核算、年度预算资料汇总。

（11）收入有关单据审核及账务处理，各项费用支付审核及账务处理，应收账款账务处理，总分类账、日记账等账簿处理。制作财务报表及会计科目明细表。

（12）统一发票自动报缴作业。企业所得税核算及申报作业。营、印税冲退作业及事务处理。资金预算作业。财务盘点作业。

（13）会计意见反映及督促。税务及税法研究。

（14）完成领导交办的其他工作。

d 安全环保部职责

（1）会同有关部门，对员工进行安全知识教育和培训，组织新上岗工人的三级安全教育，配合上级部门搞好特种作业人员的安全技术培训和考核，组织开展各种安全活动。

（2）负责公司安全事故的汇总、统计上报工作，参与事故的调查分析和处理。

（3）负责指导安全、环保和文明生产工作，采取有效措施，改善劳动条件保证员工的身体健康。

（4）编制长远规划、年度安全措施计划，参与安全生产责任制、安全操作规程、安全管理制度的制定工作。

（5）经常深入作业现场调查，了解各工种安全操作规程的执行情况，并协助生产单位研究消除重大安全隐患的措施。

（6）负责年度安全培训计划编制，教材收集与编写，教案审定。宣传有关安全、环保、消防、职业卫生健康等法律法规和公司相关管理制度。

（7）负责各类安全教育培训档案的登记建档工作，督促指导生产单位建立健全安全教育培训档案。

（8）组织月度安全、环保、文明生产大检查和考核工作。

（9）组织制定应急救援预案，监督应急演练和设备完好状况，监督职业病防治工作。

（10）根据环境和职业健康安全目标指标制定方案并督促完成。

（11）负责组织或协助上级部门对重大生产安全事故、伤亡事故、环境污染事故进行调查，提出分析报告和防范措施，并参加劳动能力鉴定工作。

（12）负责组织进行月度、季度、年度安全大检查和专项考核工作。

（13）制止违章指挥、违章作业和强令冒险作业，监督劳动保护用品的质量和执行情况。检查督促安全措施费用的合理使用。

（14）负责本部门员工绩效考核工作，加强基础管理、目标管理。

（15）完成公司领导交办的其他工作。

e 供销部职责

（1）参与制定、修订公司供应销售等方面的规章制度，并严格贯彻执行规章制度。

（2）组织对供方的评价和选择，并编制和修订合格供方名单。

（3）负责编制周期性生产计划和临时计划，报送主管领导审批。

（4）负责了解并掌握公司产品生产、质量、数量及库存等方面的动态情况。

（5）完成公司下达的各项产品销售任务。

（6）保证公司产品的销售货款回收。

（7）负责制定产品销售价格，对所订合同、协议进行审核。

（8）负责市场调查，了解市场动向和客户需求等动态信息。及时向主管领导报告并提出合理化建议。

（9）征询意见，搞好市场开发和售后服务。

（10）负责客户的接待工作。

（11）负责材料的采购、运输、验收、储存、保管、发放管理工作。

（12）负责仓库管理。做好物资验收、发放、保管、保养，同时做好防火、防盗、防炸、防潮、防霉、防腐、防晒、防雨、防尘、防破坏等工作。

（13）负责做好废旧物资回收和销售管理工作，组织开展修旧利废、以旧代新工作降低生产成本。

（14）负责了解并掌握公司产品生产、质量、数量及库存等方面的动态情况。

（15）参与制定物资采购计划，并监督认真执行，确保分管物资及时供应，保证生产。

（16）负责储备资金管理，合理确定储备定额，降低物资储备，减少资金占用，加速资金周转。

（17）负责本部门的目标管理与绩效考核工作。

（18）按时完成领导交办的各项工作任务。

f　运输部职责

（1）负责生产矿井的运输和管理工作。掌握矿井运输系统、运输提升能力、环节运输能力及主要设备的配备情况。

（2）负责车辆调配、资源调度、运输统计和运费审验工作，贯彻落实公司有关运输方面的规章制度，实现运输的统一指挥。

（3）建立健全的运输系统规章制度，监督和检查矿井运输规章的贯彻落实情况。

（4）及时掌握运输区队的数量与变动情况，定期调查分析队组技术经济指标的完成情况。针对存在的问题，提出改进措施和意见，不断提高运输效率。

（5）积极推进应用新技术、新材料、新设备，提高运输水平，改革与完善辅助运输装备。

（6）对部室员工做好指导工作，确保统计数据的正确性，做好各类统计报表汇总上报工作。

（7）负责本部门与公司各部门的协调，统一基本部门的日常管理、业务学习。

（8）做好货物库存量、到货情况的统计工作。每月完成本月运输存在情况分析及解决办法。

g　提选部职责

（1）在上级领导的带领下，具体负责选矿生产和技术管理等工作。

（2）负责选厂工艺改造的组织实施及资料收集整理工作。

（3）负责本单位、外购矿石、外购精矿粉及外委选矿试验及试验报告编制工作。

（4）负责外购矿石、外购精矿粉的过秤、采样、制样整个过程的监督。

（5）车间运转记录本及生产记录本的发放与回收。

（6）负责编制金属平衡月报、炼金月报。

（7）按照生产计划，完成当月处理矿量。

（8）保证破碎车间及时供料，不能因为缺料造成球磨机停车。

（9）保证总回收率不低于考核指标。

（10）全月累计精矿品位必须达到规定指标以上。

（11）加强文明生产，保持环境卫生，杜绝跑、冒、滴、漏现象。

（12）严格执行安全责任制，组织落实安全操作规程，保证全厂不发生重大设备事故和重伤以上人身事故。

（13）按时参加各种学习会议，不得缺席、迟到或早退。

（14）参与选矿工艺设计及设备配置，对存在的问题提出建议和意见。

（15）负责制定选矿各工艺岗位技术操作规程和安全生产操作规程。

（16）参加制定选矿生产调试方案和指导生产调试。

（17）负责对选矿生产和技术过程进行监督。

（18）负责编制选矿生产年、季、月计划。

（19）负责审查选矿生产技术月报表。

（20）完成领导交代的其他工作。

3.4.3.3　践行优秀文化理念，设计团队培训制度

A　企业培训制度设计

认真开展各项培训工作，积极组织各车间开展“师带徒”技能培训活动；积极组织公司职工参加各项技术比武。随着“素质提升工程”的启动，先后举办各类培训班 26 班次，培训人员 322 人次。通过各种安全、技能培训，提高了职工的安全意识、业务水平和技术素质，营造了尊重劳动、尊重知识、尊重人才的良好氛围，进一步增强了员工工作责任心，提高了工作效率。特别是在安全培

训工作中，建立和完善了适合公司实际的从上到下、从外到内，分层次、分需求的立体化安全培训体系。高管人员侧重安全理论培训，基层职工侧重现场操作实践培训，将课堂移到生产岗位、作业现场，提高了培训效果。

让每一个员工了解公司倡导的理念和行为要求，培育热爱公司、负责敬业的工作态度。各层级三级培训教育制度设计如下：

（1）一级培训是公司负责大政方针、公司文化、发展战略、员工心态、规章制度、管理技能、新技术、新知识等前瞻性教育和培训。

主要内容：企业核心价值、核心技术、核心制度等；

培训对象：公司中层以上管理人员和全体管理人员；

组织部门：人力资源部；

培训频次：每月至少进行一次，每次不少于一个半小时。

（2）二级培训是各部门（综合部、财务部、安全环保部、供销部、提选部、运输部、生产技术中心）负责对本单位班组长以上和管理人员的培训。

主要内容：公司企业文化教育、本单位规章制度及安全操作规程。

培训对象：本单位班组长以上和管理人员；

组织部门：部门经理；

培训频次：每月一次，每次不少于一个半小时。

（3）三级培训是各车间班组负责对所管辖全体员工的培训，涉及岗位职责、操作规程、安全操作规程、岗位工作流程和工艺技能专业知识、作业指导书等专业知识。结合工作实际运行中出现的专业问题，进行探讨培训交流，教会下属如何去做好工作，提高下属的专业技能。目的就是提高人员素质和工作质量、产品质量。

主要内容：一是工艺技术知识的培训，二是机械设备维护和保养知识的培训，三是生产管理知识的培训；

培训对象：实操员工；

组织部门：各车间班组负责人；

培训频次：每周不少于一次，每次不少于一小时，利用每天的班前会班后会，反复学习本岗位职责和安全操作规程。

B　文体活动的开发设计

组织多种形式的文体活动，构建和谐氛围。一是定期开展首季开门红劳动竞赛，为完成全年生产经营目标开好头。二是围绕建设节约型企业，公司工会深入开展“我为公司献一计”的合理化建议活动，将节约理念贯穿在公司生产经营管理和员工日常具体工作岗位职责中，推动节约型企业建设，增强企业凝聚力和向心力。

根据职工需求，围绕生产，发挥组织的能动性，有的放矢地安排各类活动。

a 读书活动

准备阶段：各部门要明确读书活动涉及内容，制定出详细集中读书计划。每位领导、员工结合个人和工作需要，制订个人读书计划，选定自己的阅读书籍。

读书及交流阶段：各部门按照读书计划搞好集体学习和自主学习，做好学习记录，在公司内部营造全员读书的良好氛围。同时，要在学好理论知识和业务知识的基础上，创新学习形式，提高读书效果。

其一，各部门可利用网络平台，将个人读书计划、读书进程、读书感悟和心得体会发布到信息网教育培训栏目，动态记录读书进程及读书收获。

其二，举办读书交流会。全体员工在"多读书、读好书"的原则下，选择自己喜爱的一本书在深读精读上下工夫，并在此基础上撰写心得体会。结合工作例会召开读书心得交流会，全体职工都要踊跃发言，将自己对某一本书或其精华部分、某一篇文章或某一方面内容的理解、认识介绍给大家，畅谈体会。引领全体干部职工从自身做起，养成良好的读书习惯，营造人人热爱读书、善于读书的氛围。

认真总结阶段：读书活动结束后，认真探索和总结在读书活动中一些好的做法和经验，整理优秀读书心得和经验材料。

b 知识竞赛

以安全知识、考核制度为主要竞赛内容，进一步加强广大职工的安全生产意识、自我保护能力，以及积极勤奋的工作精神，促进企业生产与员工素质上台阶。

宣传动员阶段：根据公司规章，以及近年来发生的安全事故经验教训等，开展专题研讨会，充分利用板报、电视、宣传栏、班前班后会等多种形式宣传发动，特别是对"两法""两规"即《安全生产法》《职业病防治法》和《安全生产规章制度》《岗位操作规程》的学习宣传，让职工真正深刻理解竞赛活动的意义，了解竞赛主题、目标、考核标准，将每次活动变成每一位职工的自觉行动。

检查指导阶段：检查指导要贯穿竞赛活动的全过程。其间，领导小组将不定期对各单位进行检查和指导，重点监督各部门是否能独立开展工作，检查职工的应知应会情况等。

总结表彰阶段：对典型经验和先进做法进行推广，对评选出的竞赛活动、先进团体和个人进行表彰，将涌现出的先进单位和个人事迹经验逐级上报，参加集团公司组织的各种评选。

c 文艺活动

立足地域特点，搞出活动特色。地理位置较偏、信息较为闭塞的状况在一定程度上造成了职工对企业文体活动的依赖。为此，在抓好重大节庆日活动的同时，在活动的内容、形式上，既突出企业特有的活动特色，又推陈出新，适时开发出许多具有时代意义的新项目。

文体活动不断满足职工个性发展的需要，为具有艺术专长的人才提供发挥的空间，比如，举办声乐、器乐比赛，举办职工摄影、书法、绘画展览，举办花卉、根雕、盆景、奇石展。这些活动展示了职工丰厚的文化底蕴和高雅的艺术修养，也培育了职工的高雅情操。

d　体育活动

以全面落实“全民健身”要求为契机，将职工运动会由田径、趣味、消防等项目组成，融竞技、趣味、娱乐、健身于一体的竞赛活动，形成了适合职工各年龄段参与的群众性体育运动竞赛新体系，激发了职工参加体育锻炼的兴趣。

开展多样性、经常性、小型性、趣味性、娱乐性的体育比赛活动，能够使体育比赛与体育活动相互促进，相互提高，紧密配合。

3.4.4　富全矿业推进政治架构文化的方案设计

在市场经济下，多元化社会经济成分和社会分配形式，转变了人们的思想观念和价值取向，让企业思想政治工作面临着许多难题。企业思想政治工作要结合企业体制改革，顺应时代背景，牢牢抓住机遇，全面迎接挑战，明确定位企业党建思想政治工作，结合继承和创新，全方位改进内容和形式。同时企业要树立平等、公平和诚信的原则，确立权利和义务相对应的价值观，提高市场经济的竞争、效率、民主、法律意识。企业文化的道德性和思想性特征，为企业党建思想政治工作提供了有利条件。企业要将党政建设工作和企业文化切实结合起来，进而树立新观念、新思想，形成全新的企业精神，并且企业要应用企业文化营造出学习型组织，不断创造企业思想政治工作的新内容和新形式。

3.4.4.1　建设参政议政的“民主之家”

在企业经济活动和工作中，思想政治工作是其中心工作，想要加强党组织执政能力建设，必须落实思想政治工作，坚持实行“以人为本”。在新形势、新情况和新问题下，企业要认识到思想政治工作的重要意义，将党组织的作用发挥出来。

在企业发展过程中，党组织不仅可以提升党的执政能力，而且先进的党政建设，还能够确保党风廉政建设。企业在开展党政建设和思想政治工作时，党组织和党政工作人员要紧抓“思想政治”这个中心工作，要做到统一规划、密切合作，使党政建设和企业经济同步发展。同时党组织开展工作时要及时传达上下级信息，使信息在传达过程中没有阻碍，如此便可确保党政建设和思想政治工作的进行。企业职工在完善思想时，肯定会有各种各样不能解决的问题，企业相关管理部门要全面和耐心解答现有职工的各种问题和疑惑，这样才能提高其思想意识水平。要进一步加强企业职工思想，要做好职工思想工作，首先要知道职工最关心什么。企业一线员工最关心的问题便是收入，企业经济效益关系着员工的收入。因此对企业职工实行党政思想管理时，企业有关部门应依照其关注点连接工作，在进行党政思想建设时，结合企业经济效益和自身经济收入，如此方能有效落实企业党政思想工作。

企业要顺利进行思想政治工作，坚持对员工思想进行疏导，让职工作为企业主体，确保正确使用民主权利。企业想要实现民主渠道的通畅，首先要多多进行探讨、交流和交底，让广大员工熟悉企业的发展和改革。可以通过各类讨论会，将困难摆出来，从中找到出路，在思想冲突中达成共识，从而形成企业党政建设和思想政治工作改革的氛围。其次在管理和决策过程实现民主化，全面展现出职代会的参政议政权利，在企业管理中坚持实施职代会制度，让职工代表讨论和表决企业重大事项，从而出现最终的决策。为此，管理人员对企业职工开展党政思想培训和管理过程中，应不断营造出参政议政的“民主之家”的环境，以环境来影响职工，让职工关心党政建设，并且敢说话、说实话，以此提高企业党政思想工作整体水平。

3.4.4.2 加强工会组织建设，努力夯实建“家”的基础

公司工会注意处理好维护企业根本利益和维护职工经济利益、政治地位和民主权利的关系，通过建立职代会制度，提高职代会质量、推行厂务公开工作、平等协商签订集体合同，以推动党的方针政策的落实。

在组织领导上采取有力措施：一是明确分管领导。公司副总经理分管工会工作，对建家工作直接给予指导。二是精心配备兼职工会干部，成立了女工委员会和经费审查委员会，达到了合理调配资源、党政工组织齐心合力的格局。

工会的基本任务是：

(1) 执行会员大会或会员代表大会的决议和上级工会的决定，主持工会的日常工作。

(2) 代表和组织职工依照法律规定，通过职工代表大会和其他形式，参加本单位民主管理和民主监督。

(3) 参与协调劳动关系和调解劳动争议，与公司行政方面建立协商制度，协商解决涉及职工切身利益问题。

(4) 组织职工开展劳动竞赛、合理化建议、技术革新和技术协作活动，总结推广先进经验。做好先进生产（工作）者和劳动模范的评选、表彰、培养和管理工作。

(5) 对职工进行思想政治教育，鼓励支持职工学习科学技术和管理知识，开展健康的文化体育活动。办好工会文化、教育、体育事业。

（6）监督有关法律、法规的贯彻执行。协助和督促行政方面做好工资、劳动安全卫生和社会保险等方面的工作，办好职工集体福利事业，改善职工生活。

（7）维护女职工的特殊利益，同歧视、虐待、摧残、迫害女职工的现象做斗争。

（8）搞好工会组织建设，健全民主制度和民主生活。建立和发展工会积极分子队伍。做好新会员的接收、教育工作。

（9）收好、管好、用好工会经费，管理好工会财产。

3.4.5　富全矿业构建符号架构文化的方案设计

符号架构是指由职工创造的产品和各种物质设施等构成的器物文化，是一种以物质形态为主要研究对象的表层企业文化。相对核心层而言，它是容易看见、容易改变，是核心价值观的外在体现。符号架构是组织文化的表层部分，它是组织创造的组织符号文化，是一种以符号形态为主要研究对象的表层组织文化。优秀的组织文化是通过重视产品的开发、服务的质量、产品的信誉和组织生产环境、生活环境、文化设施等物质现象来体现。

企业生产的产品和提供的服务是企业生产经营的成果，它是企业符号架构的首要内容。企业创造的生产环境、企业建筑、企业广告、产品包装与产品设计等，它们都是企业符号架构文化的主要内容。以看得见、摸得着、体会得到的符号形态来反映出企业的精神面貌。

3.4.5.1　产品包装设计

统一公司的名称和标识、商标、产品外包装等，制定相关的配套设施，在视觉上进行统一，给人以耳目一新之感，从而获得公司的客户、厂商、企业员工及社会人员的认可。在设计方案中，要考虑注意事项如下：（1）不要遗漏信息，如厂商、产品名、内容、重量等。（2）体现公司和品牌文化形象。（3）要与竞争对手区分。（4）系列产品要具有环保意识。

3.4.5.2　工衣厂牌设计

在进行公司的LOGO标识、工衣等设计工作中，集团公司要动员社会和员工力量，让社会有志人士、媒体公司、公司员工等参与进来，以获得大众对公司LOGO标识的重视。工衣厂牌的设计可沿用集团公司设计理念，印制统一的LOGO标识。工衣着装规定如下：

（1）员工着装须干净整齐、庄重大方。办公室工作时间应着职业套装。

（2）员工在办公时间内不得着牛仔装、无袖衫、低领衫、露脐衫、紧身衣、短裤、超短裙、睡衣（裙）式及透明、暴露、色彩过于亮丽等各种不适合在办公时间穿着的服装，不得穿旅游鞋、运动鞋、拖鞋及拖鞋式休闲鞋，不得赤脚。

（3）女员工办公期间应化淡妆，不得浓妆艳抹，不得在工作场所化妆。

（4）生产一线管理及工作人员上班期间应着工服、戴安全帽及必要防护面具。

3.4.5.3 公司广告设计

在公司发展进程中，必须要以务实的工作态度来对待企业视觉识别中的各个要素，坚持改进—否定—改进—再确定。广告作为企业组织文化的外在体现，在设计要求上要本着标识易记易懂，并且包括公司的历史文化和目标方向，广告语要遵循朗朗上口的原则。

3.4.5.4 企业工作环境

矿山工作需要和坚硬的岩石打交道，体力劳动强度大，开凿地下空间成本高，坑下工作空间狭窄，存在坑内黑暗、潮湿、阴冷、闷热、腐蚀、有毒、道路不平、通风不良、安全性差、环境噪声大、粉尘浓度大、工作地点不固定、工作不规律、环境污染等问题，矿山工作是最艰苦的工作之一。

其次是高风险性。由于矿脉的真实状况事前并不完全知道，只有矿脉完全揭露了才能知道。在矿岩中开凿空间，破坏了地压平衡，容易产生塌方，面临涌水、瓦斯、爆炸、粉尘、毒气、污染、缺氧、放射性、垂直高空施工、触电、机械伤人等人身与生产安全风险。坑内生产排出废石，坑外选矿排出尾渣、污水，破坏地表环境，面临环境保护风险。对于资源分布和矿产品市场价格，还面临投资回报（经济效益）风险。矿山人才匮乏，既懂经营知识，又有管理能力，专业技术水平高、身体健康能下井、工作相对有经验、人品好又能靠得住的人才非常少，面临人力资源风险。

针对这些企业工作环境风险，充分利用施工现场来展示企业文化，宣传企业形象，必然会起到事半功倍的效果。施工现场视觉识别系统策划的主要内容有：施工现场大门、施工现场围墙、施工现场标牌、施工现场办公室、施工现场门卫室、施工现场宿舍、施工现场卫生间、施工现场机械设备等。企业一方面要展示不断提高的配套设备的安全性、可靠性，一方面要不断完善矿山开采环境，提倡“绿色”理念。

3.5 富全矿业组织文化建设的效果

（1）企业员工的行为更加自觉与规范。通过实行与成本费用挂钩的考核制度，在公司内部形成人人关心成本管理、人人肩负成本指标的良性成本管理机制。依据考核结果对责任主体实施奖惩，提高公司员工节约成本的积极性，达到管理增效、提质增效、降本增效、科技增效的目的，有力推动了公司持续健康发展，推进了公司经营业绩考核目标落地，调动公司人员高产创效、降本增效，促进各项生产工作任务完成的积极性和主动性。

1）促进了员工执行力的持续增强。按照“责任层层落实，压力层层传递，激励层层链接”考核机制，严格将绩效考核结果与员工切身利益实行挂钩，严格考核兑现，较好实现了责、权、利、绩、酬的统一，充分调动了广大干部员工的积极性和创造性，使公司各项工作部署得到了有效贯彻执行，管理水平得到进一步提高。

2）打造了一支素质过硬、能力强、精干高效的优秀团队。在人力资源部建立业绩考核领导小组，负责考核工作的组织领导、制度建设、考核结算和审查以及实施过程监督。考核结果除与薪酬挂钩考核兑现外，还将作为公司人力资源配置以及提薪、奖励等重要依据。经过这一系列的选拔、淘汰措施，较大幅度地提高了各部门经理、科长、车间主任等管理人员的素质。如今富全矿业也已逐渐形成一支能适应市场经济竞争环境，能承担起现代化大企业管理的人才队伍。

3）工作效率和公司管理水平显著提高。

4）重点工程和重点工作得到有效落实。

（2）人力资源配置更为精细化、合理化。富全矿业在建立完善的人力资源管理规划后，首先树立“人才资源是第一资源”的理念。然后根据自身的发展规划，通过职务分析，以工作为中心设置岗位，从根本上改变了因人设岗的情况。公司以市场为导向，以管理创新为抓手，以优化管理流程、精简人员、业务整合为重点，对标国内外优秀企业标准，通过科技助力，实现业务流程简洁化，人员配置最优化，极大地降低了人力资源成本，增强了企业市场竞争力和矿业寒冬下的生存能力。

通过一系列生产组织和人员配置模式转变，以及科技升级改造项目的实施，于2016年共优化核减返聘人员7人、劳务人员95人、在职人员16人，同时减少深部开拓人员配置20人；采运车间减少文明生产人员配置4人等，核减和减配人员共计152人，以3500元·人/月保守估计，可减少人工成本支出530多万元/年。公司运行模式为六部一中心，另设一个外委项目部负责只负责井下采掘。采运车间从业人员由115人优化至46人；机电车间由53人优化至35人；选矿车间由62人优化至38人。以上管理措施的落实，使公司全员劳动效率大幅提高，市场抗风险能力显著增强。此外，公司通过人员的内部调配，顺利实现了运输工序的自营，并将井下外委充填作业实现劳务制自营。其中运输工序减少费用投入34.5万元×12月=438万元/年；井下充填减少费用投入112.8万元-(15人×3500元)=60.3万元/年，两项共计减少费用投入498.3万元/年。具体变化指标见表3-16。

表 3-16　中钢富全矿业 2015~2016 年主要相关指标变化情况

时间	指　标						
	平均人数/人	矿石成本/元·吨$^{-1}$	精矿成本/元·吨$^{-1}$	材料备件/元·(吨·精矿)$^{-1}$	电费/元·(吨·精矿)$^{-1}$	管理费/元·(吨·精矿)$^{-1}$	人工成本/元(吨·精矿)$^{-1}$
2015 年	236	94.54	629.22	29.31	66.61	70.83	71.84
2016 年 4~7 月份	168	80.94	448.57	19.75	60.12	60.60	48.75
2016/2015 降幅	28.8%	14.39%	28.71%	32.62%	9.74%	14.44%	32.14%

1）调整前人力资源配置情况：公司隶属员工 269 人。其中，全日制 181 人（管理和专业技术 67 人，操作维护类 114 人），劳务工 64 人，临时工 24 人；项目部隶属员工 264 人。全公司从业人员 533 人。

2）调整后人力资源配置情况：公司隶属员工 203 人。其中，全日制 171 人（管理和专业技术 62 人，操作维护类 109 人），劳务工 17 人，临时工 15 人；项目部隶属员工 178 人。全公司从业人员 381 人。

（3）实现了组织机构扁平化管理。公司围绕“保持续发展，做行业标杆”总体目标，破除矿山生产经营传统模式禁锢，真正实现组织机构扁平化管理，减少了管理层级，由“公司→部室→车间”的三级管理层级，变为“公司→部室”二级管理层级。生产经营系统更加顺畅，工作效率大幅度提高。将传统的按专业化、精细化的岗位设置转变为综合化的一专多能、操检合一的岗位设置，实现了一专多能、一人多岗、事事有人干、人人有事干的目标，使管理团队得到了很好的锻炼，综合素质得到显著提升，构建了充满活力、富有效率的管理架构和体制机制。

1）调整前机构设置和生产组织模式：公司机构设置有九部两室三车间，另有三个外委项目部分别负责井下采矿、运输和充填作业。九部为党群工作部、资产财务部、人力资源部、技术计划部、质量管理部、设备材料部、安全环保部、销售部、物业管理部；两室为总经理办公室和生产调度室；三车间为采运车间、机电车间和选矿车间。生产组织模式为四班三运转制。

2）调整后机构设置和生产组织模式：公司新的机构设置为六部一中心，即综合部、财务部、安全环保部（安全部、环保部）、供销部、提选部、运输部、生产技术中心，另设一个外委项目部负责只负责井下采掘。生产组织模式为三班三运转替补制。

实施组织结构优化管理后，富全矿业的组织结构形式和运作方式与国际先进矿山企业比较接近，用工总数在国内同规模矿山企业中最少，管理费用和人工成本显著下降。适应快速变化环境的组织结构优化管理的实施，也使富全矿业的管理工作发生了质的飞跃。在中钢富全矿业在短短三年多的组织变革中，不仅实现了基建生产的快速发展，在管理方面也获得了上级和社会各界的一致好评，赢得了多项荣誉：从2009年连续三年被汶上县评为“安全生产先进单位”；2010年被山东省安全生产监督管理局授予“全省非煤矿山安全生产优秀班组”荣誉称号和共青团山东省委授予提升信号班“青年突击队”荣誉称号；2011被济宁市授予“创建和谐型五一劳动奖章”和“劳动关系和谐企业”称号等。

（4）企业文化内涵更加丰富，凝聚力明显增强。不断培育企业文化，弘扬了“艰苦创业、绿色环保、精益求精、开拓创新”的企业精神，公司人气指数不断提升。一方面，以文化活动为载体，举办一系列具有富全特色的活动，营造浓厚的“家”的氛围。通过开展健康向上、生动活泼、丰富多彩的群众性文化活动，陶冶情操，鼓舞干劲，使员工保持了良好的精神状态；另一方面，在转变员工观念过程中，做到了兼容并蓄、发扬光大、学习创新，既避免了企业文化简单地组合，又避免了文化冲突导致的“集而不团、组而不合”情况的发生。中钢富全矿业实施持续变革的组织文化建设后，全矿职工精神面貌焕然一新，关爱企业、诚实守信、勤奋工作、爱岗敬业、团结协作、争创一流的现象已经蔚然成风，涌现出一批英模人物。所获部分荣誉见表3-17。

表3-17　富全矿业组织活动所获荣誉或奖章（部分）

序号	荣誉或奖章
1	中钢集团五四红旗团委（2016年）
2	全国模范职工之家荣誉证书（2015年）
3	全国模范职工之家牌匾（2015年）
4	人力资源社会保险和社会保障先进单位（汶上2014年）
5	中钢集团铁精粉销售优秀效能监察项目（2013年）
6	第五届职工技能大赛团体奖（2014年）
7	山东模范职工之家（2013年）
8	汶上县功勋企业（2012年）
9	济宁市学习型企业先进单位（2012年）
10	济宁市五一劳动奖状（2011年）
11	中钢矿业机动管理先进单位（2011年）
12	销售工作先进单位（2011年）
13	全县社会慈善工作先进单位（2011年）
14	干部职工运动会优秀组织奖（汶上2011年）
15	信用企业（2010年）

3.6 本章小结

组织文化对企业生产、管理以及最终绩效的影响，在富全矿业近十多年的践行中得到了充分证实。本章对企业组织文化的内涵、特征、建设内容和原则进行了深入探讨，将组织文化系统分为四个模块：组织架构、人力资源架构、政治架构和符号架构，提出了构建组织文化体系的具体步骤。最后结合富全矿业文化建设现状和问题，以企业精神文化为核心，提出了符合富全矿业公司发展特色的企业愿景、使命、价值观，并依据组织架构、人力资源架构、符号架构、政治架构等组织文化体系建设理念，对富全矿业组织文化建设进行了方案设计。方案实施后极大地提升了富全矿业的整体形象，减少了生产运营成本，提高了企业的经济效益和员工的凝聚力，提升了企业核心竞争力。

参 考 文 献

[1] 刘海云，现代西方大型跨国公司组织结构调整与启示［J］. 华中理工大学学报（社会科学版）1998, 1（37）.

[2] Sanchez J I. From documentation to innovation: Reshaping job analysis to meet emerging business needs［J］. Human Resource Management Review, 1994, 4（1）: 51~74 .

[3] Landis R S, Fogli L, Goldberg E. Future-Oriented Job Analysis: A Description of the Process and Its Organizational Implications［J］. International Journal of Selection & Assessment, 1998, 6（3）: 192~197.

[4] Schneider B, Konz A M. Strategic job analysis［J］. Human Resource Management, 1989, 28: 51~63.

[5] 彼得·德鲁克，管理的实践［M］. 北京：机械工业出版社，2009.

[6] Archer North&Associates. ANPAS Archer North Performance Appraisal System［EB/OL］. http://www.performance-appraisal.com.

[7] 唐翰岫，罗炜，唐元虎. 企业整体绩效考评体系之研究［J］. 科学管理研究，2000,（3）: 48~51.

[8] Kolz A R, McFarland L A. Cognitive ability and job experience Bspredictors of work performance［J］. Psychology, 1998, 132（5）: 45~47.

[9] 理查德·威廉姆斯，组织绩效管理［M］. 北京：清华大学出版社，2002: 215~217.

[10] Mohanty R. Reengineering Work: Don Automate, Obliterate［J］. Harvard Business Review, 1990, 7（8）: 23~25.

[11] 吕巍，郑勇强，余成勇. 对企业组织结构扁平化的思考——从收益的概率分布特征角度分析［J］. 上海经济研究，2001（6）: 31~35.

[12] 王凤彬，企业组织的结构变革［J］. 中国工业经济，1991（12）: 47~49 .

[13] 王凤彬，企业组织的过程变革——兼评企业再造理论对传统组织理论的挑战［J］. 经济理论与经济管理，1996, V（3）: 17~21.

[14] 孙国强，网络组织的内涵、特征与构成要素 [J]. 南开管理评论，2001，4 (4)：38~40.

[15] 赵民杰，刘松博. 网络组织模式内涵研究 [J]. 兰州学刊，2004 (6)：144~146.

[16] 张志勇，匡兴华，晏湘涛. 基于流程的组织设计研究进展 [J]. 管理科学，2004，17 (5)：31~39.

[17] 蒋峦，谢卫红，蓝海林. 组织柔性结构的演进及其演进的理论诠释 [J]. 中国软科学，2005 (3)：84~88.

[18] 曾祥春. 徐州矿务集团有限公司区域分公司组织结构调整设想 [J]. 煤炭科技，2015 (1)：30~31.

[19] 吴玉川. 浅析矿业集团公司组织结构建设方略 [J]. 现代商业，2011 (21)：125~126.

[20] 荣刚，葛效宏. 优化企业组织架构，夯实内部控制基础——兼析临矿集团的组织架构 [J]. 齐鲁珠坛，2010 (6)：50~52.

[21] 廖泉文，陈万思. 人力资源管理人员培训体系 [J]. 中国人力资源开发，2002 (3)：8~12.

[22] 许小东. 战略导向型的人力资源管理：职能、特点与模式转型 [J]. 科学管理研究，2002 (4)：69~72.

[23] 许庆瑞，刘景江，周赵丹. 21 世纪的战略性人力资源管理 [J]. 科学学研究，2002 (1)：89~92.

[24] 刘宇辉. 人才测评在国内企业招聘中应用的误区与对策 [J]. 中国人才，2002 (7)：37~38.

[25] 纪少英，刘晨辉. 企业人力资源开发应把握五个要素 [J]. 中国劳动，2002 (9)：31~32.

[26] 张建国. 基于战略的薪酬体系设计模型 [J]. 中国人力资源开发，2002 (8)：38~40.

[27] 杨东涛，朱武生. 职称社会化评价初探 [J]. 南京大学学报（哲学. 人文科学. 社会科学版)，2001 (6)：131~135.

[28] 马晶中. 企业绩效考核存在的问题及对策 [J]. 人民论坛，2010.

[29] 刘秋平. 现代企业绩效考核现状及有效措施分析 [J]. 劳动保障世界，2008.

4 冶金矿山 RHO 安全生产管理模式

4.1 安全生产管理理论

4.1.1 冶金矿山安全生产管理特征与挑战

采矿业不同于其他行业，受地质、埋藏条件限制，大部分冶金矿山为地下开采，井下作业场所狭小、阴暗、潮湿、多变，生产环节多，过程复杂，导致灾害的自然因素和人为因素多，人员和设备风险普遍存在，安全问题一直是困扰采矿业发展的重大课题。针对当前冶金矿山的安全管理现状，迫切需要引进一系列现代化安全管理技术和手段，实现矿山安全管理模式和方法上的根本转变。

2017 年 4 月 12 日，国家安全生产监管总局颁发了《国家安全监管总局关于进一步规范非煤矿山安全生产标准化工作的通知》[1]，文中明确要求非煤矿山要进一步明确安全生产标准化工作职责，进一步规范标准化建设运行，进一步规范标准化评审。目前我国冶金矿山特别是中小型冶金矿山在安全生产管理工作中面临着以下挑战。

4.1.1.1 生产管理

我国冶金矿山安全生产管理体系不够完善，尤其是中小型冶金矿山企业的生产规模普遍较小，在矿产品价格高时，盲目地提高采掘进度，相应的安全配套措施跟不上，甚至出现“三超”现象，追求经济利益最大化的做法增大了安全事故发生概率。如何根据矿山企业自身的状况，在遵循市场机制的前提下制定科学合理的安全管理体系，合理组织生产经营活动，是冶金矿山企业安全生产管理的最大挑战[2]。

4.1.1.2 团队协作

冶金矿山特别是中小型矿山企业普遍存在安全管理机构设置不健全、安全管理人员配置不足、安全责任不清晰、相关人员任命不合理、企业团队协作不力等问题。具体表现为：矿山企业为了应付安全生产管理工作，临时组建相关部门，随意地任命相关负责人，甚至存在一人身兼数职的现象。由于负责人素质不达标、业务不熟练等原因导致团队协作出现问题，进而引发生产与管理不协调、不统一等现象。因此，健全安全管理机构、配备足够的安全管理人员、制定翔实的安全责任制、合理地任命相关人员、组建合理的团队，使得部门、人员各司其职，为安全生产提供组织保障，是冶金矿山企业做好安全生产管理工作的挑战之一[3]。

4.1.1.3　技术工艺

科学技术是第一生产力，安全生产管理要求矿山企业须采用先进的生产工艺，尽量避免资源浪费和环境污染。当前，我国冶金矿山企业多为劳动密集型、高能耗型企业，生产工艺相对落后，要在短期内转化为技术密集型、低碳环保型企业，须广泛引进新工艺、新技术、新设备、新材料。为此，冶金矿山企业在经济、安全生产等方面将面临极大的压力与挑战[4]。

4.1.1.4　人才培养

冶金矿山企业的安全生产管理涉及的内容相对较广，关系到矿山企业的方方面面，是一项综合性的系统工程。矿山企业安全生产管理只有通过专业的技术人才来组织实施，才能保证安全生产管理工作的顺利完成。因此，企业如何吸引人才、培养人才、留住人才，直接关系到企业的未来发展[5]。

4.1.1.5　企业安全文化建设

冶金矿山安全生产管理建设不仅考察矿山的硬件建设，还有矿山的软件建设。企业安全文化建设是安全生产管理的主要组成部分，旨在培养员工端正的工作态度、积极向上的精神面貌，提高员工的安全意识，为安全生产服务。当前，我国的冶金矿山对企业安全文化建设的概念模糊，重视程度不够。因此，如何调动员工的积极性，建设积极向上的企业安全文化，是我国冶金矿山企业安全生产管理建设所面临的挑战之一[6]。

4.1.1.6　员工安全意识培养

长期以来，我国冶金矿山企业因员工安全意识不够而引发的事故时有发生。冶金矿山安全生产管理建设是以预防安全事故为主旨，在此基础上逐步提高员工安全生产意识。我国冶金矿山企业在提高员工的安全意识方面存在以下挑战[7]：

(1) 中小型非煤矿山企业员工的素质普遍不高，接受能力有限。

(2) 长期形成的唯经验论、唯意识论的惯性思维模式。

(3) 长期养成的不良作业习惯，短时间内很难扭转。

因此，要提高员工安全意识，形成规范的安全氛围，需要相关部门的积极引导和员工的共同努力。

4.1.2 安全生产管理理论

4.1.2.1 安全管理原理与原则

安全生产管理作为管理的主要组成部分，遵循管理的普遍规律，既服从管理的基本原理与原则，又有其特殊的原理与原则。具体来讲有以下四个基本原理。

A 人本原理

在管理中必须把人的因素放在首位，体现以人为本的指导思想，这就是人本原理[8]。以人为本有两层含义：一是一切管理活动都是人展开的，人既是管理的主体，又是管理的客体，每个人都处在一定的管理层面上，离开人就无所谓管理；二是在管理中，作为管理对象的要素和管理系统各环节，都是需要人来掌管、运作、推动和实施。

人本原理的原则有：

（1）动力原则。推动管理活动的基本力量是人，管理必须有能激发人的工作能动力。对于管理系统，有三种动力，即物质动力、信息动力和精神动力。

（2）能级原则。单位和个人都具有一定的能量，并可按照能量的大小顺序排列，形成管理能级，就如同原子、中子、电子的能级。在管理中建立一套合理的能级，根据单位和个人能量的大小安排其工作，发挥不同能级的能量，确保结构的稳定性和管理的有效性。

（3）激励原则。管理中的激励就是利用某种外部诱因的刺激，调动人的积极性和创造性。用科学的手段激发人的内在潜力，使其充分发挥积极性、创造性和主动性，这就是激励原则。人的工作动力来源于内在动力、外部压力和工作吸引力。

B 预防原理

安全生产管理工作应做到预防为主，通过有效的管理和技术手段，减少和防止人的不安全行为和物的不安全状态，达到事故率降到最低的目的，这就是预防原理。

预防原理的原则有：

（1）偶然损失原则。事故后果以及后果的严重程度，都是难以预测的、随机的。反复发生的同类事故，并不一定产生完全相同的后果，即事故损失的偶然性。偶然损失原则让我们知道，无论事故损失的大小，都必须做好预防工作。

（2）因果关系原则。事故的发生是许多因素互为因果连续发生的最终结果，只要诱发事故的因素存在，发生事故是必然的，只是时间或晚或早而已。

（3）3E 原则。造成人的不安全行为和物的不安全状态的原因可归为四个方面，即技术原因、教育原因、身体和态度原因、管理原因。针对这四个方面的原因，可以采取三种防止对策，即工程技术（engineering）对策、教育（education）对策和法制（enforcement）对策。

(4) 本质安全化原则。该原则是指从一开始和从本质上实现安全化，从根本上消除发生事故的可能性，达到预防事故发生的目的。

C 系统原理

在管理工作中，运用系统论的观点、理论和方法，对管理活动进行充分的系统分析，达到管理的优化目标，即用系统论的原理和方法来认识和处理管理中出现的问题。安全生产管理系统是生产管理系统的一个子系统，包括各级安全管理人员、安全防护设备和设施、安全管理规章制度、安全生产操作规范和规程以及安全生产管理信息等。安全贯穿生产活动的各个方面，安全生产管理是全方位、全天候和涉及全体人员的管理[9]。

系统原理的基本原则有：

(1) 整分合原则。高效的现代安全管理必须在整体规划下明确分工，在分工基础上有效地综合。整分合原则的主要含义是整体把握、科学分解、组织综合。运用整分合原则，要求企业管理者制定整体目标和宏观决策时必须将安全生产纳入其中，资金、人员和体系都必须将安全生产作为一项重要内容考虑[10]。

(2) 反馈原则。该原则指控制过程中对控制机构的反作用。反馈普遍存在于各种系统中，也是管理中的一种普遍现象，是管理系统达到预期目标的主要条件。

(3) 封闭原则。任何一个管理系统的管理手段、管理过程必须构成一个连续封闭的回路，才可以形成有效的管理活动。封闭就是把管理手段、管理过程加以分割，使各环节和各部分相对独立，各司其职，充分发挥自己的功能，同时又相互衔接，相互制约，首尾相连，形成一条封闭的管理链。

(4) 动态相关性原则。任何企业管理系统的正常运转不仅会受到系统本身条件的限制和制约，还会受到其他有关系统的影响和制约，并伴随时间、地点及人们的不同努力程度而发生变化[11]。

D 强制原理

强制原理指采取强制管理手段控制人的行动和意愿，使人的行为、活动等受到安全管理要求的约束，实现有效的安全管理。

强制原理的原则有：

(1) 安全第一原则。要求在进行生产和其他活动的时候把安全工作放在一切工作的首要位置。坚持安全第一原则，就要建立和健全各级安全生产责任制，从纪律上、思想上和制度上切实把安全工作放在第一位，形成“制度化、标准化、经常化”的安全工作体系。

（2）监督原则。该原则指为了促使各级生产管理部门严格执行安全法律、法规、标准和规章制度，实现安全生产，保护职工的安全与健康，必须授权专门的部门和人员行使监督、检查和惩罚的职责，以揭露安全工作中的问题，督促问题的解决，追究和惩戒违章失职行为。企业经营者常常容易片面追求利润、质量、产量等，而忽视职工的安全与健康。在这种情况下，必须设立安全生产监督管理部门，配备合格的监督人员，赋予必要的强制权力，来确保其履行监督职责，确保安全管理工作落到实处[12]。

4.1.2.2 事故致因理论

事故致因理论是从大量典型事故本质原因的分析中提炼出事故机理和事故模型。这些机理及模型反映了事故发生的规律性，能为事故的预防及改进安全管理工作，从理论上提供科学和完整的依据。

A 海因里希因果连锁理论

海因里希事故因果连锁理论主要阐明导致伤亡事故的各种因素之间，以及这些因素与伤害之间的关系。其核心思想是：伤亡事故的发生并不是一个孤立的事件，而是一系列原因事件相继发生的结果，即伤害与各原因相互之间存在连锁关系[13]。

海因里希提出的事故因果连锁过程包括如下五种因素[14]：

第一，遗传及社会环境（M）。遗传及社会环境是造成人的缺点的原因。遗传因素可能使人具有粗心、固执、鲁莽等对于安全来说属于不良的性格；社会环境可能妨碍人的安全素质培养，会助长不良性格的发展。这种因素是因果链上最基本的因素。

第二，人的缺点（P）。人的缺点指由于遗传和社会环境因素所造成的缺点。人的缺点是使人产生不安全行为或造成物的不安全状态的原因。这些缺点既包括诸如鲁莽、固执、神经质、易过激、轻率等性格上的先天缺陷，也包括诸如缺乏安全生产知识和技能等的后天不足。

第三，人的不安全行为或物的不安全状态（H）。这两者是造成事故的直接原因。海因里希认为，人的不安全行为是由于人的缺点而产生的，是造成事故的主要原因。

第四，事故（D）。事故是一种由于物体、物质或放射线等对人体发生作用，使人员受到或可能受到伤害的、出乎意料的、失去控制的事件。

第五，伤害（A）。伤害即直接由事故产生的人身伤害。

上述事故因果连锁关系，可以用五块多米诺骨牌来形象地加以描述，如图 4-1 所示。如果第一块骨牌倒下（即第一个原因出现），则连锁反应就会发生，后面的骨牌相继被碰倒（相继发生）。

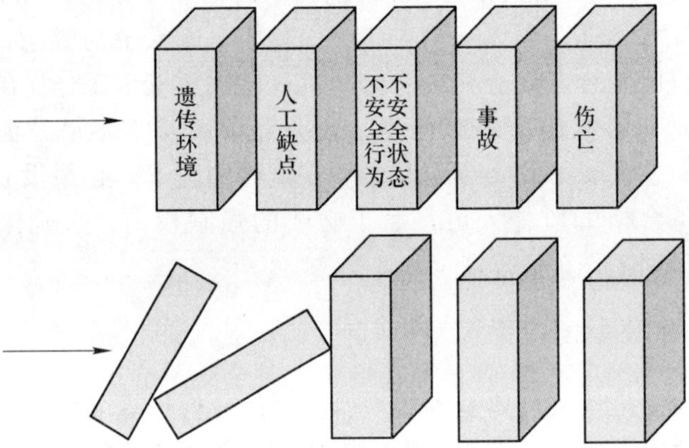

图 4-1　海因里希事故因果连锁理论图

该理论的积极意义在于，如果移去因果连锁中的任一块骨牌，则连锁反应就会被破坏，事故过程就会被中止。海因里希认为，企业安全工作就是要移去中间的骨牌，防止人的不安全行为或消除物的不安全状态，从而中断事故连锁的进程，避免伤害的发生[15]。

事故因果连锁中的一个重要因素是管理。企业完全依靠工程技术的改进来预防事故是不现实的，需要完善的安全管理工作，才能防止事故的发生。由于管理上的欠缺，使得能够导致事故的基本原因出现。

B　能量意外释放理论

能量意外释放理论由吉布森（Gibson）于 1961 年提出，即事故是一种不正常的或不希望的能量释放，意外释放的各种形式的能量是构成伤害的直接原因[16]。因此，应该通过控制能量或控制能量载体来预防伤害事故。在吉布森的研究基础上，1966 年能量意外释放理论被美国运输部安全局局长哈登（Haddon）完善了，他提出“人受伤害的原因只能是某种能量的转移”，他认为在一定条件下某种形式的能量能否产生伤害而造成人员伤亡事故，取决于能量的大小、集中程度以及接触能量时间的长短和频率。

能量在生产过程中是不可或缺的，人们利用能量做功从而实现生产目的。但是利用能量做功，必须控制能量。在正常生产过程中，能量受到各种约束和限制，按照人们的意志流动、做功和转换。如果由于某种原因，能量失去了控制，超越了人们设置的约束而意外地逸出或释放，必然会造成事故。如果失去控制的、意外释放的能量达及人体，并且能量的作用超过了人们的承受能力，人体必将受到伤害。

根据能量意外释放理论，伤害事故的原因为：（1）接触了超过有机体组织抵抗力的某种形式的过量能量。(2) 有机体与周围环境的正常能量交换受到干扰（比如淹溺、窒息等）。因此，各种形式的能量是造成伤害的直接原因。

能量意外释放理论从事故发生的物理本质出发，表明了事故的连锁过程（如图 4-2 所示）：由于管理的失误引发了人的不安全行为和物的不安全状态及其相互作用，使不正常的或不希望的能量和危险物质释放，并转移于人体、设施，造成人员伤亡和财产损失[17]。

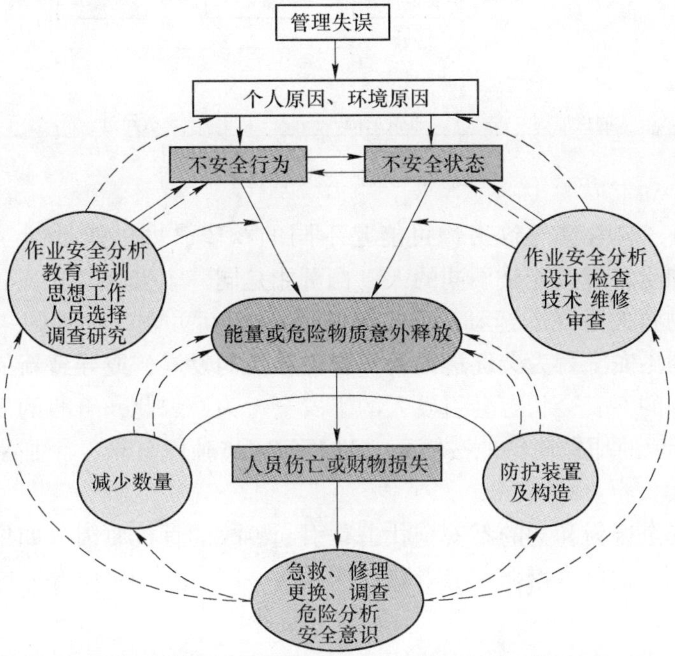

图 4-2 能量意外释放理论描述的事故连锁示意图

能量转移论给出的事故三要素为：失控的能量、能量转移途经和受害对象。可以以此为依据来辨识危险源，选择控制措施，减少事故危害。预防事故就是要防止危险物质或能量意外释放、防止人体接触过量的能量或加强屏蔽来预防。能量意外释放理论揭示了事故发生的物理本质，为人们设计及采取安全技术措施提供了理论依据[18]。

C 轨迹交叉论

轨迹交叉论的基本思想是：伤害事故是许多相互联系的事件顺序发展的结果。这些事件包括人、物（含环境）两大发展系列，当人的不安全行为和物的不安全状态在各自发展过程中，在一定时间、空间发生了接触或交叉，当能量转移于人体时，伤害事故就会发生。而人的不安全行为和物的不安全状态之所以产生和发展，又是受到多种因素作用的结果[19]。

轨迹交叉理论的示意如图4-3所示。

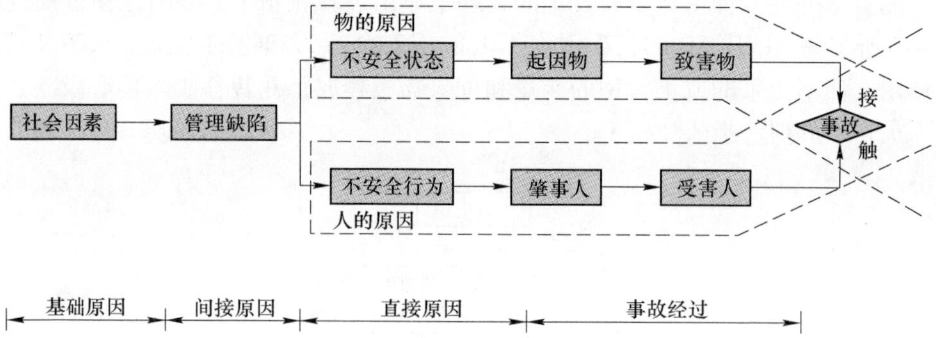

图4-3　轨迹交叉事故模型

图4-3中，起因物与致害物可能是不同的物体，也可能是同一个物体；同样，肇事者和受害者可能是不同的人，也可能是同一个人。

在人和物两大系列的运动中，二者常常是相互关联，互为因果，相互转化的。有时人的不安全行为会促进物的不安全状态的发展，或导致新的不安全状态的出现；而物的不安全状态会引发人的不安全行为。因此，事故的发生可能并不是如图4-3所示的那样简单地按照人、物两条轨迹独立运行，而是呈现较为复杂的因果关系。

人的不安全行为和物的不安全状态是引起事故的直接原因，如果对它们进行更深入的考虑，就可以挖掘出二者背后深层次原因，这些深层次原因的示例见表4-1。

表4-1　事故发生的原因

基础原因（社会原因）	间接原因（管理缺陷）	直接原因
遗传、经济、文化、教育	生理和心理状态、知识技能情况、工作态度、规章制度、人际关系、领导水平	人的不安全状态
培训、民族习惯、社会历史、法律		
设计、制造缺陷、标准缺乏	维护保养不当、保养不良、故障、使用错误	物的不安全状态

轨迹交叉理论作为一种事故致因理论，强调人的因素和物的因素在事故致因中占有同样重要的地位。按照这个理论，能通过避免人与物两种因素运动的轨迹交叉预防事故发生。同时，该理论对于调查事故发生的原因，也是一种很好的工具。

4.2 富全矿业RHO三体系安全生产管理模式

4.2.1 富全矿业安全生产管理问题和需求

富全矿业以构建“本质安全型绿色矿山”为目标，在安全管理方面取得了一系列成效，但仍存在一些不足。

4.2.1.1 员工安全意识不够，责任心不够强

安全管理贯穿在每一个人的行动中，是公司每一位员工的职责，但是公司个别员工没有意识到这一点，对自己的行为产生的后果认识不清，自我保护意识还远远不够，对于安全操作规程理解不够深刻，对作业过程中可能出现的危险没有完全了解，这些问题归结为一点就是安全意识不强。员工的安全意识是需要长时间的安全教育培训养成的，这对公司的安全培训提出了更高的要求。另外，公司的安全培训注重形式比较多，对于安全培训的效果和员工的实际掌握能力重视不足，容易造成安全管理先天不足。

4.2.1.2 公司的安全管理制度需进一步加强落实

公司的安全管理制度规定了相关人员的安全职责、工作内容和工作流程等，是安全管理工作的基础和依据，安全管理制度的健全和执行对于提高一个公司的安全管理水平起着至关重要的作用。富全矿业的安全管理制度已经比较健全，但是安全管理制度的执行情况不太理想，工作和制度要求还有出入，制度规定的相关条款和实际工作存在不吻合现象，或者是执行者对于制度的理解还不够透彻等原因，导致制度执行存在困难。

4.2.1.3 专职安全管理人员的业务能力有待进一步提高

公司现有专职安全管理人员大部分都是新人，现场经验相对不足，专业技能不够，不能确保在日常安全管理工作中发现细微的安全隐患，对于出现紧急情况不能给出专业性、指导性的意见。

4.2.1.4 安全文化作用有待进一步发挥

在安全生产的实践中，仅有安全技术手段和安全管理手段是不够的，对于预防事故的发生，目前科技手段还达不到物的本质安全化，设备设施的危险不可能根本避免，需要用安全管理的手段予以补充。安全管理的有效性依赖于被管理者的监督和反馈。管理者不可能随时都去监督，这就有能带来管理的疏漏。但是公司一旦形成自己的安全文化，使安全文化价值观深入人心，职工就能够做到自觉

遵守各项规章制度，这也是企业建立安全文化的目的。

4.2.1.5　现场作业环境监管需要加强

经过多年的努力，公司现场作业环境得到了很大的改善，但仍然存在安全设施没有得到彻底落实、通风环境比较差、作业环境没有得到有效监管等现象。

针对矿山安全隐患问题严峻的状况，建立矿山安全生产管理的长效机制，是富全矿业实现安全生产的重要保证，也是建设本质安全型矿山的需要。

4.2.2　RHO 安全生产管理框架模型

4.2.2.1　富全矿业 RHO 安全生产管理思路

杜邦企业安全文化建设与工业伤害防止和员工安全行为模型[20]描述了杜邦企业安全文化建设过程中经历的四个不同阶段，如图 4-4 所示。

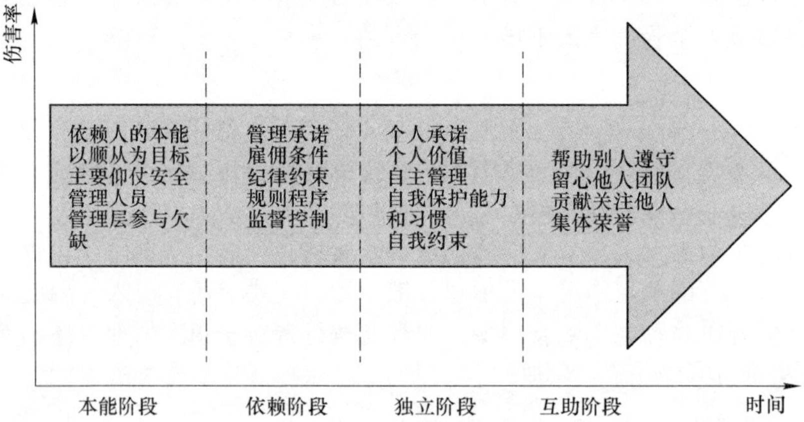

图 4-4　安全管理发展阶段

本能阶段、依赖阶段、独立阶段以及互助阶段安全管理特征如下。

（1）第一阶段：本能安全。

1）依靠人的本能——员工安全依靠人的本能反应，很少依靠预防事故的知识及方法。

2）以服从为目标——员工对安全是被动的服从管理，很少主动的自我保护及缺乏参与意识。

3）将职责委派给安全经理——各级管理层认为安全是安全部门和安全管理人员的责任，而自己是配角。

4）缺少高层管理者的参与——高级管理层对安全只是口头的和书面的支持，很少参与并给予人力、物力、财力保障。

（2）第二阶段：法规监督。处在该阶段时企业已建立起了必要的安全管理系统和规章制度，各级管理层对安全责任做出承诺，但员工的安全意识和行为往往是被动的，表现出的安全行为特征为：

1）企业把安全视为一种价值，从最高管理层到各级主管都对安全责任做出承诺，并制定了各级安全目标。

2）建立起安全生产规程制度和操作规程，并由各级生产主管严格监督执行。

3）各级各类人员都必须进行相应的系统的安全教育和培训。

4）不论管理者还是作业者，“承诺安全责任”都是雇佣的前提条件，员工基本处于被动安全状态。

（3）第三阶段：自主管理。

1）个人知识、承诺和标准——员工具备熟识的安全知识，员工本人对安全行为做出承诺，并按规章制度和标准进行生产。

2）内在化——安全意识已深入员工内心。

3）个人价值——把安全作为个人价值的一部分。

4）关注自我——安全不但是为了自己，也是为了家庭和亲人。

5）实践和习惯行为——安全时刻存在员工的工作中、工作外，成为其日常生活的行为习惯。

6）个人得到承认——把安全视为个人成就

（4）第四阶段：互助团队。

1）帮助别人遵守——员工不但自己自觉遵守而且帮助别人遵守各项规章制度和标准。

2）留心他人——员工在工作中不但观察自己岗位上而且留心他人岗位上的不安全行为和条件。

3）团队贡献——员工将自己的安全知识和经验分享给其他同事。

4）关注他人——关心其他员工，关注其他员工异常情绪变化，提醒安全操作。

5）集体荣誉——员工将安全作为一项集体荣誉。

国内大部分冶金矿山企业对安全的管理，主要停留在以各种检查、处罚以及事后整改的阶段上，如图 4-4 所示的依赖阶段[21]。虽然这种比较单一、传统的管理对于安全生产起到了一定的督促作用，但是也存在着一些负面影响。首先，管理的主题不明确，责任不明确，虽然检查形式多样，但是安全隐患并没有真正的消除，还是会遗留一些安全问题；其次，单靠检查来管理安全问题，使职工处于被动的管理状态，经常出现检查前突击，只治理表面，应付检查，存在以好掩差的现象；再次，在检查过程中对一些罚款的行为容易使职工产生抵抗情绪，即使找出了存在的问题，也不能从根本上得到解决。为了解决以上问题，把内部市场化引进安全管理的领域，利用价值的杠杆充分调动职工安全工作的积极性，实现安全自主管理，即如图 4-4 所示的独立阶段，使安全管理时刻融合在生产当中。

RHO（“R”代表 risk（风险），“H”代表 hidden（隐患），“O”代表 objective（目标））安全管理的本质就是以风险分级管控体系、隐患应对管理体系为基础，班清班结管理体系、价值量化激励体系为手段，给每位员工分配安全管理目标，以安全隐患作为商品对其进行交易，安全管理人员进入现场，查找隐患，排除隐患，与作业人员交易隐患，在安全管理人员与员工之间形成一种服务与被服务的关系，从根本上深刻转变员工的安全观念，确保职工成为安全生产过程的主人翁。

RHO 安全管理是在安全生产的过程中加入内部市场化，通过实施该管理模式使具有价值的安全问题能够引起职工的重视。在职工的思想里植入安全隐患具有价值的理念，将安全生产纳入个人价值，从根本上激发了职工对安全生产的热情以及工作的积极性，除此之外，长时间实施这样的管理方法可以促进员工安全行为的养成，使自主管理的思想成为习惯，在没有监督、要求的情况下能够自主地做好自己的本职工作，使每个职工在自己的岗位上都明确应该做什么、怎么做、什么时间、地点做、做的程度，将作业安全标准化落实在每个岗位上。RHO 安全管理的推行，使职工意识到隐患的买进，不仅是买的价值，而且是在买自己的生命。意识到其重要性后可规范职工的工作行为，实现管理人员人人有责任，事事有人管，随时进行检查，提供良好的服务，形成自内向外的安全隐患排查体系。

综上所述，通过实施 RHO 安全管理，能激发职工的工作热情，使职工主动地参与安全管理，由被动向主动转变，实现“自我管理、自我完善、自我提升、大胆创新、持续改进”的目标，实现本质安全型矿山。

4.2.2.2　富全矿业 RHO 安全生产管理框架

冶金地下矿山企业 RHO 安全生产管理模式主要由三大部分构成：安全生产目标管理体系、风险分级管控体系、隐患应对管理体系。RHO 三体系管理模式框架见图 4-5。

RHO 三体系安全生产管理实施步骤：首先，通过 FMEA 法根据发生事故的可能性和作业者在危险环境下的时间以及事故发生后可能产生的后果，在进行系统分析研究的基础上，计算各种作业点的危险指数，并以此判断危害等级。其次，针对辨识出来的各风险点制订相应的隐患排查治理制度和标准，确定各部门、各岗位、各设备设施的排查范围、排查要求，有效建立起全员参与、全岗位覆盖、全过程衔接的闭环管理机制。要求各个生产区队的班组做到班清班结、当天目标当天完成。再次，将整体安全生产目标指标层层分解，最终具体到区队、

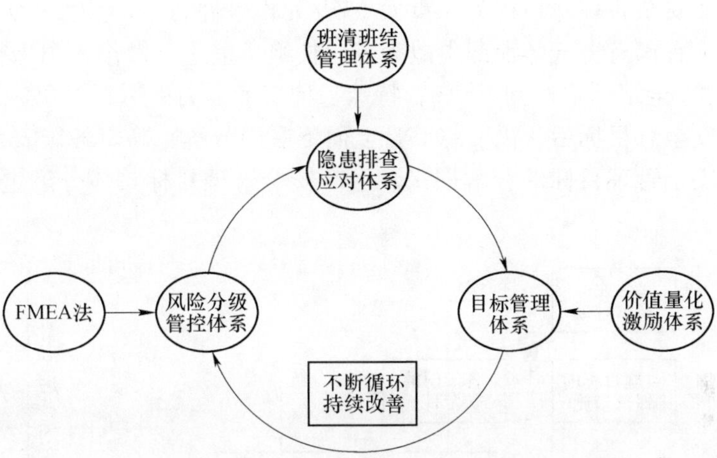

图 4-5　RHO 安全管理体系架构图

班组和个人，通过内部市场化，将安全生产任务的完成情况进行动态价值量化，实现当日职工安全劳动价值化，根据价值量化考核结果对职工进行价值激励。最后，通过不断循环，使安全生产状况得到持续改善。

4.2.3　安全生产目标管理体系

4.2.3.1　RHO 安全生产管理控制目标

中钢富全矿业坚持“安全第一、预防为主、综合治理”的方针，全力打造本质安全型绿色矿山。“本质安全型矿山”具有四大基本特征（如图 4-6 所示）：一是人的安全可靠性；二是物（机器设备等）的先进性；三是系统的安全可靠性；四是制度规范性和管理科学性。这些特征，体现了矿山生产安全管理从传统管理、经验管理迈向科学管理、文化管理的新阶段。

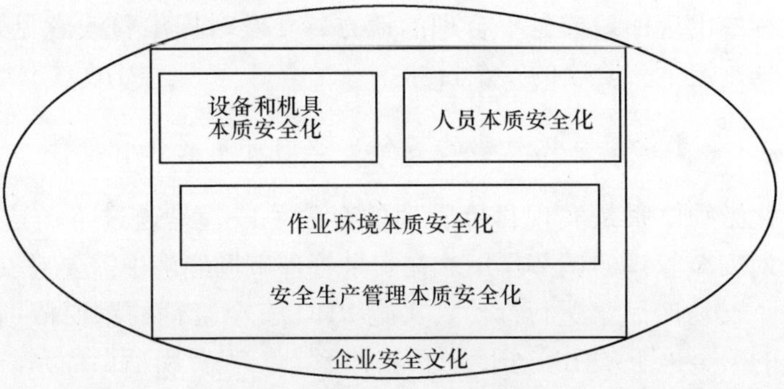

图 4-6　本质安全化结构模型

富全矿业安全管理总目标为：重大工伤/死亡事件为零；重大火灾事故为零；爆炸、坍塌、有毒有害气体泄漏事故为零；杜绝严重违章操作；隐患整改完成率达到 100%；安全培训率达到 100%；特殊工种持证上岗率达到 100%。

在确定安全总目标后，需要将其自上而下层层分解，确定各级安全目标，因此根据一般安全管理目标的分解层次，生产安全管理目标具体分解过程如图 4-7 所示。

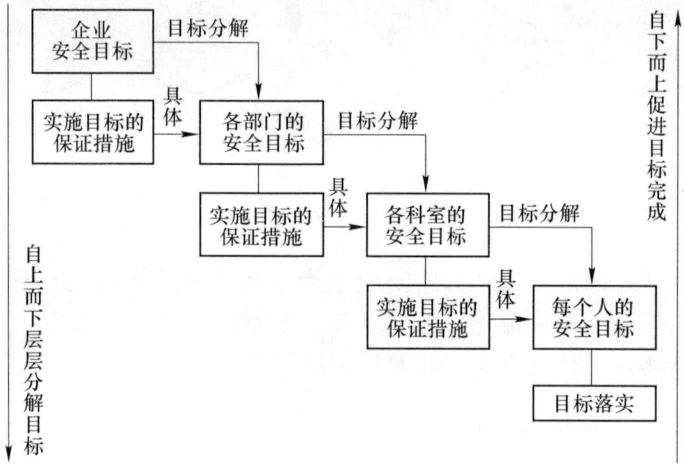

图 4-7　安全管理目标分解

针对矿山企业，可将安全生产目标分解为企业安全总目标、管理岗位安全责任目标和职工安全生产目标三个层次。首先，明确企业自身的安全生产目标；随后通过总结上年度安全指标完成情况，分析安全管理过程中存在的问题和今后改进措施；然后结合实际情况制定下年度安全总体目标，并下发各岗位部门细化落实目标，各岗位部门再结合自己的工作将安全目标最终具体细化到每个班组的职工生产活动中；最后通过职工的班清班结活动实现，保证最终目标的完成。在目标实施的过程中出现偏差或是不合理的地方，要及时提出整改意见，调整目标，并以此为依据制定下一阶段的安全目标。

4.2.3.2　基于价值量化激励的富全矿业内部市场化管理体系

价值量化激励体系是实现目标管理的有效手段，是通过市场这支“无形的手”来发挥对安全管理的调节作用。在安全管理市场经济中需要对安全隐患或是单项工程的“交易产品”进行标价。实施 RHO 安全管理的重要依据就是要建立完整、科学的冶金地下矿山安全隐患价格体系、工程费用预算体系。在形成安全隐患价格体系的同时，首先要明确原则，明确价格体系的具体构成；其次对价格体系的内容划分档次，对其全面量化处理；再次是要从规范制度、职工行为、安全质量、生产环境、机电设备等方面全面对可能存在安全隐患的地方进行排查；之后在全矿征求意见，完善该体系；最后，在矿区全面推广运行一段时间后，通过信息反馈，对价格体系进行调整。

在生产过程中影响安全的因素有很多，对于常见的隐患，可以按照性质分为：职工作业不规范、不能很好落实规章措施、生产现场存在的诸多不安全因素、施工设备不完好的问题、工程质量方面存在缺陷、不文明生产导致的隐患问题等。根据这些可能造成安全隐患的问题，按照可能产生事故的严重程度以及需处理的程度，分别赋予不同等级的价格。最后形成职工行为规范、设备设施、掘进管理、综采管理、拓运管理、地面部分、机电部分等各种类价格条款，为交易安全隐患提供依据。

通过价格体系的建立，安全管理部门在检查安全隐患时，对企业职工在生产过程中的操作不当或是本身具有的安全隐患，可以按照安全隐患价格体系向各个岗位或者职工当日提供安全隐患服务取得收入。

最后结合行为规范、相关管理控制并结合安全隐患价格体系，对职工生产活动的班清班结成果进行生产结果以及安全结果的价值清算。

富全的安全生产内部市场化管理是基于市场交易而形成的内部结算模式。通过建立市场主体、市场客体、定额价格、市场交易结算构成矿山内部市场化管理体系。

A 市场主体

矿山安全生产管理市场主体大致分为三级：一级市场主体是整个矿山企业，二级市场主体是科级以及队组，三级市场主体是职工个人。各级市场主体层层递进，从上至下贯穿于整个矿山。

一级市场主体是矿级，建立矿山内部结算中心，设立单独账户，按照矿山企业内部规定的产品或安全服务价格与其他市场主体进行经济交易，通过结算中心转换为各种费用。

二级市场主体是矿山各级科室以及班组等下级单位，对于该市场主体采用目标管理，月初依据工作内容及历年预算下拨当月安全经费，月末统计实际消耗考核经费超节情况。其中安全科的管理人员对平时的安全生产工作进行检查，发现隐患时及时填写《生产过程安全服务收费表》，双方进行确认无误后签字，待管理人员上井后，将信息输入信息系统，并根据安全隐患价格体系输入对应的价格，最后根据隐患责任人确定其安全服务的收入。

三级市场以个人为核算单元，二、三级市场的结算采用区队内部市场核算方法，主要以打分的形式核算。

B 市场客体

结合富全矿业生产实际，明确生产单位和辅助单位主导业务和辅助业务，通过一定的原则将某些辅助业务与主导业务合并，再以价值链为理论指导对实际业务进行工序细分和链接，理清工序，形成若干价值链，价值链的产物即市场客体。

按照客体的属性将市场客体分为生产单位市场客体和服务部门市场客体。而生产单位市场客体分为三大类，即安全服务类、单项工程类、内部劳务类。在每一大类下又细分为若干小类，如安全服务类含有采矿类、掘进巷道类、开拓巷道类、运输类等。

C　安全定额体系

安全定额不仅是企业编制生产经营计划的基础，也是实施 RHO 安全管理的依据和必要的环节。充分发挥安全定额的作用，各级市场主体之间的协作与交流都通过等价经济交换存在，使得人、财、物发挥最大的潜能，实现安全最大化、经济效益最大化。

采用技术测定法、统计分析法相结合方法进行定额测算，定额体系以安全定额为基础，并向外扩展劳动定额、消耗定额、运输定额、设备维修定额、材料维修定额等。

D　安全隐患交易价格体系

安全隐患交易价格体系就是根据安全定额体系对安全隐患进行结算。在对内部市场价格进行测算的过程中，首先成立价格测算小组，由主管职能部室负责，相关部室、区队配合，确定价格制定原则，明确安全隐患价格测定要求。

制定内部市场安全价格要遵循以下原则：（1）统一性原则，由矿山统一制定各单位市场部门间安全交易的价格；（2）可操作性原则，与生产实际相吻合，保证生产经营能够正常运转；（3）稳定性原则，内部价格制定作为内部交易的指令性计划价格一年内不做调整；（4）时效性原则，当外部市场价格或生产条件等与价格相关的要素发生变化时，内部价格需要根据生产条件或是外部市场价格的变化及时做出相应调整；（5）公开公正原则。

E　市场交易结算

内部市场结算是对内部各级市场主体的指标进行结算，即对安全隐患服务费以及其他费用的收支进行核算。

内部市场结算时，根据市场主体的不同特点，可分为采掘直接结算和链式结算。直接结算是指对采掘单位或者辅助单位的结算，矿山依据矿石产量、掘进进尺直接对提供的安全服务进行结算。链式结算就是二级、三级市场主体之间依据提供的服务与被服务的数量和质量，计算相应收入和支出的结算方式。在细化生产流程中，企业明确了各级市场主体间谁为谁服务，根据服务的数量、质量以及市场价格进行单位收支核算。

二级市场主体在规定的时间内提交结算单据，结算中心统一按下面的公式进行核算：

本期总收入=综合收入+安全交易收入+单项工程收入+补贴收入+(安全)奖励收入+其他收入

本期总支出=直接支出+辅助支出+(安全)处罚支出+其他支出

本期余额=本期总收入+上期结转-本期总支出-本期支配

式中 上期结转——上期结余金额；

本期支配——区队本期应发工资；

本期结余——下月的上期结转。

4.2.3.3 岗位价值精细化管理

岗位价值精细管理是将企业的安全目标透过区队落实到岗位上，使得企业的安全目标下移。

依据内部市场化的原理，一级交易市场的结果是区队获得了产品（安全服务等）的收入和支出，在区队内部，这些产品（安全服务等）的收入和支出将落实到相应的工序上，这些工序则由岗位、个人来交易完成，从而实现区队内部安全的市场化。

岗位价值精细管理是将生产作业工序上的每一个岗位视为独立经营、自负盈亏的“主体”，使每个岗位都成为安全控制中心，增强安全意识及价值增值意识。通过岗位对安全服务的收支核算，挖掘岗位价值的潜力。

岗位价值核算体系主要包括岗位划分、岗位价值核算。

首先将安全目标相同或相关的人员划为一个团体，即为岗位，使得岗位承担共同责任，实现岗位增值。然后根据岗位定额、工作量以及生产中的安全隐患服务对当日的岗位价值进行核算，其程度可以利用岗位价值系数表示。岗位价值系数是对岗位安全隐患的收入与支出的考核，它是安全定额和实际安全隐患服务价格之比。如果岗位价值系数大于1，则表示岗位增值，收入大于支出；如果岗位价值系数小于1，则表示岗位降值，支出大于收入；如果岗位价值系数等于1，则表示岗位平值，收支平衡。岗位价值系数反映了岗位成本（人工费除外）的节超。

岗位价值核算体系是一种将岗位、个人的安全成果转化为职工收入的分配机制。在区队原有工资分配方式下，引入安全考核，通过岗位价值系数调整员工基本工分。同时，将安全要素也作为影响员工基本工分的因素，称为安全工资。

综上所述，岗位价值核算体系是原有分配方式与内部市场安全管理有机融合的产物，是对基层安全制度的变革。

4.2.4　安全生产风险分级管理体系

在安全管理中，通过构建 FMEA（failure mode and effect analysis，失效模式和效果分析）模式[22]帮助管理人员确认现场的安全危害程度，进而采取相应措施降低现场潜在风险。FMEA 把因人而异的模糊估算和定性分析具体化和定量化，根据量化结果进行排序，找出安全工作中的主要矛盾，分出轻重从而采取预防措施。FMEA 模式对所涉及的影响因素进行打分、描述和定义。例如，可根据事故发生的可能性、危险严重度、接触频次和接触危险人员数这些因子的实际得分算出危害率。

危害率的计算公式为：

危害率=事故发生可能性×接触频次×危害严重度×接触人数

按故障可能产生后果的严重程度（故障类型的影响程度），可采用如下定性等级：安全的（一级），不需要采取措施；临界的（二级），有可能造成较轻的伤害和损坏，应采取措施；危险的（三级），会造成人员伤亡和系统破坏，要立即采取措施；破坏性的（四级），会造成灾难性事故，必须立即排除。

冶金矿山企业开展 FMEA 工作的重点是危险源识别、评价与控制。危险源（点）是诱发事故的重要因素，许多事故的发生可能是因为对存在的危险源（点）没有分析和发现；或者虽然发现但对其有可能造成的严重后果估计不足；或者虽然采取了一些措施，但缺乏针对性、有效性。根据设备状况和每项工作的内容、方法、环境、人员素质等情况，分析、查找危及设备和人身安全的不安全因素，针对特定危害性事件发生的可能性与后果的结合，确定可能发生的事故类型及严重程度是否在可承受的范围，判断危险源的等级，并给出优先顺序的排列，从而为制定防范措施、监控管理、制定应急救援预案提供科学依据。

4.2.4.1　危险源辨识内容

A　生产设备、设施及有关作业场所危险源

此危险源指作业人员日常直接与其打交道并用于完成产品生产任务的设备、设施及危险物品处置作业场所。危险源辨识的目的在于避免或降低人员作业中遭受伤害的风险。因此，主体生产系统危险源辨识的内容包括：危险模式（或称事故模式）；物的危险状况（含本质安全状况，设备、设施、工艺危险状况，作业环境缺陷，危险暴露时间等）；其他内容（含危险源名称、所在区域、危险严重度、危险源管理级别等）[23]。

B　辅助系统

辅助系统指支撑主体生产系统完成生产任务的各个子系统，如供配电、供水、消防等子系统。对辅助系统进行危险辨识的目的主要在于分析各子系统潜在

的故障模式及其对主体生产系统的影响。辅助系统危险性辨识的内容主要包括辅助子系统的功能、危险部位、潜在危险因素及触发条件、故障后果及影响范围、拟采取的应急措施和改进措施[24]。

C 周边环境

周边环境泛指整个生产系统所处的外部条件，包括厂址，与左邻右舍间的关系，自然条件，外部供水、供电等情况，还包括企业内工业布局，以及生产系统与外部打交道的有关软环境。周边环境危险辨识的目的在于掌握以上各方面对生产系统在安全生产上所存在的影响。周边环境主要考虑了以下几方面的问题：矿区警戒与警示标志；地表水体和基础设施状况；作业现场扬尘。

危险源辨识程序如图 4-8 所示。

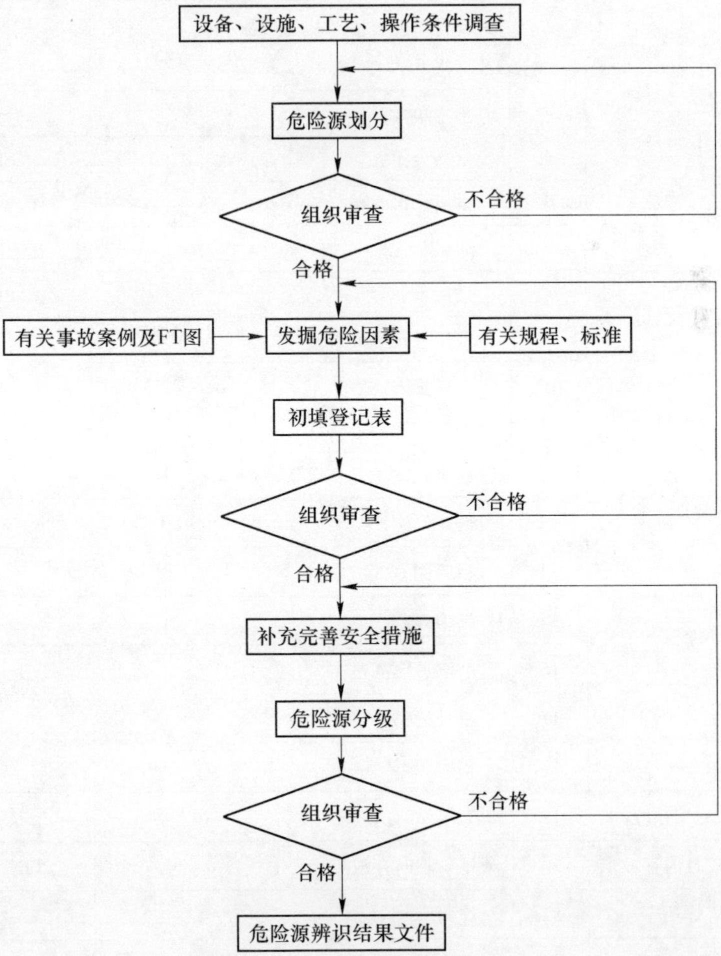

图 4-8 危险源辨识程序

4.2.4.2　危险源评估

根据评价对象的特点，分别采用安全检查表（SCL）、预先危险性分析（PHA）、作业条件危险性分析（LEC）和定量计算等分析方法确定有关危险源的危险影响范围和程度[25]，如表 4-2 所示。

表 4-2　危险源评估方法表

序号	系统	评价单元划分		评价方法
1	采矿总平面布置	1	采矿总平面布置单元：选址、平面布置、建构筑物	SCL
2	地下开采	2	采掘工作面	SCL LEC
		3	提升单元：主井提升、副井提升、材料井、风井	SCL LEC
		4	排水单元	SCL LEC
		5	供配电单元	SCL PHA
		6	供风、供水单元	SCL
		7	通风单元	PHA
		8	采掘单元	PHA LEC
		9	顶板管理单元	PHA
		10	运输单元	PHA LEC
		11	天井、溜井；斜井	LEC
		12	检修硐室单元；设备室	LEC
3	选矿厂	13	选矿厂生产：工艺、运输、电器联锁	SCL PHA
		14	粗碎硐室	LEC
		15	中细碎	LEC
		16	磨矿、压滤机	LEC
		17	皮带运输	LEC
		18	辐射源	LEC
4	充填系统	19	充填站	SCL
5	尾矿临时存放点	20	尾矿临时存放点	LEC PHA FTA
6	炸药库	21	炸药库	LEC
7	辅助系统	22	职业危害单元安全评价	SCL

A 安全检查表法（SCL）

根据国家有关法规、规程及规定，危险源评估主要以《金属非金属矿山安全规程》（GB 16423—2006）、《选矿安全规程》（GB 18152—2000）作为检查安全符合要求的依据。同时，结合被评估对象的生产规模、开采方式和特点编制适用于本次评估的安全检查表。

B 预先危险性分析法（PHA）

预先危险性分析（preliminary hazard analysis，PHA）又称初步危险分析，主要用于项目在开发初期阶段，即在一项工程活动之前，包括设计、施工和生产之前，首先对系统的有关危险因素失控时可能出现的危险性类别、出现条件及可能造成的后果作宏观的概略分析。其目的是辨识系统中存在的潜在危险，确定其危险等级，防止危险发展成事故，危险事件严重性等级如表4-3所示。

表 4-3 危险事件严重性等级表

等级	等级说明	事故后果说明
Ⅰ	安全的	不至于造成人员伤亡和系统损坏
Ⅱ	临界的	处于事故的边缘状态，暂时不会造成人员伤亡、系统损坏或降低系统性能，但应予以排除或采取控制措施
Ⅲ	危险的	会造成人员伤亡和系统损坏，需立即采取防范对策措施
Ⅳ	灾难性的	造成人员重大伤亡及系统严重破坏的灾难性事故，必须给以果断排除并进行重点防范

其分析步骤如下：熟悉对象系统；分析危险、危害因素、事故类型和事故诱发因素；推测可能导致的事故类型和危险或危害程度；确定危险、危害因素后果的危险等级；制定相应的安全措施。

C 作业条件危险性评价法（LEC）

对于一个具有潜在危险性的作业条件，K. J. 格雷厄母和 G. F. 金尼认为，影响危险性的主要因素有 3 个：发生事故或危险事件的可能性；暴露于这种危险环境的情况；事故一旦发生可能生产的后果。用公式表示为：

$$D = L * E * C \tag{4-1}$$

式中 D——作业条件的危险性；

L——事故或危险事件发生的可能性；

E——暴露于危险环境的频率；

C——发生事故或事件的可能结果。

a　发生事故或危险的可能性

事故或危险发生的可能性与实际发生的频率相关。若用概率来表示时，绝对不可能发生的概率为 0，而必然发生的事件的概率为 1。当在考察一个系统的危险性时，绝对不可能发生事故是不确切的，即概率为 0 的情况不确切。所以，实际上不可能发生的事件的情况作为打分的参考点，其分值定位 0.1。在实际生产条件中，事件或危险事件发生的可能性的范围非常广泛，因而人为地将完全出于意料之外的、极少可能发生的情况定为 1，能预料将来某个时候会发生事故的情况的分值定为 10。在这两者之间的情况再根据其发生的可能性的大小相应地确定几个中间值，如表 4-4 所示。

表 4-4　事故或危险事件发生可能性的分值（*L*）

分值	事故或危险性发生的可能性	分值	事故或危险性发生的可能性
10	完全会被预料到	0.5	可以设想，但高度不可能
6	相当可能	0.2	极不可能
3	不经常，但可能	0.1	实际上不可能
1	完全意外，极少可能		

b　暴露于危险环境的频率

作业人员暴露于危险环境中的次数越多、暴露的时间越长，则受到伤害的可能性就越大，为此 K. J. 格雷厄母和 G. F. 金尼规定了连续出现在危险环境的分值为 10，一年仅出现几次非常稀少的暴露频率的分值为 1，以 0 和 10 为参考点，再在其区间根据在潜在危险作业条件中暴露情况进行划分，并对应地确定其分值，详见表 4-5。

表 4-5　暴露于潜在危险环境的分值（*E*）

分值	出现于危险环境的情况	分值	出现于危险环境的情况
10	连续暴露于潜在危险环境	2	每月暴露一次
6	逐日在工作时间暴露	1	每年几次出现在潜在危险环境
3	每周一次或偶尔地暴露	0.5	非常罕见地暴露

c　发生事故或危险事件的后果

造成事故或危险事故的人身伤害或物质损失可在很大的范围内变化，以工伤事故而言，可以从轻微伤害到许多人死亡，其范围非常广。因此，K. J. 格雷厄母和 G. F. 金尼把需要救护的轻微伤害的可能结果的分值规定为 1，以此为一个基准点，而将造成许多人死亡的可能结果的分值规定为 100，作为另一个参考点，在两个参考点 1～100 之间，确定出其他可能的伤害结果的分值，见表 4-6。

表 4-6 发生事故或事件可能结果的分值（*C*）

分值	可能结果	分值	可能结果
100	大灾难，有许多人伤亡	7	严重，严重伤害
40	灾难，数人伤亡	3	重大，致残
15	非常严重，一人死亡	1	引人注目，需要救护

确定了上述 3 个具有潜在危险性的作业条件的分值之后，用公式进行计算，即可得到危险性分值，据此进行危险程度评定，具体标准见表 4-7。

表 4-7 危险性分值（*D*）

分值	危险程度	分值	危险程度
>320	极其危险，不可能继续作业	20～70	可能危险，需要注意
160～320	高度危险，需要立即整改	<20	稍有危险，或许可以接受
70～160	显著危险，需要整改		

4.2.4.3 危险源分级

通过危险源辨识，系统发掘了反映危险源危险状况的一些因素，较全面掌握了系统的危险信息。从系统危险控制角度出发，各级管理部门对危险源控制管理有不同要求。因此，应对危险源进行分级，并实行分级管理。

危险源（点）根据其可能造成危害的严重程度（人员伤害及生产设施破坏程度）或事故频率进行分级。根据危害的严重性程度或事故频率，危险源（点）分为 A、B、C、D 四级。

A 级：可能造成多人伤亡或引起火灾、爆炸、设备及厂房设施毁灭性破坏。

B 级：可能造成死亡，或永久性全部丧失劳动能力（终身致残性重伤），或可能造成生产中断（10 天以上）。

C 级：可能造成人员永久性局部丧失劳动能力（伤愈后能工作但不能从事原

岗位工作的重伤和轻伤)，或可能造成生产暂时性中断（1 天以上）。

D 级：可能造成人员暂时性局部丧失劳动能力（伤愈后仍能正常从事原岗位工作的轻伤和轻微伤)，或可能造成生产暂时性中断（1 个班以上）。

4.2.4.4　危险源控制

危险源分级管理是企业安全管理的重要工作内容，是保证危险源受控，尽可能降低事故频率和破坏强度的重要环节。

(1) 危险源管理分工。A 级危险源各级机构都须对其实施管理，B 级危险源由厂矿、车间、班组三级对其设施管理，依次类推，详见图 4-9。

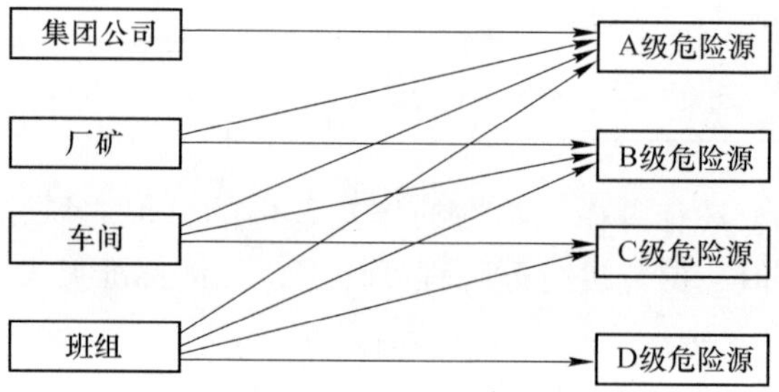

图 4-9　危险源（点）管理分工

(2) 各级责任人及检查部门、监督部门（如表 4-8 所示）。

表 4-8　危险源（点）管理责任人及检查部门

管理机构	责任人	检查部门	监督部门
集团公司	A 级—各主管副经理	相关职能处室	安环处
厂矿	A 级—厂（矿）长 B 级—主管副厂（矿）长	相关职能科室	安环部
车间	A、B 级—车间主任 C 级—车间副主任	车间职能组及工段	安全组
班组	A、B、C、D 级—班组长	有关岗位	兼职安全员

(3) 设立危险源告知牌。设立危险源告知牌指的是在具有危险源的设备或场所，对其可能产生不安全及危险因素，通过告知的形式，向工作人员传达安全信息，避免造成人身伤害事故的一种措施，是安全目视管理的体现。

富全矿业实行危险源（点）挂牌制度，对 A、B 级危险源（点）按规定颜色标牌注明名称、级别、控制措施、检查周期、责任人。各危险点的安全检查表均以铝合金镜框镶好，悬挂墙上，以方便各级人员对危险点进行检查。危险源（点）由公司统一编号，其组成如下。

例： W 01

W——危险源（点）名称；

01——车间代码（由各单位拟定、报公司安环部）。

采场危险源（点）告知牌如表 4-9 所示。

表 4-9 采场危险源（点）告知牌

<table>
<tr><td rowspan="4">警示标志

</td><td>名称</td><td>穿孔爆破</td><td>级别</td><td>A 级</td></tr>
<tr><td>所在位置</td><td>采场</td><td>编号</td><td>W01</td></tr>
<tr><td>事故类别</td><td colspan="3">火药爆炸、机械伤害、高处坠落</td></tr>
<tr><td>危险、有害物质或能量</td><td colspan="3">物体势能、爆炸冲击波</td></tr>
<tr><td>危险因素</td><td colspan="4">控 制 措 施</td></tr>
<tr><td>（1）无安全保护措施；
（2）作业人员违章；
（3）爆破设计不合理；
（4）执行爆破警戒有误；
（5）人员误入爆区；
（6）无避炮设施或其失效；
（7）残炮、盲炮的处理不当</td><td colspan="4">（1）按要求采取穿孔设备的安全保护措施；
（2）杜绝违章操作现象；
（3）爆破作业必须有爆破设计，严格按照审批的爆破设计的要求作业；
（4）按规程要求确定爆破警戒范围，其范围内不得有无关的生产和生活设施；
（5）爆破警戒线内杜绝非作业人员入内；
（6）设置坚固程度符合要求的避炮设施，并经常检查与维护；
（7）爆破前，对重要设施采取防护措施；
（8）按规程要求处理残炮、盲炮</td></tr>
<tr><td colspan="5">责任人： 厂部： 车间（科室）： 班组：</td></tr>
</table>

4.2.5 安全生产隐患应对管理体系

事故隐患是指生产经营单位违反安全生产法律、法规、规章、标准、规程和安全生产管理制度的规定，或者因其他因素在生产经营活动中存在可能导致事故发生的物的危险状态、人的不安全行为和管理上的缺陷。

4.2.5.1 隐患排查策划

A 隐患排查分级

根据企业组织机构设置情况，隐患排查可以为：公司（矿）级排查、专业级排查、班组级排查、岗位级排查。

公司（矿）级组织的排查由安全主管部门组织实施的隐患排查，领导层、相关部门人员参与；专业级排查所涉及的专业可涉及地质、测量、采矿、通风、机电、选矿、尾矿库、消防等，由相关专业部门组织实施；班组、岗位为主体实施的隐患排查可称为“基层组织排查”。

B 隐患排查内容

“风险点”和“危险源”即为隐患排查的对象。根据《山东省地下开采铁矿风险分级管控体系建设实施指南》要求，企业组织实施风险点识别、危险源辨识、风险评价、典型措施制定和风险分级，确定风险点Ⅰ~Ⅳ级风险点（Ⅰ级风险最高），形成了《危险源辨识、评价、管控措施表》，表中所列“风险点”“危险源”为隐患排查的对象，即“排查点”。该“排查点”是企业内隐患分级排查和日常安全检查的关注点，安监部门进行监督检查时，也可参照企业上报的风险点，重点对风险点所涉及的Ⅰ、Ⅱ级危险源的控制情况进行监督检查。

（1）公司（矿）级：风险级别为Ⅰ级和Ⅱ级的危险源，Ⅰ级和Ⅱ级危险源往往涉及重大危险源，或风险点一旦发生事故所产生的后果严重或较重。

（2）专业级：专业直接管理或管理相关的活动、过程、装置、设施、设备、物料等风险点所涉及的危险源，如机电专业的排查点可包括高压线路、高压配电、低压配电、低压固定线路、配电柜（箱）、接地系统、避雷系统、设备绝缘耐压（电机、电焊机、手持电动工具等）、临时用电、检维（抢）修等活动。

（3）部门级：基层单位管辖范围内所有的设施、设备、作业过程、人员（含外来人员）等风险点所涉及的危险源应设为排查点，包含公司（矿）级排查点，专业能力或设备能力不足导致无法实施排查的风险点（如设备接地是否良好需接地电阻检测仪测试，可以由专业实施排查）除外。

（4）班组级：除去专业能力或设备能力不足导致无法实施排查的风险点，将本班组内所有的设施、设备、作业过程、人员（含外来人员）风险点所涉及的危险源可设为排查点。

（5）岗位级：除去专业能力或设备能力不足导致无法实施排查的风险点，将本岗位内所有的设施、设备、作业过程、人员（含外来人员）风险点所涉及的危险源应设为排查点。

班组、基层单位的隐患排查内容，可根据本区域隐患排查的数量、风险等级、分布等因素，侧重于风险较高的风险点、危险源排查。

如企业无能力实施，或法规规定由专门机构实施的检验检测手段实施隐患排查，企业可委托外部专业机构实施，如避雷系统检测、特种设备检测、煤气报警仪校准等。

专兼职安全员、其他管理人员等人员在日常安全监督检查时，可参照已识别的风险点、危险源进行抽查，并形成记录。

C 隐患排查周期

根据风险点、危险源特性及风险确定检查周期（隐患排查的实施时间间隔），可能的周期包括：一班三检、每班一次、每周一次、每月一次、每季一次等。隐患排查周期可根据安全形势的变化、上级主管部门要求等情况，增加隐患排查的频次。

D 隐患治理

a 一般隐患整改

隐患排查人员向存在隐患的部门、班组下发《隐患排查治理通知单》。由隐患整改责任单位负责人或班组立即组织整改，明确整改责任人、整改要求、整改时限等内容。

b 重大事故隐患整改

对于重大事故隐患，隐患整改责任部门应组织制定事故隐患治理方案，经论证后实施。重大事故隐患治理方案应包括：治理的目标和任务；采取的方法和措施；经费和物资的落实；负责治理的机构和人员；治理的时限和要求；防止整改期间发生事故的安全措施。对于简单易行的整改措施，也可参照一般事故隐患的整改要求实施。

4.2.5.2 班清班结管理体系

“班清班结”是隐患治理的重要措施，通过采矿队和掘进队等一些基础单元的“班清班结”带动并促进井下其他辅助队的安全管理工作，最终实现企业所有部门岗位的“班清班结”管理。班清班结的管理实质上是在每日的安全生产中对安全隐患提供服务的过程。对企业职工在生产过程中的操作或由于操作不当可能产生的事故或隐患，安全管理部门可以向各个岗位或者职工提供当日安全隐患服务，由财务处以及上级部门对所检查出的隐患支付或者扣除费用。

安全管理人员进入井下生产现场进行检查时，对于员工的井下行为以及生产现场可能出现造成事故的安全隐患进行排查，对照《职工岗位安全生产标准》及时填写《生产过程安全服务收费表》（如表 4-10 所示），写明检查的时间、地点、存在的隐患、整改措施意见、奖惩的金额，明确责任人。该表与以往的罚单存在的区别主要在于奖惩金额栏，以往的罚单只会记录罚款金额，而在表 4-10

中，若出现“三违”则会显示惩罚金额，若是处于安全状态，检查人员根据标准写出奖励金额，作为职工安全工资的一部分显示出来。待责任部门的主管负责人确认无误后签字。若安全隐患的问题当时就可以解决，则在安全管理人员的监督下，责任单位的管理人员组织整改，结束后由指定专员进行验收。

表 4-10　生产过程安全服务收费表

年　月　日			检查地点：		部门：
姓名	“三违”行为	存在隐患	整改措施	奖惩金额	责任人

安全管理人员对现场检查过后，将所填写的生产过程安全服务收费表提交至相关科室，同时由安全管理人员通过该矿网络系统将安全服务收费表内容输入其中，对存在的安全隐患进行公示，核查以及监督。

提交的安全服务收费表将通过与奖惩制度对比，清算出当日职工的奖惩金额，由相关人员填写安全质量标准化班清班结表，最后算出当日的安全工资并公示在网络上，每位职工都可以在该矿的网络系统上查询出自己的当日工资。

综上所述，安全生产目标的班清班结也就是指对当班整个工作过程是否安全达标的结算与奖惩，主要包括对符合安全生产目标要求的生产活动过程和结果进行结算和奖励，对不符合安全生产目标要求的生产活动过程和结果进行处罚。可见，安全的精细化管理对安全管理的流程进行再造，在“看不见的手”指挥下使安全管理业务流程更加的流畅，让员工从主观意识上改变对安全的看法，使安全生产更加顺利地进行。

4.3　富全矿业 RHO 安全生产管理保障体系

富全矿业以安全生产理论为指导，价值量化管理工具为手段，建立了一套包含安全质量管理规划（安全管理组织体系、安全管理目标体系、安全管理规章体系）、岗位价值内部市场化、安全质量管理实施与控制、安全质量检查与改进体系的安全质量保障体系，如图 4-10 所示。

4.3.1　安全生产管理规划

4.3.1.1　RHO 安全管理组织机构

富全矿业成立了以总经理、安全总监为正副主任，各有关部门及基层领导参

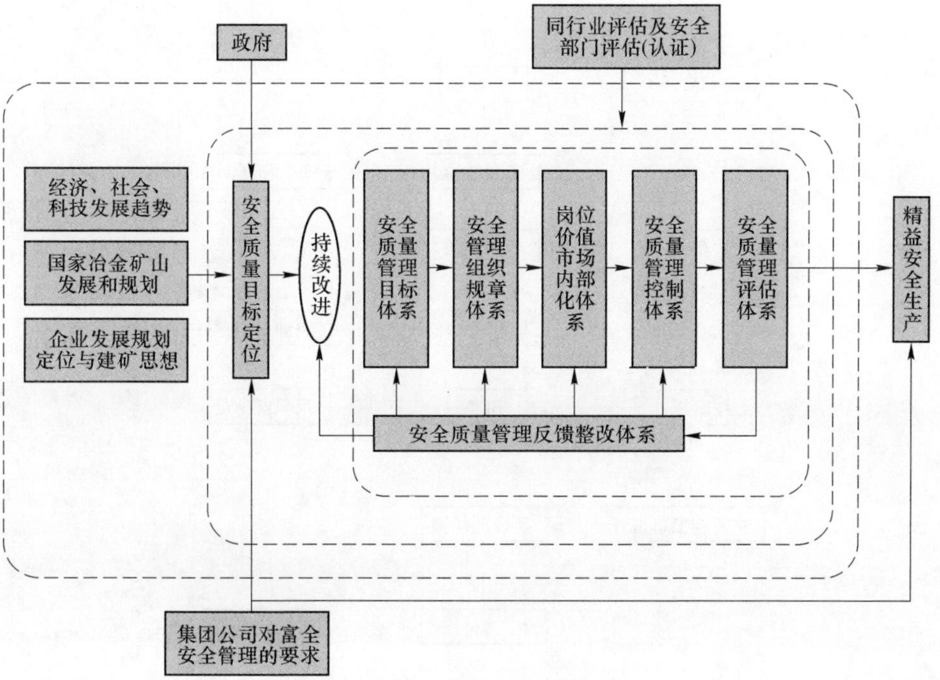

图 4-10　富全安全质量保障体系

加的安全生产委员会，统一领导全公司安全生产工作，定期研究解决安全生产中的最大风险问题。企业主管部门在编制年度生产建设计划和长远发展规划的同时，编制安全卫生工程技术措施计划和规划，建立、健全安全活动日制度。认真执行安全大检查制度。成立了专门负责全公司安全工作的安全环保部，企业的主要负责人和安全生产管理人员具备与本单位所从事的生产经营活动相适应的安全生产知识和管理能力，经主管部门考核合格，并取得安全资格证书。在中钢富全矿业安全队伍中，公司级设置有专职安全员，厂内基层单位设专兼职安全管理人员，整个队伍有较强的管理实力，形成了完善的安全管理体系。中钢富全矿业安全管理网络见图 4-11。

4.3.1.2　RHO 安全生产管理制度

A　落实安全生产责任制

按照“党政同责、一岗双责、齐抓共管”和“管生产经营必须管安全、管业务必须管安全”的要求，明确了各个层级的安全生产责任，并逐级签订了安全生产责任状。

在构建企业的 RHO 安全责任体系中，企业要以“安全管理，人人有责”为基本原则，将安全责任结合企业实际情况逐级分解到每个部门、每位管理人员和

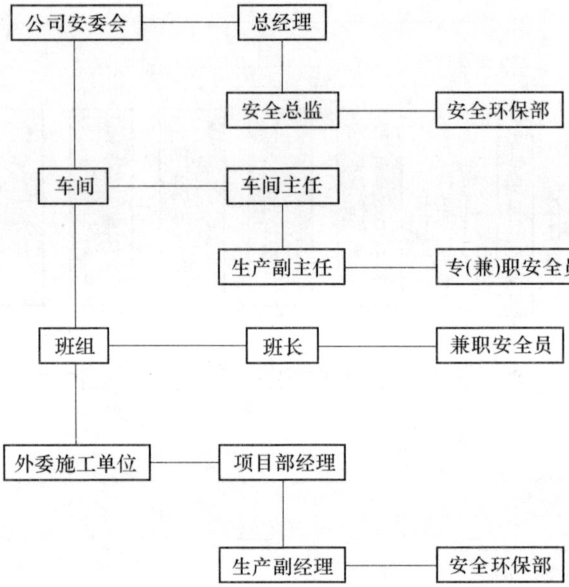

图 4-11 富全矿业安全管理网络

每位员工。各阶层员工都应该清楚自己承担的责任，有利于各员工、各组织按照自主自愿理念履行自己的责任，同时在安全主动关爱的理念中相互监督。企业管理者要根据企业的性质、产品的危险程度、安全管理现状和员工的素质等实际情况，建立可行的安全管理责任制。根据制度做出相应的安全承诺责任书，与员工签订安全管理承诺书。体系构建的具体方式如图 4-12 所示。

B 建立安全隐患排查治理制度

根据企业组织机构设置情况，隐患排查可以为：公司（矿）级排查、专业级排查、车间级排查、班组级排查、岗位级排查。

专业排查可包括：地质、测量、采矿、通风、机电、选矿、尾矿库、消防等。

车间、班组、岗位为主体实施的隐患排查属于基层组织排查。

矿级组织的排查由安全主管部门组织实施的隐患排查，领导层、相关部门人员参与；专业级排查所涉及的专业可涉及地质、测量、采矿、通风、机电、选矿、尾矿库、消防等，由相关专业部门组织实施；车间、班组、岗位为主体实施的隐患排查可称为“基层组织排查”。

对于检查中发现的安全隐患要进行责任分解，责任落实到人，实行单项整改

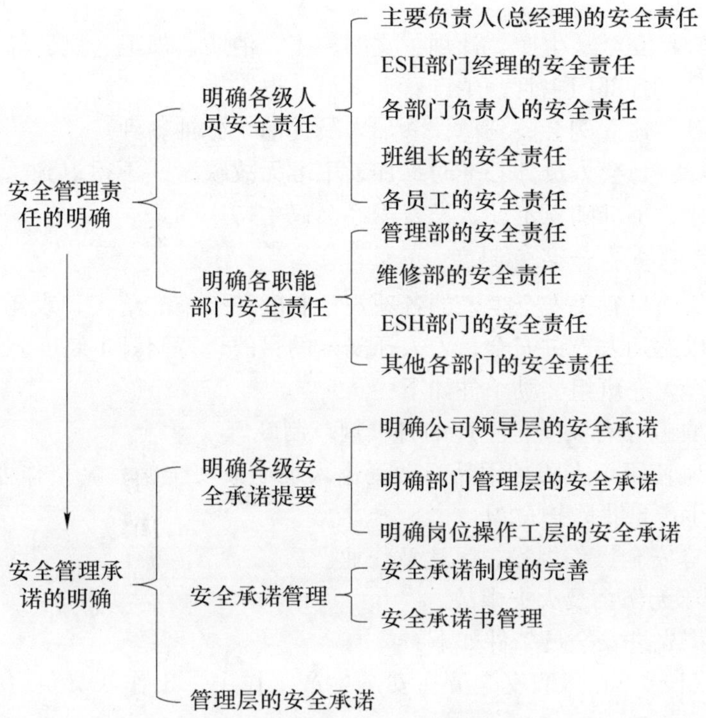

图 4-12 安全生产责任制构建结构

包干。项目安全检查后 2 小时内发出安全整改通知书。为确保整改工作如期完成，特制订本制度。

（1）责任人对所负责的事故隐患进行整改，不是突击性的工作，必须做到制度化、经常化，每天进行检查，发现问题立即进行整改。

（2）责任人收到通知书后，须立即按要求进行整改，不得无故拖延。涉及材料、资金、人员困难不能当天整改，必须书面报告部门经理，条件具备后立即整改。

（3）事故隐患责任人所负责的区域，如工作量较大，一时无法完成，必须作出整改计划，报部门经理后按限期完成。

（4）对事故隐患无正当理由不进行整改的责任人，除督促其整改外，按有关规定，给予经济处罚。

C 建立安全生产例会制度

项目经理部每周召开一次安全生产例会。安全生产例会和生产例会同时进行。

例会目的：考核本周工作计划、目标指标的完成情况，总结前期（上周）工作中的得失，下达下周的工作计划，安排下周的工作任务，制定下周的工作目标及考核内容。

例会内容：安全、生产、计划、文明施工、消防、保卫、机械等。

参加人员：各部门主管、生产管理人员、电工等。

例会考勤：建立例会签到簿，参加人员提前 5 分钟签到。

例会纪律：与会人员务必准时参加，不准无故缺席，不得迟到、早退，不准扰乱会场秩序，不准随意走动，发言需经会议主持人同意。

D　建立安全生产奖惩制度

为了确保项目有关安全生产的各项规章制度和措施的落实，表扬先进，惩治违章作业，以达到人人讲安全，人人抓安全的目的，特制订本制度。

安全生产先进班组奖励条件如下：

（1）认真遵守有关安全生产的各项规章制度。

（2）正确使用个人防护用品，做到进入现场戴安全帽，高空作业系安全带，人人有安全生产自我防护意识。

（3）遵守安全操作规程，无违章作业。

（4）全年无伤亡及火灾事故。

安全生产先进安全员条件如下：

（1）项目专（兼）职安全员在安全生产工作中，工作认真负责，认真执行安全生产各项规定。

（2）对违章作业、违章指挥行为能采取有效措施，及时制止。

（3）工作深入，及时发现各种安全事故隐患并随时督促进行整改。

（4）安全资料完整真实，各种报表准确及时。

对评出的先进班组和个人，依照上级有关规定，给予适当的物质奖励。

处罚措施如下：

（1）凡违反安全生产现场管理制度、安全纪律者，由项目安全员视情节轻重予以罚款处罚。在项目《安全生产违章记录》中两次登记备案的违章人员，除罚款外，还责令停工学习检查。

（2）凡经公司或上级安全生产检查后发出的《安全生产整改通知书》，通知责任人应按规定的期限完成整改要求。如无正当理由而逾期未整改，由公司有关部门给予罚款，并在《公司安全生产违章记录》中登记备案。凡在违章记录中两次登记备案的管理人员，除按规定罚款外，应暂离工作岗位，经过学习检查合格方能重新上岗。

（3）对于因违章作业、违章指挥而造成安全事故的责任者，除扣发责任人当月奖金外，还应按有关规定给予行政处分。情节严重的按国家有关法律追究责任。

E　建立工伤事故报告制度

（1）发生安全事故，必须按有关规定，及时向上级报告，不准隐瞒和拖延不报。

(2) 发生安全事故后，有关部门应立即组织调查，并制订今后的防范措施。

(3) 安全事故的处理，应坚持“四不放过”的原则，即：事故原因不查清不放过；没有采取防护措施不放过；当事责任人和职工没有受到教育不放过；对事故负有领导责任和直接责任人不查处不放过。

F 建立消防管理制度

(1) 严格执行《中华人民共和国消防条例》，坚持“预防为主，消防结合”的消防工作方针，广泛开展防火宣传，提高本单位广大职工的防火警惕性和责任感，推动群众性防火活动的深入开展，切实做好安全防火工作。

(2) 易燃、易爆品要分类专库储存，专人保管。保管、使用人员要进行专业训练，否则不准上岗。库房离周围建筑物要按规定留出足够的距离，并要设置明显的防火标志及大幅防火标语，配备有效的消防设施、器材。

(3) 消防设施、器材要布局合理，配备齐全，专人管理，专项使用，经常检验消防器材的完好状况，及时更换和维修。

(4) 作业用火要严格控制火源，确需明火作业时必须填写“准许动火证”，由安全员签字批准后，派专人监督实施。

(5) 凡生产、生活需要临时搭设的临时工程，都要配备足够消防设备。生产用电按规定安装，严禁乱拉电线私接电源。

(6) 发生火灾应及时报警，奋力抢救，认真追究处理。

G 建立安全管理督导制度

安全管理督导队伍由各科室主要领导人组成，主要工作是深入生产一线，对安全生产进行监督与服务。

针对矿山开采的特点和企业的生产实际，经过积极探索和科学实践，富全矿业成功创建出“安全督导管理模式”。在矿山作业中，建立安全督导制度，对外包项目，由公司向外包工程队派驻安全督导员，监督、检查、指导、协助工程队全面抓好安全生产，实现安全管理的“无缝覆盖”，充分发挥督导员的桥梁和纽带作用，齐抓共管，才能将安全督导工作真正落到实处。

4.3.2 安全生产管理实施与控制

4.3.2.1 矿山作业现场安全管理

按照能量释放理论，所有的伤害事故都是因为：接触了超过机体组织或者结构抵抗力的某种形式的过量能量；有机体与周围环境的正常能量交换受到了干扰。系统各要素要始终保持和谐，能量意外释放就不会发生，但各要素客观存在的不确定和随机性，再加上个人行为能力的局限性，能量的意外释放就不可避免，人必须要积极应对从而确保安全。一个理想的个人活动安全模型如图 4-13 所示。其中有五道防线，即主动行动层、危害阻止层、危害预防层、危害应对层和恢复总结层。如果每个人都能具备这五道防线，从理论上讲，各种能量意外释放就可以被完全阻止，事故就不会发生了。

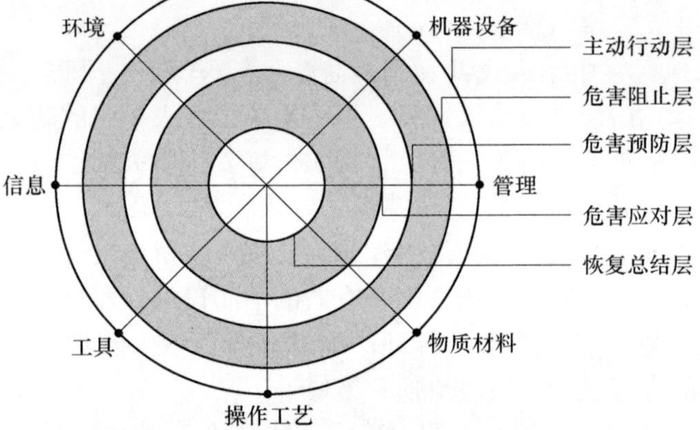

图 4-13　理想化的个人活动安全模型

首先是加强现场作业环境 6S 管理。现场环境管理要从 6S 管理的六个方面出发去操作，努力营造干净舒适的生产环境。对于不符合要求的环境，要及时进行纠正，制定整改措施，并持续的监督现场环境的改善。

其次是引入标准化作业程序。标准化作业是程序性强作业（如起重作业、停送电作业等）中控制人为失误的有效方法。它要求工人通过对有关作业程序的学习，反复训练，逐渐形成条件反射，达到操作准确无误、高效、优质的良好效果。现场的安全作业体系构成如表 4-11 所示。

表 4-11　安全作业技术方法

技术方法	安全作业要素				
	主动行动	风险阻止	伤害预防	事故应对	恢复与总结
5S	■				
TPS	■				
基元事件分析法		■			
DCS	■	■			
防差错技术		■	■		
标准化作业法	■				
作业许可证法		■	■		

续表 4-11

技术方法	安全作业要素				
	主动行动	风险阻止	伤害预防	事故应对	恢复与总结
安全检查表法			■		
挂牌上锁法		■			
目视化方法	■				
应急演练				■	
应急预案法				■	
PDCA					■
鱼骨图法					■
奥巴量尺法	■				

标准化作业程序编制步骤如图 4-14 所示。

（1）以安全系统工程的思想方法为指导，主动控制事故，实现作业过程中各危险因素的有效控制。

（2）以安全为重点，同时解决省力、优质、高效的问题。

（3）注意总结先进作业经验。

（4）尽量避免人机交叉。无法避免时，特别强调安全防护装置使用和状态确认。

（5）强调多人作业的统一指挥和协调配合及设备点检和作业环境布置。

标准化作业程序一般包括操作顺序、有关工种作业要领、安全作业要点三方面内容，且具有作业各步骤有关工种间配合联络关系明确，表达形式直观、简练等特点。因此，它是落实操作规程，克服不良作业习惯的有效技术措施，是对工人进行安全技术教育的生动教材，是企业生产安全、稳定发展的重要保证。

4.3.2.2 矿山安全教育与培训

安全培训的目的为提高从业人员安全素质，防范伤亡事故，减轻职业危害。通过安全教育培训，使广大职工熟悉有关安全生产规章制度和安全操作规程，具备必要的安全生产知识，掌握本岗位的安全操作技能，增强预防事故、控制职业危害和应急处理的能力。

人的行为错误是造成事故的最重要原因，人的行为具有很大的不确定性，人的情绪、身体状态、外部影响等都会影响到人的行为。采取教育培训措施、管理惩治等手段规范人的行为，提高员工的素质和技能，需要现场指导和在岗培训。

富全矿业实行三级安全教育培训制度。三级安全教育是指新入厂职员、工人的厂级安全教育、车间级安全教育和岗位（工段、班组）安全教育。三级安全

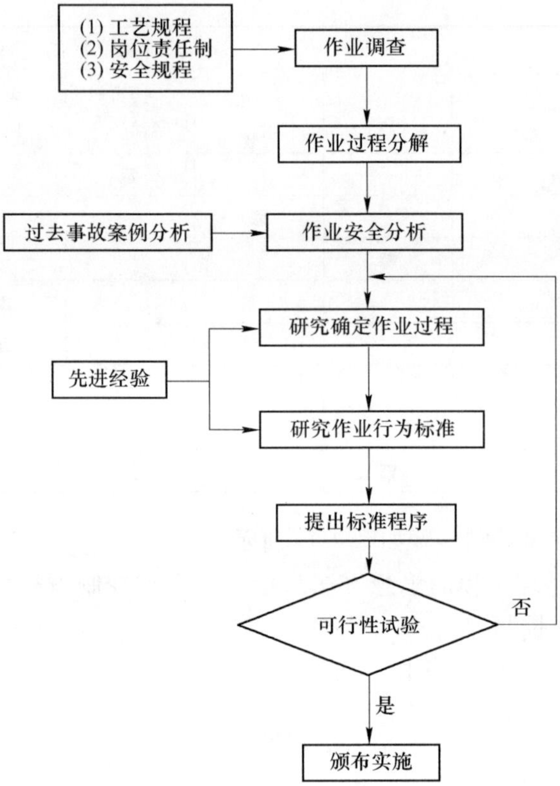

图 4-14　标准化作业程序编制步骤

教育制度是企业安全教育的基本教育制度。企业必须对新工人进行安全生产的入厂教育、车间教育、班组教育；对调换新工种，采取新技术、新工艺、新设备、新材料的工人，必须进行新岗位、新操作方法的安全卫生教育，受教育者，经考试合格后，方可上岗操作。三级安全教育应如实记录，记录格式如表 4-12 所示。

（1）厂部安全教育。

1）讲解劳动保护的意义、任务、内容和其重要性，使新入厂的职工树立起“安全第一”和“安全生产，人人有责”的思想。

2）熟悉企业的安全概况，包括企业安全工作发展史，企业生产特点，工厂设备分布情况（重点介绍接近要害部位、特殊设备的注意事项），工厂安全生产的组织。

3）学习国务院颁发的《全国职工守则》和企业职工奖惩条例，以及企业内设置的各种警告标志和信号装置等。

4）学习企业典型事故案例和教训，抢险、救灾、救人常识以及工伤事故报告程序等。

表 4-12 三级安全教育培训记录表

姓名		年龄		性别		进厂日期		分配部门		工种	
安全教育培训级别	内 容							其他补充内容（可添加附页）	考核成绩/补考成绩	考核日期	施教人签名确认	受教人签名确认
公司级教育	（1）国家相关安全生产基本知识，安全生产权利和义务； （2）公司安全生产规章制度和劳动纪律； （3）公司安全生产情况及主要危险区域、重大危险源； （4）预防职业健康、事故的基本知识，急救常识等											
二级（部门）教育	（1）安全生产管理人员和安全管理规章制度； （2）本部门的生产性质、特点、危险区域及危险性作业项目； （3）主要工艺流程，可能遭受的职业伤害与基本防护知识； （4）本部门的安全技术操作规程及安全注意事项； （5）典型工伤事故的防范措施及应急措施											
三级（班组）教育	（1）本岗位、本工种的工作性质、特点和工艺流程； （2）本岗位、本工种的安全生产责任制、安全技术操作规程； （3）各种设备、安全防护装置的性能和正确使用方法及排除故障的方法； （4）本岗位及作业现场日常安全检查内容、个人防护用具的正确使用； （5）本岗位及作业场所意外情况的紧急应变措施											

注：1. 三级安全教育完成后，复制一份《三级安全教育培训记录表》交车间安全员签收，原稿由人事行政部存于“员工档案”。
2. 无分厂安全员签收，视为无效。

车间安全员签收：________

厂级安全教育一般由企业安技部门负责进行，时间为 4~16 小时。讲解应和看图片、参观劳动保护教育室结合起来，并应分发浅显易懂的规定手册。

（2）车间安全教育。

1）掌握车间的概况。如车间生产的产品、工艺流程及其特点，车间人员结构、安全生产组织状况及活动情况，车间危险区域、有毒有害工种情况，车间劳动保护方面的规章制度和对劳动保护用品的穿戴要求和注意事项，车间事故多发部位、原因、有什么特殊规定和安全要求，介绍车间常见事故和对典型事故案例的剖析，介绍车间安全生产中的好人好事，车间文明生产方面的具体做法和要求。

2）根据车间的特点介绍安全技术基础知识。例如采矿车间大多员工都是在井下工作，工序多，且多为人机混合作业，要教育工人遵守劳动纪律，穿戴好防护用品，小心衣服被卷进机器，在装夹、检查、拆卸、搬运工件特别是大件时，要防止碰伤、压伤、割伤等。

3）学习车间防火知识，包括防火的方针，车间易燃易爆品的情况，防火的要害部位及防火的特殊需要，消防用品放置地点，灭火器的性能、使用方法，车间消防组织情况，遇到火险如何处理等。

4）组织新工人学习安全生产文件和安全操作规程制度，并应教育新工人尊敬师傅，听从指挥，安全生产。车间安全教育由车间主任或安技人员负责，授课时间一般需要 4~8 课时。

（3）班组安全教育。

1）本班组的生产特点、作业环境、危险区域、设备状况、消防设施等。重点介绍高温、高压、易燃易爆、有毒有害、腐蚀、高空作业等方面可能导致发生事故的危险因素，交代本班组容易出事故的部位和典型事故案例剖析。

2）讲解本工种的安全操作规程和岗位责任，重点强调思想上应时刻重视安全生产，自觉遵守安全操作规程，不违章作业；爱护和正确使用机器设备和工具；介绍各种安全活动以及作业环境的安全检查和交接班制度。告诉新工人出了事故或发现了事故隐患，应及时报告领导，采取措施。

3）讲解如何正确使用爱护劳动保护用品和文明生产的要求。强调机床转动时不准戴手套操作，进入施工现场和登高作业，必须戴好安全帽、系好安全带，工作场地要整洁，道路要畅通，物件堆放要整齐等。

4）实行安全操作示范。组织重视安全、技术熟练、富有经验的老工人进行安全操作示范，边示范、边讲解，重点讲安全操作要领，说明怎样操作是危险的，怎样操作是安全的，不遵守操作规程将会造成的严重后果。

安全教育是企业安全生产工作的重要内容，坚持安全教育制度，搞好对全体职工的安全教育，对提高企业安全生产水平具有重要作用。2016 年富全矿业全年共进行安全培训 678 人次，积极开展“安全月”活动和汛期的防洪防汛工作。

2016 年 5 月下旬，对地表建筑、井上井下重要电器及设施进行防汛试验，为公司安全度汛做了充分准备。在 5 月 30 日举行了签名启动仪式，并组织开展了以“强化红线意识，促进安全发展”为主题的安全生产月动员活动。6 月 13 日举行了第六届“富全杯”安全知识竞赛，进一步强化了员工的安全意识。同时，为加强职工对安全知识的应用，公司组织了多次专项演练：井下突水事故应急救援撤人演练（2017 年 6 月 21 日），井下火灾事故现场处置应急救援方案演练（2017 年 7 月 17 日），井下冒顶片帮事故现场处置应急救援方案演练（2017 年 7 月 18 日）。公司每年购买一批安全生产月警示教育片，在每周的安全例会上学习，并要求各生产部室、项目部组织职工学习。

4.3.2.3 矿山设备设施安全管理

矿床开采是一项浩大的工程，必须借助专业器械才能顺利完成。矿床开采是持续性的高强度作业，造价昂贵的机器一旦出故障，会严重影响工程进度，造成不必要的经济损失。因此，对矿山机械设备必须进行安全管理，定期维护、维修相关机器设备，能够在很大程度上保证机器的正常运转。据相关资料显示，我国每年发生的矿山安全事故 70%以上与机械设备故障有关，因此加强机械安全管理对实现安全生产具有重要的意义。

富全矿业根据“采、运、提、储、选、充一条龙”的特点，推行了“设备维修预检”制度，贯彻“预防为主”的原则，把设备故障消灭在萌芽状态，延长设备使用寿命和检修周期，使设备始终处于良好的运行或备用状态，尽最大可能避免设备事故的发生。

A 建立健全完善的设备质量管理体系

根据设备特性建立与质量管理体系相适应的组织，并经法定代表人（或其授权的最高管理者）以文件的形式任命质量管理体系责任人员，包括质量保证工程师和各质量控制系统责任人员（如设计、材料、工艺、焊接、机械加工、金属结构制作、电控系统制作、热处理、无损检测、试验、检验、安装调试和其他关键过程质量控制系统等）。按照 ISO 9001：2000 标准要求，富全矿业在编制质量手册和程序文件时将与质量有关的活动以文件化的程序做出了规定，强调“写我所干，干我所写；写到的要做到，做到的要有证据”。在策划条款分解时，考虑到设备是造成产品质量波动的五大因素之一，对设备申请购置到报废的全过程进行管理，按照“5W1H”（即做什么，为什么要做，做的场所，何时做，谁来做，怎样做）的形式编写了“设备控制程序”，形成质量管理体系文件中的二级文件之一。为了使程序文件更加简明、易于操作，把设备管理中需重点控制的过程及相关工序环节的操作进一步具体化，形成“设备控制程序”的支持性文件，即三级文件，如管理制度、作业指导书、记录等。这样就明确了设备管理工作的流程和职责范围。

在贯彻标准中，保证将工艺和设备的相关作业指导书悬挂到生产现场或发放到工作岗位，让设备的使用者和操作者有章可循。每个车间均设立“设备运行记录”“设备维修保养记录”等，并规定填写要求和保存期限。这些既是定期审核检查的内容，也为今后的设备维修或改造提供了依据。

B　大力推行设备管理责任制

公司大力推行开展“完好设备”及“无泄漏”等活动，实行专机专责制或包机制，做到台台设备、条条管线、个个阀门、块块仪表都有人负责。

C　加强设备工作人员、检修、管理基层人员的技术培训工作

在矿山机械设备安全管理过程中，设备管理人员综合素质的高低决定着安全管理质量好坏。矿山企业应该根据不同水平的操作人员制定不同的内容，定期对机械设备操作人员进行专业技术技能和安全意识的培训，使操作人员的安全责任意识内化于心、外化于行，以减少矿山作业中的不规范行为，有效减少事故发生的概率，为矿山企业有序生产和经济效率提供有效保障。加强以人为本的培训，包括以下几个方面：组织开展专职点检人员的培训，对操作人员的岗位技能培训，对设备检修人员、技术人员的培训，对操作人员、点检人员的培训，对设备管理系统人员的培训等。

D　加强现场设备 6S 管理，确保设备高效安全运行

采矿现场设备的 6S 管理活动主要针对以下几个方面：设备的布局、设备的清洁与维护、设备的维护设备及工器具的定置等。

（1）整理、整顿标准。

1）工具物品分类摆放，易于查找，明确品名、规格、数量。

2）清除现场不需要或报废的设备。

（2）清扫、清洁标准。

1）设备和工器具放置有明确的标示。

2）对于维护中的设备进行警示。

3）实现看板管理和信息化管理。

（3）素养标准。

1）每天对设备进行清洁处理。

2）定期对设备进行检查维护。

（4）安全标准。

1）对于存在安全隐患的设备停止使用，并进行警示。

2）严格按照操作规程进行设备操作。

深入开展设备现场 6S 管理活动，加强对检修质量管理力度。要做好机械设

备现场管理工作，还应做到以下几点：一是要发挥出机械管理部门在生产与管理中的双重作用，积极配合企业管理与安全监督部门做好设备检查考核工作，严格执行干部跟班上岗制度、设备维修制度等，让现场管理真正有章可循。二是要严格开展检查考核，各职能部门要充分发挥管理职能，做到一个标准和一把尺子，从严把握考核关，让机械设备能够满负荷与高效率地运行，从而服务于矿山企业的生产经营。

E　提高设备备品备件的自给率

备品备件是设备在正常运行或检修情况下，为了保证安全生产，必须储备的设备、部件、材料和配件。做好备品备件管理工作，储备必要的备件，对于及时消除设备缺陷，防止事故的发生和加快事故的抢修，缩短检修时间，提高设备健康水平，保证设备的安全和经济运行是十分重要的。严格把关备件材料计划的全面性及合理性，减少生产成本，严格控制备件材料的消耗指标；强化备件材料质量监督和验收工作；对部分通用设备备件试行零库存管理；强化设备备件的管理工作等。

F　实现设备管理计算机化

将自动化和信息化技术应用在现代设备管理中，就可以做到采集和处理过程数据，实时监控、诊断系统过程，共享设备信息等，使得企业的设备管理工作更上一层楼。设备管理信息化是建设“本质安全型矿山”的物质基础，对于实现高效、准确的工作目标，使设备管理工作迈向现代化，有着明显的推动作用。

为充分发挥智能矿山的优势，体现“科学技术是第一生产力”，公司大胆创新安全管理模式并进行了有益的探索尝试。以创建本质安全型矿井为目标，公司加快实施“科技兴安”战略，全面实施信息化建设，加快数字化智能化矿山建设步伐，提高安全管理水平，收到了明显效果。富全矿地下开采矿山企业人员定位系统推广，实现了可以实时掌握井下人员的动态，了解下井人员数量、工作路线、地点方位等情况；便于企业对下井安全管理人员进行监督和管理；便于安监部门掌握企业负责人每月下井检查情况；一旦发生险情，可以准确了解人员位置，及时取得联系，科学实施救援。选矿、供电、提升、通风、排水压风等系统实现无人值守和远程控制，既是矿山满足正常生产的必要条件，也是安全生产的重点环节。减少作业人员，保障安全生产，提高工作效率。与科研院校合作对于存在大面积空区、顶板破碎、易发生事故采空区实施变形监控系统，有效地防止了安全事故的发生。

本质安全型矿山的建设需要硬件设施的支持。富全大型固定设施无人值守系统改造，采用智能监测与自动控制技术，补充完善多种监视检测装置，应用工业以太网平台，结合计算机网络通信技术，建设集智能电网管理、排水智能监控、通风控制、提升系统管控等为一体的中央集控系统，实现提升、变电所、水泵房、风机站、空压机房等场所的无人值守，达到减员增效、提高系统本质安全性的目的，形成一站式矿山，一键式生产管理系统，如图 4-15 所示。

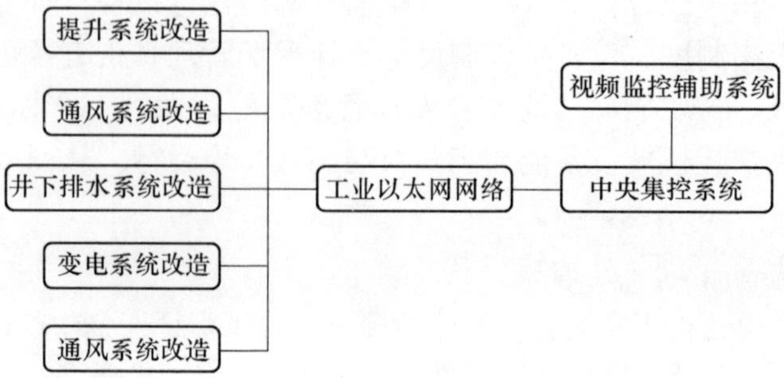

图 4-15　大型固定设施无人值守系统改造路线图

为提高矿井的抗灾避险能力，将监测监控系统、人员定位系统、压风自救系统、供水施救系统、通信联络系统和紧急避险系统等“六大系统”有效对接，形成了高效、快捷的防灾避险防护网络。建立健全人员定位系统，实现对下井人员的动态管理，准确掌握各个区域作业人员的情况，行为轨迹，加强对人员的安全避险。完善通信联络系统，实现井上下和各个作业地点通信通畅，能够满足“三分钟通知井下所有人员”的要求，为防灾抗灾和快速抢险救灾提供准确信息。

积极推广使用物联网技术，打造 E 矿山应用平台，对井下的矿石生产、运输过程，地面储存、装运、销售过程，井下出勤人员、人数、位置等情况实时监控，形成“数字化矿山安全”的动态监管模式。对井下所有运输车辆安装识别卡，保证对每一车辆的位置、运行轨迹等实现全方位跟踪物流管理，提高了工作效率，为调度人员应急处置发挥重要作用。安装高清彩色光纤摄像仪，对全矿重点场所、主要运输上下山、主要配电硐室、各主要运输皮带、人行车场、主要水仓、主要运输大巷等实现全方位视频监控，通过工业以太网联入调度监控系统，实现对监控点可视和可控。公司 E 矿山管理系统，即远程矿山管理系统的建成，实现了领导人员即便身在国外也可以通过手机终端了解矿山各系统和岗位的生产情况，对重要设备、重要场所进行动态监视，随时了解现场情况，以便采取相应的预防和补救措施，确保生产安全。

中央集控中心（如图 4-16 所示）作为全矿各生产系统的控制中心及生产调度中心，上位机配备组态软件系统，编制清晰明了的系统组态画面，建设全新的人机交互实时控制系统，组建数据库系统，进行数据的智能分析，采用工业以太网网络构架，建立以光纤为传输介质的工业以太网网络，将提升、供风、通风、排水、供配电等系统有效的融为一体，可远程控制各系统和实时监视各系统的运行参数。同时建立全矿视频监控系统，在全矿各重点部位安装视频监控，实时了解现场生产情况，实现对生产的统一调配及控制，形成一站式矿山、一键式生产管理系统。

图 4-16　富全矿业调度集控中心

4.3.3　安全生产管理检查与改进

4.3.3.1　富全安全管理检查

A　定期开展安全检查

安全管理者、岗位员工要严格按规定对自己管辖范围进行定时、定点、定路线、定项目的安全巡回检查；矿山安全生产管理部门定时对生产单位进行安全督查，对发现的安全隐患及时下达整改指令，限期整改，未按要求整改的单位，将进行考核，如图 4-17 所示。

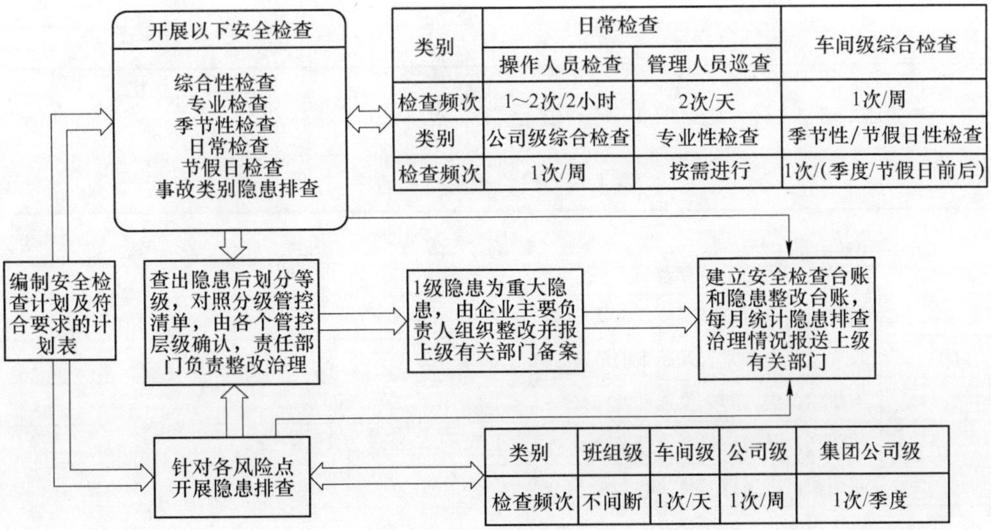

类别	日常检查		车间级综合检查
	操作人员检查	管理人员巡查	
检查频次	1～2次/2小时	2次/天	1次/周
类别	公司级综合检查	专业性检查	季节性/节假日性检查
检查频次	1次/周	按需进行	1次/(季度/节假日前后)

类别	班组级	车间级	公司级	集团公司级
检查频次	不间断	1次/天	1次/周	1次/季度

图 4-17　安全检查内容

B　制定适用性和可操作性强的检查表

危险控制点检查表（岗位安全检查表）制定时应遵循以下原则：

（1）根据危险源辨识发现问题，抓要害部位或部件以及对友邻可能造成伤害的环节；

（2）与岗位设备点检结合，将安全检查的重要内容在表中列出；

（3）检查内容上尽量明确、标准、具体，最好是一条一个内容，避免遗漏；

（4）文字要精炼，含义要准确。

危险控制点检查表例见表 4-13。

表 4-13　空压机危险控制点检查表

检查对象	检查标准	执行人
空气过滤器	定期清扫更换	
安全阀	超压能灵敏起跳	
冷却系统	排出水的温度应小于 70℃	
	水压大于 0.3MPa	
润滑系统	出口油压保持在 0.55～0.6MPa	
	轴承温度小于 75℃；轴承中排出油的温度不超过 50℃	
	油箱中油面应在 2/3 以上，高位油箱全满	
机壳	机体外壳振速不超过 4.5mm/s	
防喘振装置	定期检查可靠完好	
轴位移	小于 0.08mm	
电压	10000V	
连锁装置	灵敏、可靠	

班组级例行检查表及巡回安全检查表见表 4-14 和表 4-15。

表 4-14　班组级例行检查表

序号	检 查 内 容
1	劳动防护用品是否穿戴整齐
2	危险控制点检查是否按规定执行
3	重要危险作业是否开展工前危险预知活动
4	本班组范围内防火设施是否完好
5	作业场地及通道是否符合安全要求
6	班组成员有无情绪异常的人
7	有无患病及生理异常的人

续表 4-14

序号	检 查 内 容
8	有无违章、违纪的现象
9	班组间公共场所管线、通道等有无异常

表 4-15 巡回安全检查表

序号	检 查 内 容
1	是否存在违章指挥或野蛮管理
2	着装符合安全要求否
3	是否按作业要求使用防护用品
4	是否处于危险位置
5	协同作业能统一指挥否
6	协同作业能否按要求进行信息联络
7	是否在作业区内打闹嬉戏
8	是否以手代工具操作
9	对高温、高压、易燃、易爆、腐蚀等危险品处理正确否
10	是否未停机、停电、泄压、置换进行检修、维护等作业
11	安全装置是否齐全有效，是否违章拆卸安全装置
12	物件堆放是否安全
13	人行通道、车辆通道、吊物通道是否畅通
14	作业场地是否满足安全生产或检修要求
15	特殊危险作业是否有人监护
16	行走速度或操作姿势安全否
17	有无其他违章违纪行为
18	现场消防设施是否完好、有效
19	各作业点间公共部分的管线、通道等有无异常

4.3.3.2 富全安全管理改进

A 安全质量标准化评价

通过构建安全质量标准化效果评价体系，从技术和管理的视角对地下冶金矿山安全质量标准化建设工作进行定期测评和动态评估，以定期了解和把握矿山安全质量标准化建设工作的进展状况，为创新、发展、优化安全质量标准化工作，和对矿山安全质量标准化的持续进步发挥作用。

评价可分为三个方面：自评、外审、认证。

自评就是内部评审，即监察矿山展开安全生产标准化的具体情况，对其进行实时跟进和自我审评，达到有针对性地解决问题，并给出相应的自评报告。

（1）自评考评范畴如图 4-18 所示。

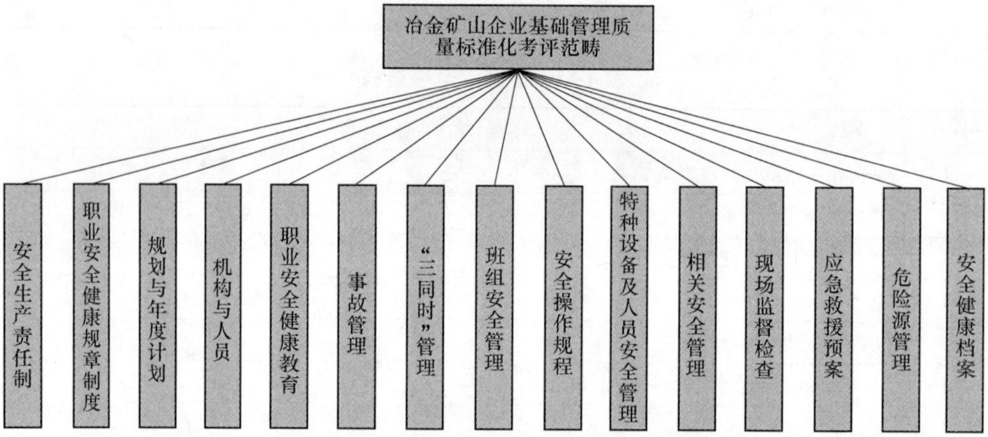

图 4-18　安全质量标准化自评考评范畴

（2）考评方法。

1）问询、访谈、问卷调查。根据系统原理和持续改进的要求，对安全标准化的各个元素和每个子元素按照策划、执行、符合、绩效四个方面的具体要求分别通过问询、访谈、问卷等形式进行评分。

2）查阅记录。根据系统原理和持续改进的要求，对安全标准化的各个元素和每个子元素按照策划、执行、符合、绩效四个方面的具体要求查阅回顾相关记录和资料，对照评分办法的具体要求分别进行评分。

3）现场检查。深入现场，对照适用的标准化规范、评分办法及安全检查表，检查现场整改情况的符合性。

4）综合考评。依据规范以及相应评分办法要求，组织专家进行综合考评，对各元素中的子元素逐项打分并汇总评分结果，形成考评意见并向企业反馈。

外审就是外部评审，即自评确定矿山所属类型以及安全生产标准化等级后，将安全生产标准化相关资料信息整理提交给具备相应资质的评价机构，委托其对矿山进行更为规范、全面的外部评审。根据矿山实际情况评价机构将委派专家按照国家出台的评分办法具体要求对矿山进行全面性的评审，并根据考评结果给出矿山相应的安全生产标准化整改意见以及等级评价报告[26]。

认证就是等级评定，即矿山以通过外部评审形成的安全生产标准化评价报告所推荐的等级为准，向与等级要求对应的安全生产监督管理部门申请等级认证。随后有关部门将核对矿山申请等级认证的所有资料信息，对满足要求的矿山给予等级认证，并将其评审的相关资料信息上交至审核公告的有关部门[27]。

具有安全生产标准化认证等级与组织评审权限的单位有：应急管理部（原国家安全生产监督管理总局，负责一级安全生产标准化），省安全生产监督管理部门（负责二级、三级安全生产标准化）。其中二、三级认证的相关工作还需申报至国家安全生产监督管理总局备案[28]。

B 安全质量标准化改进

主管领导根据安全生产标准化的评定结果，组织有关人员对安全生产目标与指标、规章制度、操作规程等进行修改完善，制定完善安全生产标准化的工作计划和措施，实施计划、执行、检查、改进（PDCA）循环，不断提高安全绩效，如图 4-19 所示。

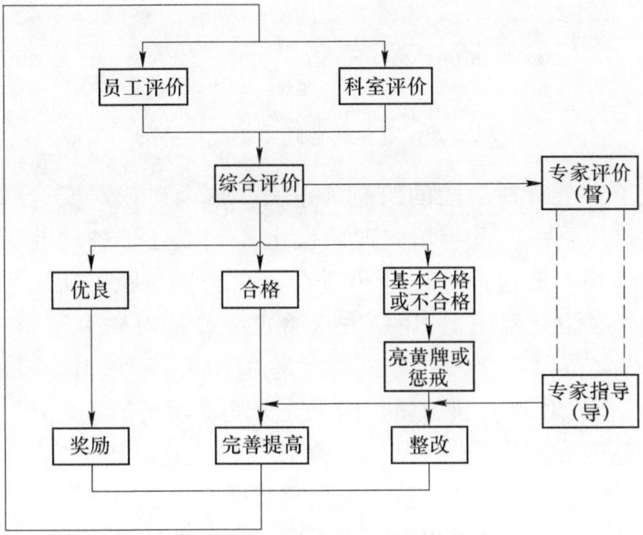

图 4-19 安全质量标准化改进示意图

4.4 富全矿业 RHO 安全生产管理实施效果

RHO 安全管理体系的构建实现了一个由浅及深、从局部到整体的过程，为地下冶金矿山企业的安全管理提供了保障。同时，安全自主化管理是矿山企业安全管理今后的发展方向，为矿山安全发展奠定了基础。

（1）提升了安全生产管理水平。富全矿业从 2012 年开始实施 RHO 安全管理，从井下一线生产推广到整个矿区。通过 RHO 安全管理体系的构建与实施，加强了安全管理工作，实现了“人人有目标，人人有责任”。职工在生产过程中，能够自觉地发现问题，处理问题，消除隐患。通过 RHO 管理体系的班清班结管理过程中，存在的各种安全问题都直接当天结算，激发了职工安全行为意识，井下安全隐患和安全违章显著降低，2016 年比 2015 年同比降低 50%，重大违章持续 8 个月没有发生，安全事故发生率持续下降，安全隐患和安全违章显著降低。富全矿业安全违章走势如图 4-20 所示。目前，自建矿以来，轻伤及以上人身事故和重大设备安全事故为 0；实现连续安全生产 3500 余天。

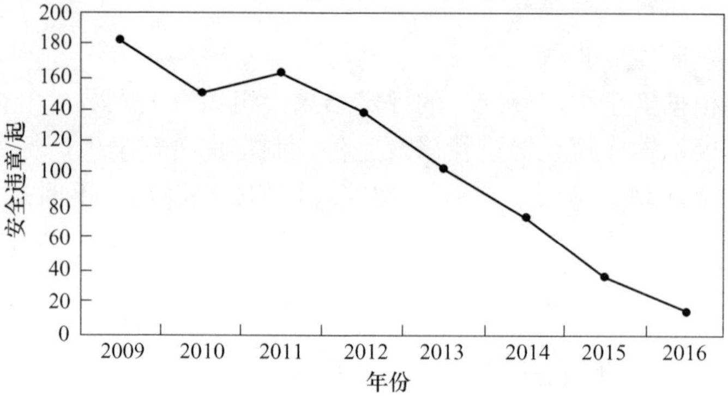

图 4-20　富全矿业违章情况走势图

（2）实现了安全管理阶段的跨越。过去，富全矿业对安全的管理，主要停留在以各种检查、处罚以及事后整改阶段上，职工处于被动的管理状态，如图 4-4所示的依赖阶段。通过对企业全员进行安全培训，职工从思想上产生了精细化的思想，安全责任制度使得 RHO 安全管理工作能够顺利进行。明确的目标、精细的标准操作规范以及严格的考核制度是 RHO 安全管理体系的核心。通过班清班结督促职工安全生产，价值量化激励充分调动职工的工作热情，利用与安全管理人员交易安全隐患服务费，实现安全效益最大化。该体系通过将安全思想、安全行为、安全制度、安全监督这四部分有机融合，让员工在生产过程中对安全意识有了更深刻的认识，从思想上改变了职工原有的生产模式，由过去的被动变为现在主动，在安全生产过程中能够按照安全生产标准的规范严格要求自己，实现文明生产、自主管理的精细化，达到了安全管理的新阶段（独立阶段）。

（3）管理创新。管理与科技相结合才能更好地处理矿山安全问题。富全矿业实施 RHO 安全管理，是系统安全学、管理学以及经济学的有效结合，是对先进管理理念的借鉴并与自身特点相结合的发展。RHO 安全管理为矿山企业或是其他工业安全管理的完善提供了思路，也为安全管理的创新奠定了基础。

（4）社会效益。中钢富全矿业在践行“RHO 安全管理模式”短短 3 年多的时间里，实现了矿山生产的快速发展，改善了矿区的工作和生活环境，成为新时代本质安全型矿山建设的标兵与模范，扭转了过去人们眼中矿山脏、乱、危险的形象，提升了矿山企业和员工的社会地位，树立了公司良好的企业形象，在安全管理方面获得了上级和社会各界的一致好评，赢得了多项荣誉（见图 4-21）：

山东省安全文化建设示范企业（2013 年）；

山东省安全生产工作先进单位（2014 年）；

中钢矿业安全生产先进单位（2014 年）；

中国企业安全生产新纪录（2015 年）；

济宁市安全生产工作先进单位（2015 年）；

山东省落实安全生产主体责任示范企业（2015 年）；

山东省机械化换人机器人作业自动化减人试点示范企业（2015 年）；

山东省风险分级管控与隐患排查治理两个体系建设标杆企业（2016 年）。

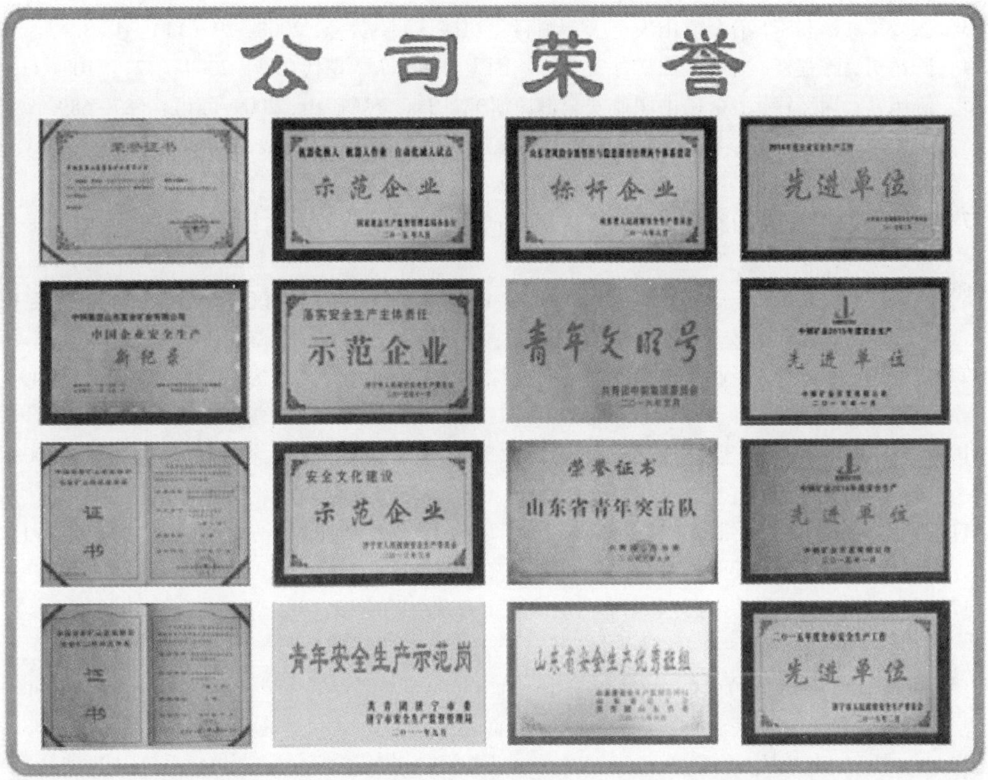

图 4-21　公司荣誉墙

4.5　本章小结

本章综合应用价值管理、标准化管理、风险管理等相关理论和方法，构建了包含安全生产目标管理体系、安全生产风险分级管理体系和安全生产隐患应对体系的“RHO”高效安全生产管理模式，结合中钢富全矿业的实际，设计了详细构建思路及保障体系。多年的实践表明该模式能激发职工的工作热情，让职工由被动变为主动，积极主动地参与安全管理，实现了“自我管理、自我完善、自我提升、大胆创新、持续改进”的目标，将富全矿业变成了本质安全型矿山，确保了矿山生产组织安全高效，实现了企业效益最大化。

参 考 文 献

[1] 国家安全生产监督管理总局. 国家安全监管总局关于进一步加强非煤矿山安全生产标准化建设工作的通知，安监总管一［2017］33 号.

[2] 刘增梅，傅贵. 杜邦与国内企业安全管理组织结构模式对比研究［J］. 中国安全科学学报，2008，18（2）：73.

[3] 张爱军，杨和玉. 冶金矿山安全管理项目化初探［J］. 黄金，2008，29（11）：1~3.

[4] 陈昌勇，陈福江. 冶金矿山矿井安全影响因素分析［J］. 现代矿业，2009（12）：108~110.

[5] 陈佩富，周浩锋. 冶金矿山职业安全健康研究［J］. 金属矿山，2009（s1）：687~689.

[6] 韦敏康，欧丽，董岐春. 冶金矿山矿井安全影响因素分析［J］. 商品与质量：房地产研究，2014（2）：243.

[7] 孙爱军，刘茂. 行为安全管理理论在我国的实践困境及其解决途径［J］. 中国安全科学学报，2009，19（9）：58.

[8] 袁辉. 风险管控——“识”为源“控”在先——访中钢集团武汉安全环保研究院副院长王先华. 现代职业安全［J］，2016（12）：12~16.

[9] 刘铁忠，李志祥. 企业安全管理理论研究综述［J］. 科技管理研究，2009，29（2）：149~152.

[10] 许正权，宋学锋. 事故成因理论的四次跨越及其意义［J］. 矿业安全与环保，2008，(1)：79~82.

[11] 傅贵，殷文韬，董继业，等. 行为安全“2-4”模型及其在煤矿安全管理中的应用［J］. 煤炭学报，2013，38（7）：1123~1129.

[12] 任玉辉，秦跃平. 行为安全理论在煤矿安全管理中的应用［J］. 煤炭工程，2012，1（11）：138~140.

[13] Haas, Emily Joy; Yorio, Patrick. Exploring the state of health and safety management system performance measurement in mining organizations［J］. Safety Science, 2016（83）：48~58.

[14] Lu Hui, Chen Hong. Does a people-oriented safety culture strengthen miners' rule-following behavior? The role of mine supplies-miners' needs congruence［J］. Safety Science, 2015（76）：121~132.

[15] 苗金明，冯志斌，周心权. 企业安全管理体系标准模式的比较研究［J］. 中国安全科学学报，2008，18（10）：62.

[16] Bao Jiangdong, Zhang Jingdong, Li Fei. Social benefits of the mine occupational health and safety management systems of mines in China and Sweden based on a fuzzy analytic hierarchy process: A comparative study［J］. Journal of Intelligent & Fuzzy Systems, 2016（31）：3113~3120.

[17] Yorio Patrick L, Willmer Dana R, Haight Joel M. Interpreting MSHA Citations Through the Lens of Occupational Health and Safety Management Systems: Investigating Their Impact on

Mine Injuries and Illnesses 2003-2010 [J]. Risk Analysis. 2014 (34): 1538~1553.

[18] Hedlund, Frank Huess. The relationship between the implementation of voluntary Five-Star occupational health and safety management system and the incidence of fatal and permanently disabling injury [J]. Safety Science, 2014 (63) : 94~103.

[19] Teizer Jochen, Cheng Tao. Proximity hazard indicator for workers-on-foot near miss interactions with construction equipment and geo-referenced hazard areas [J]. Automation in Construction, 2015 (60): 58~73.

[20] Reinhold Karin, Tint Piia, Paas Onnela. Development of the Safety Management Systema at Enterprises [J]. Injury Prevention, 2016 (22): 153~154.

[21] 曹庆仁，李凯，刘丽娜. 煤矿安全文化对员工行为安全影响作用的实证研究 [J]. 中国安全科学学报，2011，21 (4): 143.

[22] 孙继平. 煤矿安全生产理念研究 [J]. 煤炭学报，2011，36 (2): 313~316.

[23] 马小平，胡延军，缪燕子. 物联网、大数据及云计算技术在煤矿安全生产中的应用研究 [J]. 工矿自动化，2014，40 (4): 5~9.

[24] 张瑞，舒虹. 基于PKI体系的矿山企业安全生产信息化管理研究 [J]. 中国矿业，2017，26 (12): 95~98.

[25] 李仲学，张兴凯，李文广，等. 面向生命周期的矿山生产安全完整性理论框架 [J]. 中国安全生产科学技术，2017，13 (1): 11~15.

[26] 周建新，张兴凯，刘晓宇，等. 非煤矿山安全生产标准化在安全生产中的地位和作用 [J]. 金属矿山，2007 (370): 1~5.

[27] 熊远喜，孟庆贵. 金属非金属矿山安全生产标准化实施指南 [M]. 北京：气象出版社，2010.

[28] 孙军栋. 论当前国情下安全生产标准化在非煤矿山领域中的应用 [J]. 商情，2011，(42): 148.

5 冶金矿山生产过程管控一体化模式

5.1 冶金矿山生产过程管控一体化基本理论

5.1.1 冶金矿山生产过程管控一体化的内涵与特征

矿山企业生产过程管控一体化是指通过统一的物联网、数据库与网络存储，对全部业务操作平台进行统一规划，使矿山企业原有相互独立的物联网硬件、传输设备、数据和业务等互相融合，将企业内外部系统在统一的系统框架下实现综合运作和统一服务[1]。富全生产过程管控一体化是针对富全矿业地下开采、地面精选以及尾矿排渣等工艺流程，实现物联网设备互联、数据传输以及应用服务一体化的集成管理模式，保证生产设备一站式布设、传输接口综合化接入、业务功能模块化分站、综合数据规范化共享。富全矿业生产过程管控一体化的基本思路是：

（1）以物联网传输平台为基础，建设矿山网络综合管控业务应用系统，融合多种系统接口接入、一体化传输和硬件终端设备等物联网传输的中央集控系统，完成全矿数据采集、过程控制、生产执行、企业资源规划和决策支持环境下的海量数据整合与挖掘，解决企业内外部通信网络拓扑结构重组、信息资源共享。

（2）以信息化技术管理为手段，建设矿山人机、资源位置的动态监控网络系统。采用传感器、位置监测、机载计算机和电子装置、先进的计算机软件和通信网络设备，完成全矿人机设备、资源环境的信息化武装，加速向企业内部管理的现代化和生产过程管控的数字化方向发展。

（3）以自动化装备技术为支撑，建设矿山生产流程设备的全自动化远程操控和集中管控。采用可编程控制器综合保护技术、可控变频交流技术，在排水、通风、运输、安全和选矿等方面提供多级分层监控系统，实现一站式全流程服务管理和一键式启停全自动控制管理，达到机械化换人、自动化减人的目的。

（4）以数字化生产管控为核心，建设以时空信息为基础的矿山信息化框架模型，采用现代空间分析、数据采矿、知识挖掘、虚拟现实和可视化技术，在矿山资源规划、开拓设计、生产控制和决策管理方面提供全方位的信息描述，实现矿山海量异质信息资源的整合管理和数据挖掘。

(5) 以智能化平台架构为标准，建设以物联感知和智能决策为目标的矿山运营管理模式，综合采用物联网技术、自动化技术、数字化技术和人工智能技术，在矿山智能调度管理、安全监测监管、分级报警、生产过程优化控制、矿山全息可视化、远程故障自诊断以及信息动态关联和决策分析等方面，实现矿山生产过程中物-物就近交流及人-机远程沟通。

5.1.2 生产过程管控一体化技术

生产过程管控一体化模式的构建是现代化信息技术、人工智能技术等与矿山企业生产实践相结合的产物，它的构建与应用是协同物联网技术、信息化技术、数字化技术、自动化技术、智能化技术与现代管理理论于一体的跨学科、交叉融合的理论研究成果。

5.1.2.1 物联网技术理论

物联网技术于1999年在美国移动计算机和网络国际会议上首次提出，2005年国际电信联盟发布的物联网报告指出：物联网是通过RFID和智能计算等技术实现全世界设备互联网络。物联网技术本质上是射频识别技术、无线传感网络和新一代互联网技术综合集成的产物[2]。借助信息传感器、按照规定的协议框架，将每一件物品与互联网相互连接，实施信息交换与通信，完成对物品、设备和人员的智能化识别、定位、跟踪监控及管控，是在互联网环境下扩展的网络结构。射频识别技术主要由电子标签、读写器和数据管理系统构成。电子标签用于存储规范的连通数据信息，通过无线通信网络采集生产设备数据，并传输到信息处理中心，实现对生产现场物品的识别和感知。传感器网络节点具有数据采集、处理、融合、转发和存储的功能。新一代互联网技术是虚拟现实技术、云储存技术和现代管理技术的综合，将企业的生产过程控制、运行和优化作为一个整体进行部署、控制和管理，以达到生产过程管控一体化的目的。

矿山生产过程管理活动涉及地质勘探、凿岩、爆破、开拓、采准、切割和回采等矿山生产作业管理过程，该生产过程中涉及资源位置、人员位置、矿井无线通信、设备检点等多种人-机-物的关联与通信，这些物品大多采用分散部署控制、集中监督管控的模式，因此，采用物联网技术可实现减员增效、调结构促转型。

5.1.2.2 信息化技术

信息化的概念起源于20世纪60年代的日本，1997年召开的首届全国信息化工作会议，对信息化和国家信息化定义为：“信息化是指培育、发展以智能化工具为代表的新的生产力并使之造福于社会的历史过程。国家信息化就是在国家统一规划和组织下，在农业、工业、科学技术、国防及社会生活各个方面应用现代信息技术，深入开发广泛利用信息资源，加速实现国家现代化进程。”信息化技术是用于管理和处理信息所采用的各种技术的总称，指利用电子计算机和现代通信手段实现获取信息、传递信息、存储信息、处理信息、显示信息、分配信息等的相关技术。

我国正处于推进加快工业化进程的阶段，随着“互联网+”和“中国制造2025”等宏伟蓝图的设计与实施，信息化有了显著的发展和进步。矿山信息化是基于矿山的综合管理信息平台，建立以数据库为基础的信息管理系统，提高矿山信息化水平，最终实现远程遥控和自动化采矿，即采矿无人化。

5.1.2.3　数字化技术

数字化技术是计算机技术、多媒体技术以及互联网技术的基础，是实现信息数字化的技术手段，它将客观世界中的事物转换成计算机唯一能识别机器语言，引入到计算设备的内部进行统一处理，实现后续一系列的加工处理等操作。其本质是将现实中的各种信息转化为可以度量的数字、数据，并以这些数字、数据为基础建立适当的数字化模型，通过计算设备进行统一处理。数字矿山是伴随着数字地球而诞生的[3]，是信息时代和知识经济的必然产物，它通过信息采集与综合通信系统来获得数字化和全部开采过程中的信息[4,5]。

矿山数字化是对真实的矿山整体及其相关现象的认识及数字化再现，其核心重点在统一时间、空间坐标和框架的前提下，如何科学合理地组织各类矿山信息，高效、全面、有序地管理整合海量数据资源。数字矿山建设是必须完整覆盖安全生产、地理地质、矿山建设等综合信息的全方位数字化。

5.1.2.4　自动化技术

自动化技术是一门综合性技术，它和控制论、信息论、系统工程、计算机技术、电子学、液压气压技术、自动控制等都有着十分密切的关系。自动化指没有人干预机器和设备装置，它能按照设定的程序或者指令自行作业或者进行操作。自动化技术主要经历机电一体化、机械功能一体化、机构设计标准化、控制智能化等阶段。

国外露天矿开采技术发展的总趋势是开采规模化、设备大型化、运输多样化、生产连续化和采运自动化[6,7]。通过系统工程与软件技术把矿山生产工艺和全部生产经营活动集成在一起，构成矿山的全自动化系统，进而提高采矿效率和降低事故发生率。矿山引入了自动化技术之后，不同的机械设备在没有人操作下便能自动进行 24 小时作业，大大促进了机械工作的效率和安全性。

5.1.2.5 智能化技术

智能化是指由现代通信与信息技术、计算机网络技术、行业技术、智能控制技术等汇集而成的针对某一方面应用的智能集合。智能化技术是计算机技术、精密传感技术、GPS 定位技术的综合应用，随着信息技术的不断发展，其技术含量及复杂程度也越来越高。

智能矿山是矿山两化深度融合的产物。矿山智能化技术主要是对矿山生产工艺、设备、效率进行实时监测，根据矿体模型自动调度，实现管理系统的计算机化、机械设备自动化和远程控制[1]。构建智能矿山安全生产运营数据中心，应用专业业务模型及智能综合决策实现对矿山整体运营的不断优化，为建设“高可靠安全保障、高效生产、经济运营、绿色环保”的现代化矿井提供平台支撑。

5.1.3 生产过程管控一体化模式

生产过程管控一体化是一个全封闭、全自动和全流程的管理模式，主要是对矿山生产过程中涉及的工艺过程流、信息流、物资流等“三流”进行监测和集成管理，对“三流”偏差和错误进行循环往复的改进和剔除，最终为企业高层的决策支持和科学管理提供先进的管理方法和技术手段。矿山生产过程管控一体化模式如图 5-1 所示。

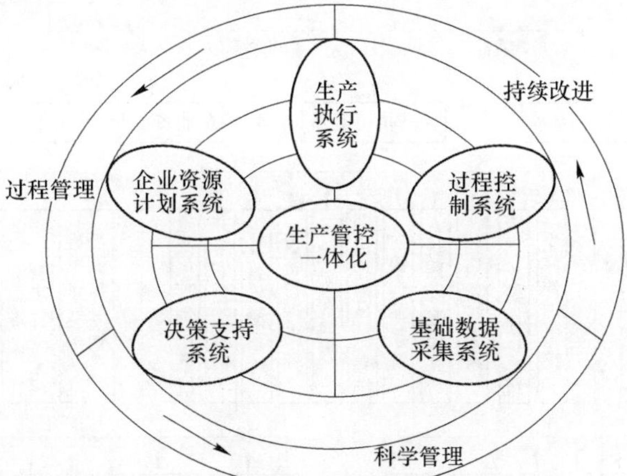

图 5-1 富全矿业生产过程管控一体化模式

5.2 冶金地下矿山生产过程管控一体化系统

冶金地下矿生产过程管控一体化的目标是对矿山生产各类生产设备、生产数据、运行管理进行全局性的有效管理与控制[8]。通过覆盖生产开拓、采矿、运输、选矿、尾矿于一体的管控平台，实现矿山各类资源的有效整合，实现冶金地下矿山各类信息集成标准化、运行管理一体化、经济运行最优化、资源利用最大化、业务应用互动化、决策支持智能化，为采矿生产运行提供坚强可靠、经济高效、友好互动和绿色环保的支撑。

冶金地下矿生产过程管控一体化平台应整体规划，分层设计，统一管理，将企业内部原有的孤立系统、开发模式、系统架构进行统一集成和表示，从业务和技术上支撑矿山生产运行管理需求。

5.2.1　总体架构

冶金地下矿生产过程管控一体化平台采用面向服务的软件体系架构，以及分布式的服务组件模式，提供统一的服务容器管理，能满足系统集成和应用不断扩充的需要；层次化的功能结构，能有效地对数据及软件功能模块进行组织。

冶金地下矿生产过程管控一体化平台总体架构是一个分层体系架构，企业内部系统的信息流方向是自下而上，管理决策过程的信息流方向是自上而下的过程，这些“流”在整个企业内部生产过程中具有互补作用。其总体架构如图 5-2 所示。

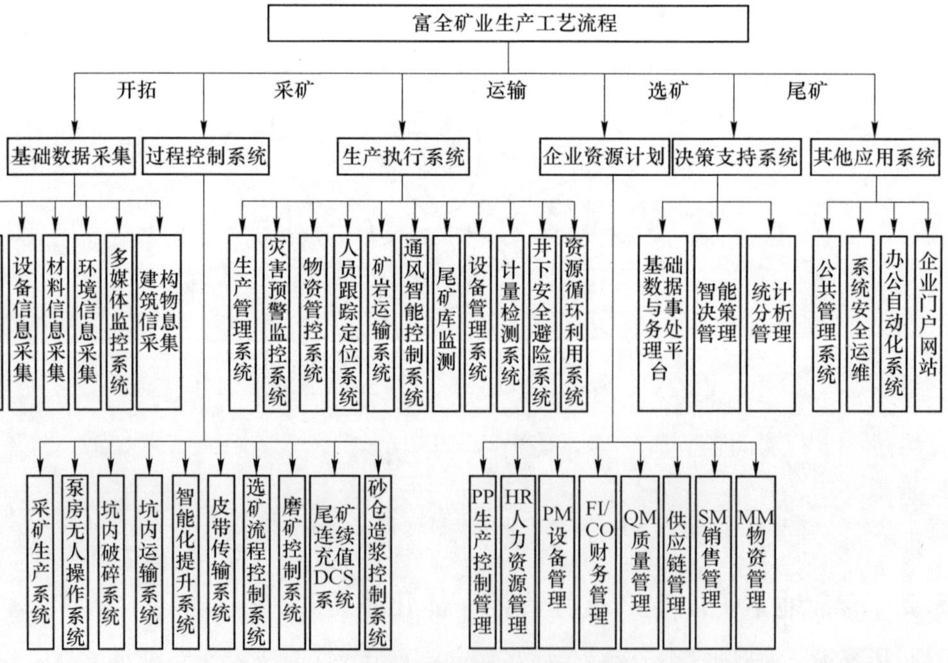

图 5-2　生产过程管控系统总体架构

5.2.2 基础数据采集系统

基础数据采集平台基于并扩展IEC国际标准，建立横跨开拓、采矿、运输、选矿和尾矿工艺流程之间集中管控的数据交换总线控制接口，同时提供实时数据库、关系数据库、文件数据库等标准接口，采用分层结构设计，规划访问接口、数据交换、数据流管理等不同应用层，从而实现生产管理、生产过程监测、监控系统、安全避险、状态监测等系统的信息交换与共享。如图5-3所示。

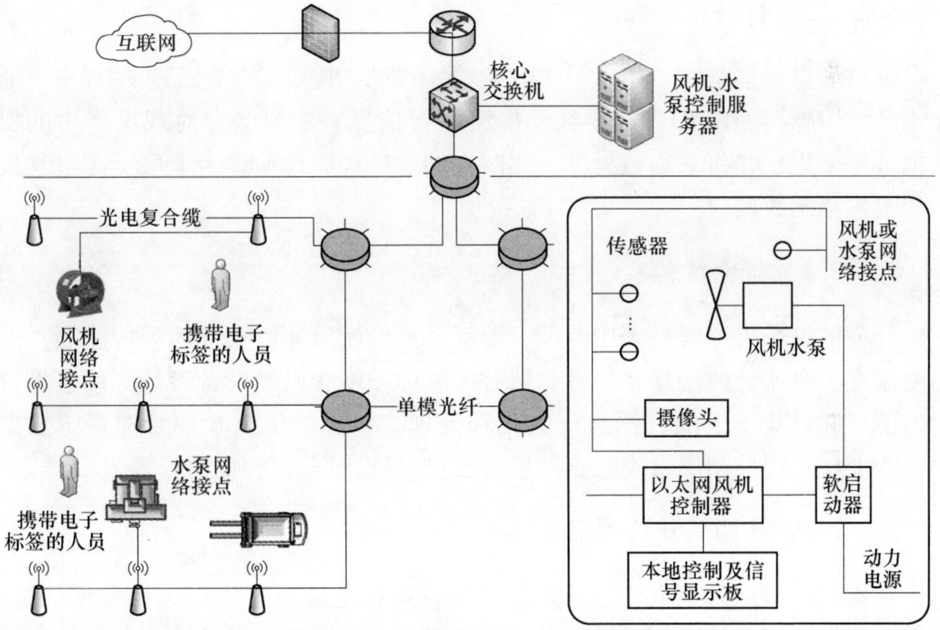

图5-3 基础数据采集设备布控图

5.2.2.1 人员信息采集

人员信息采集是对井下工作人员的行为状态、行走轨迹、作业操作规范化等行为过程进行实时监管，为全矿视频监测系统和生产管控系统提供数据支持。主要采集的信息有：（1）井下分站上传的原始数据，包括卡号、读取时间、分站号、人员停留时间等，是所有分析过程的数据来源；（2）人员定位数据，包括井下人员总数、各分站监测区域人数和经过各分站的人员信息、一段时间内某个人的活动轨迹；（3）异常数据，包括禁区报警数据、超员数据、井下人员停留时间超常等；（4）以本系统为平台为用户提供的其他人员管理信息，包括人员请假登记等。

5.2.2.2　设备信息采集

设备信息采集利用计算机控制系统，对矿山生产作业过程中的地质勘探、测量、爆破、开拓、回采、通风、破碎、磨矿、选矿以及充填等过程中的设备数据进行收集、存储和处理，经过分析计算后提取出有用的信息，通过显示、记录等一系列过程，为上层的过程控制系统和生产执行系统的有效执行提供生产信息。

5.2.2.3　材料信息采集

材料信息采集是在开拓、采矿、运输、选矿、尾矿等生产工艺过程中，通过使用各类传感器、RFID、远程红外探测器等信息采集设备，对现场产生的实时数据进行采集，并将采集数据进行实时存储、处理和传输，为上层生产过程控制系统提供基础数据。

5.2.2.4　环境信息采集

环境信息采集主要是采用温度、湿度、流量、风速以及气体等传感器对井下的温湿度、风速、风流量、各种有毒有害气体浓度和风机设备参数等信息进行实时监测，并对其产生的数据进行收集和处理，然后回传至本地管控系统数据库中，为上层过程控制层、决策支持层等提供基础数据分析和支持。

5.2.2.5　建构筑物信息采集

建构筑物信息采集主要是对矿山矿区及周边地区各类建构筑物数据的监测、储存和分析，如电机温度、风机风量、液压站液压回路、元件检测、闸瓦磨损及间隙检测等，这些参数对提升系统的稳定、安全、可靠运行起着至关重要的作用，以此反馈给相关的系统或决策部门，为其提供决策建议和解决方案，并创造良好的经济、社会、环境效益。

5.2.2.6　多媒体监控系统

多媒体监控系统由三个部分组成：前端设备、传输部分以及显示部分。43个前端设备、嵌入式硬盘录像机和设备等，通过光缆连接构成本系统。43个监控点是由18个监视动点和25个固定监视点组成。该监控系统是由监控平台、电视墙、存储系统和操作座席，依托光纤构建一个智能化工业视频监控系统，如图5-4所示。该系统主要实现了图像监控功能和存储回放功能。监控点分布如表5-1所示。

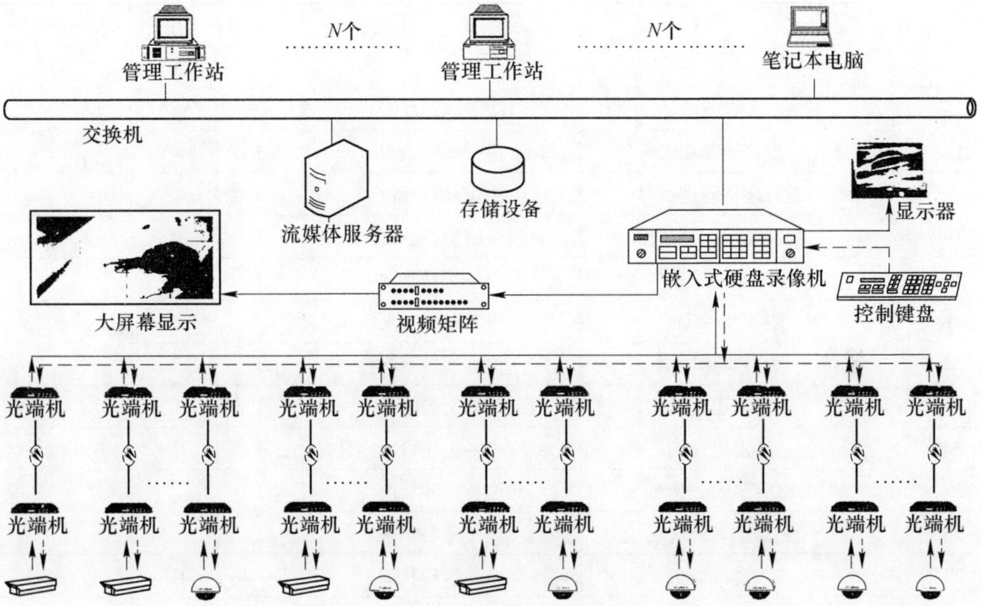

图 5-4 多媒体监控系统组网图

表 5-1 选矿厂监控点分布

序号	车间	安装位置	观察对象	监控点类型		备注
				定点	动点	
1	破碎车间	振动给料机	设备运转情况		1	
2		中碎圆锥破碎机	设备运转情况		1	
3		细碎圆锥破碎机	设备运转情况		2	
4		圆振动筛	设备运转情况		1	
5		中碎矿仓给料皮带机	皮带运行状况	2		
6		中细碎厂房中碎抛废	皮带运行状况	1		
7		中碎给矿皮带	皮带运行状况	1		
8		筛分给料皮带机	皮带运行状况	2		
9		细碎给料皮带机	皮带运行状况	1	1	
10		筛上抛废石运转皮带	皮带运行状况	1		
11		筛上干选皮带	皮带运行状况	1		
12		筛上干选精矿皮带	皮带运行状况	1		
13		筛上运转皮带机	皮带运行状况	1		
14		筛下粉矿皮带机	皮带运行状况	2		
15		粉矿仓布料皮带	皮带运行状况	2	1	

续表 5-1

序号	车间	安装位置	观察对象	监控点类型		备注
				定点	动点	
16	磨选	集矿皮带	皮带运行状况	2		
17		磨机给料皮带	皮带运行状况	1		
18		粗粒尾矿输送皮带	皮带运行状况	1		
19		粗粒尾矿运转皮带	皮带运行状况	1		
20		粗粒湿式磁选机	设备运转状况	1		
21		溢流型球磨机	设备运转状况	1	2	
22		水力旋流器组	设备运转状况	1	2	
23		一段磁选机	设备运转状况	1		
24		脉动磁选机	设备运转状况	1		
25		双筒脉动磁选机	设备运转状况	1		
26		过滤浓缩磁选机	设备运转状况	1		
27		陶瓷过滤机	设备运转状况		1	
28	排尾车间组合泵房	中心传动浓密机	设备运转状况		1	
29		尾矿渣浆泵	设备运转状况		1	
30		环水水池	设备运转状况		1	
31		新水水池	设备运转状况		1	
32		生活水池	设备运转状况		1	
33		组合泵房	设备运转状况		1	

多媒体监测系统的系统特点：(1) 可靠性高；(2) 控制方法先进；(3) 实用性强；(4) 直接效益突出；(5) 易于扩充；(6) 操作方便；(7) 间接效益显著。

5.2.3　过程控制系统

过程控制系统是按照开拓、采矿、运输、选矿和尾矿五个环节，对其中生产过程中包含的控制系统进行分类和重组，并对这些系统之间的信息流进行控制。生产过程管控系统是集数据通信、处理、采集、控制、协调、综合智能判断、图文显示为一体面向生产现场集中管理，分散控制的调度指挥模式，可对生产现场全方位信息实时采集反馈及控制，及时处理协调各生产子系统工作，构建高灵敏度的生产联动指挥“神经系统”。该系统集成生产作业现场各种专业子系统的信息，实现对现场环境、人员、生产设备状态进行综合自动化监测控制，同时为第三级安全生产执行系统提供信息源和数据支撑。

5.2.3.1　中央集控系统

富全矿业年产量100万吨，地下采矿机械化、自动化程度较高，生产作业人员较少。矿山生产过程控制系统主要是通过中央集控系统对从采矿一直到尾矿过程中的不同子系统进行综合集成，并在监控室的监控屏上对各个子系统进行统一的操作，实现数据的共享和同步显示，是矿山生产过程管控一体化系统。

矿山生产过程集中控制系统由通风系统、提升系统、选矿系统、充填系统、视频监控系统、溜破系统、人员定位系统、供风系统、排水系统和变电系统等子系统构成，如图5-5所示。

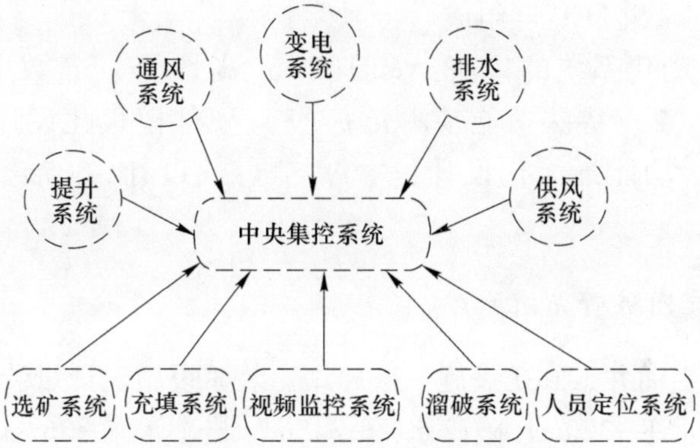

图5-5　中央集控系统组成

中央集控系统功能：（1）能监视各子系统内设备的运行状态以及生产和安全参数；（2）当设备故障或报警时，监控子系统与智能远程监控平台同步显示故障设备名称、报警测点名称及数值，同时伴有声音报警；（3）集成化的编程组态；（4）实现所有监视和控制系统的数据共享；（5）增加各种报表功能；（6）实时信息数据集成；（7）实时可视化与监控画面的自动切换。

中央集控系统特点：（1）实时监控、诊断特性；（2）全数字化控制特性；（3）总体控制；（4）可扩充性强，冗余度低。

5.2.3.2　泵房无人操作系统

泵站综合自动化系统按无人值班设计，采用紫光测控公司生产的DCAP-5000系列综合自动化系统及PLC自动控制系统，能保证在无人值班的条件下安全可靠运行。该系统设置站控级（上位机系统）及间隔级控制和保护装置/泵组LCU屏两层。间隔级控制层将采集和处理后的数据信号通过高速以太网口传输到站级控制层，在站控层融为一体。各间隔级装置相互独立，不互相影响，功能不依赖于站控计算机，增强整个系统的可靠性和可用性。

系统在上位机故障或退出运行的情况下，各间隔级保护功能不受影响；系统在通信网络出现故障时，各间隔级保护功能不受影响；系统在某一间隔级装置出现故障时，其他间隔级保护功能不受影响。该系统基于微机开放式设计，可以和任意第三方智能化设备及上级调度管理网对接，是真正意义上的综合自动化系统，且不需设独立接地网。同时上位机系统设置通信管理机用 MIS 系统、调度系统、微机监控保护装置、五防系统、火灾报警系统、小电流接地选线、逆变电源、通信电源、直流电源系统及其他智能设备的通信，以完成遥测、遥控、遥调、遥信及所有远动功能。

泵站综合自动化系统主要是由站控级（上位机系统）及间隔级控制、通信网络和保护装置/泵组 LCU 屏组成。

泵站综合自动化系统的特点：（1）32 位高性能 DSP 数字信号处理器和分层设计技术；（2）特殊功能基本化；（3）硬件模板化设计；（4）现场可编程逻辑；（5）功能最大化设计；（6）兼容性设计；（7）强大通信能力；（8）自复位。

5.2.3.3　坑内破碎系统

破碎系统由主溜井、卸矿设施、破碎站、装矿设施、计量装置、粉矿回收设施等组成。卸矿水平-320m，破碎水平-345m，装矿水平-367m，粉矿回收水平-390m。破碎站装备一台 C110（1100×850）破碎机。

破碎过程智能控制实现粗碎矿仓、中碎矿仓、细碎矿仓、磨矿粉矿矿仓的料位检测、显示、报警以及磨矿粉矿矿仓的矿仓布料自动控制；中碎、细碎给料金属探测与报警；通过与破碎机自带 PLC 进行 OPC 通信实现破碎机工作状态的监视，完成保护报警等功能。破碎过程智能控制还可以实现碎矿工艺过程中各主要输送皮带、设备间的逻辑控制与逻辑连锁，以及破碎工艺过程中各主要皮带的防跑偏、监测、报警等异常状态监测。

5.2.3.4　坑内运输系统

坑内运输系统采用窄轨运输，轨距 762mm，采用上下盘环形布置，穿脉装车。各中段生产的矿石经采场溜井装入本阶段 4m^3 单侧曲轨侧卸后，由 10t 电机车牵引至井底车场卸入主溜井。废石由 7t 电机车牵引 1.2m^3 矿车运至井底车场，经副井提升至地面后排弃或充填到采空区内。其坑内电机车运输系统如图5-6所示。

坑内运输系统主要由电机车、侧卸车、固定式矿车、平板车、材料车、火药车和卫生车组成。其运输设备数量如表 5-2 所示。

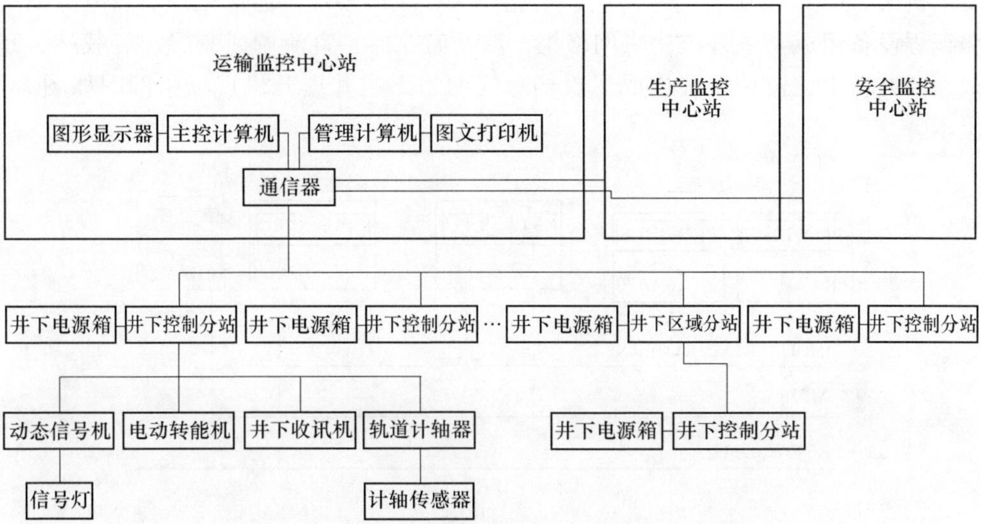

图 5-6 坑内电机车运输系统

表 5-2 运输设备数量

序号	设备型号及名称	单位	设备数量		
			工作	备用	合计
1	ZK147/550 电机车	台	3	2	5
2	ZK7-7/550 电机车	台	1	1	2
3	YCC4-7 侧卸车	辆	36	20	56
4	YGC1. 2-7 固定式矿车	辆	13	13	26
5	YPC5-7 平板车	辆	3	2	5
6	YLC-3-7 材料车	辆	15	8	23
7	0. 5t 火药车	辆	8	4	12
8	0. 6m^3 卫生车	辆	4	0	4

坑内运输系统的基本功能：(1) 利用无线 WIFI 技术、无线遥控技术，实现溜井远程放矿操作；(2) 电机车司机和放矿工并岗作业，不仅使放矿操作更加简单，而且实现远程放矿更能保证操作人员的安全；(3) 减少人力资源费用的投入，可提高运输能力，增加产值。

坑内运输系统的特点：(1) 操作简单可靠，只需输入无线接收终端序号，单键就可完成对放矿机的启停；(2) 节省了人力，降低了运输成本；(3) 提高了系统安全性；(4) 提高了效率。

5.2.3.5 智能化提升系统

智能化提升系统采用现场总线布设技术，组网采用 S7-300 模块式 PLC，主要由机架、CPU 模块、信号模块、功能模块、接口模块、通信处理器、电源模块和编程设备组成。主井机房将网络柜、数字监控器、直流调速装置、装载站、卸载站和井口上位监控系统连成了现场总线网络。主井提升机现场组网图如图 5-7 所示。

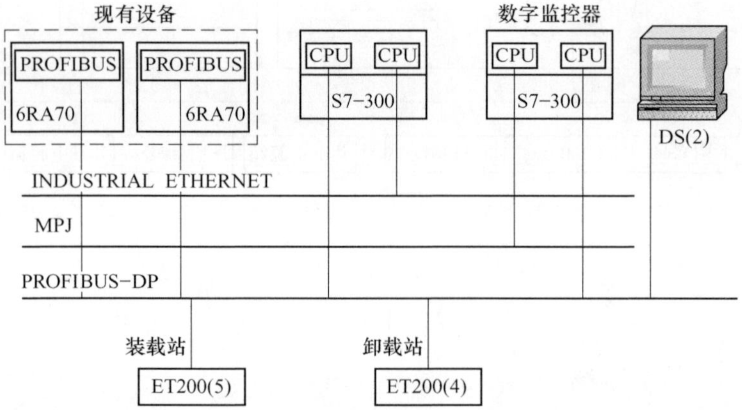

图 5-7 主井提升机现场组网图

副井将网络柜、S7300 控制系统及井下 3 个中段连成了现场总线网络。副井提升机现场组网图如图 5-8 所示。

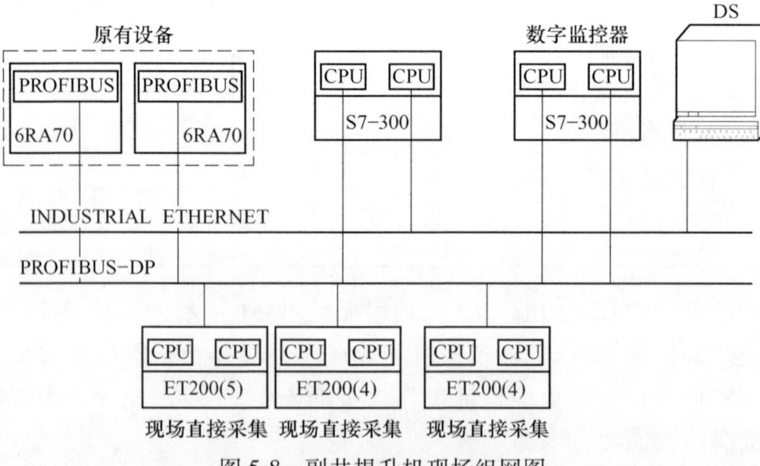

图 5-8 副井提升机现场组网图

智能化提升系统实现了无人操控、无人看守，可自动识别人员与矿产品类型，对于错误搭乘、超载提升以及空载提升均可实现自动判断和警示功能。

智能化提升系统的特点：（1）系统具备很高的接口能力，可以轻松地实现系统的扩容，用以监控新增加的设备；（2）保证数据传送的快速性，使用光纤作为数据传输的载体，提高了系统抗干扰能力，保证数据传输的准确性；

(3) 数据的统一调度，集中监控；(4) 对提升系统实时监视、实时控制；(5) 留有与工业视频系统接口，工业电视视频系统与系统运行数据实时融合。

5.2.3.6 皮带运输系统

皮带运输系统中设有传感器保护装置，当系统出现故障，保护装置能立即发出警报，停止运行，防止生产事故发生。当事故消失，保护装置能自动恢复或手动恢复。该系统一方面能够自动满足胶带机控制的各种需要，另一方面可以对地面进行集中控制、程序流程控制。

皮带运输系统主要由皮带、托辊及机架、传动装置、拉紧装置、储带装置和清扫装置组成。

皮带运输系统功能：

(1) 具有与皮带集控系统兼容的各种接口功能，可实现原运输系统的其他皮带机连锁功能，也可以使地面上位机实现一键开车。

(2) 具有汉字显示功能和语音报警功能以及报警记忆和查询功能。

(3) 可以提供以太网通信接口，从而实现运输线集中控制，并实现集中运行及故障显示，可以互相查看故障报警信息和运行状况。

(4) 具有集中控制方式、就地控制方式和检修方式3种控制方式。

(5) 具有急停、料位、打滑、跑偏、温度、撕裂、故障等保护功能，并可在超温和烟雾报警时实现自动除尘（需增加除尘器），如表5-3所示。

(6) 要求报警采用声光报警，声音响亮，可在控制台复位及解除报警的功能。

(7) 设备之间的通信采用总线式通信，便于不同网络之间互通互联。

(8) 具有与断带抓捕器的联动接口功能。

(9) 所有的故障报警级别、延时时间用户可调。

(10) 系统具有正常停机状态和待机状态两种停机状态。

(11) 实时观察皮带上运输矿石情况。

皮带运输系统的特点主要表现为性能稳定、扩展能力强、技术含量高，并且易于进行维修、维护和改造。

表5-3 选矿厂皮带系统故障监测表

序号	名称	拉绳	打滑	跑偏	撕裂	故障	连锁	报警	备注
1	1号皮带	√	√	√	√	√	拉绳、撕裂、跑偏与皮带连锁，打滑与给料机连锁	√	
2	8号皮带	√	√	—	√	√	拉绳、撕裂、与皮带连锁，打滑显示报警无连锁	√	

续表 5-3

序号	名称	拉绳	打滑	跑偏	撕裂	故障	连锁	报警	备注
3	3号皮带	√	√	—	—	√	拉绳、撕裂、与皮带连锁，打滑显示报警无连锁	√	
4	细碎2料仓皮带	√	√	—	—	√	拉绳与皮带连锁，故障与干选精矿皮带连锁	√	
5	细碎1给料皮带	√	√	—	—	√	拉绳与皮带连锁	√	
6	细碎2给料皮带	√	√	—	—	√	拉绳与皮带连锁	√	
7	中碎给料皮带	√	√	—	—	√	拉绳与皮带连锁	√	
8	4号皮带	√	√	√	√	√	拉绳、撕裂、跑偏与皮带连锁，打滑与筛上转运皮带连锁	√	
9	2号皮带	√	√	√	√	—	拉绳、撕裂、跑偏与皮带连锁，打滑与筛上转运皮带连锁	√	
10	筛上干选精矿皮带	√	√	√	√	—	打滑、拉绳、撕裂、跑偏与皮带连锁	√	
11	筛上干选转运皮带	—	√		√	—	打滑、撕裂与皮带连锁	√	
12	5号皮带	√	√	√	√	—	打滑、拉绳、撕裂、跑偏与皮带连锁	√	
13	布料皮带	√	—	—	—	—	拉绳与皮带连锁	√	
14	集矿皮带	√	—	—	—	—	拉绳与皮带连锁	√	
15	磨选给矿皮带	√	√		√	—	拉绳、撕裂与皮带连锁，打滑与集矿皮带连锁	√	
16	7号皮带	√	√	—	—	—	拉绳、撕裂与皮带连锁，打滑与6号皮带连锁	√	
17	1号精矿皮带	√	—	—	—	—	拉绳与皮带连锁	√	
18	2号精矿皮带	√	—	—	—	—	拉绳与皮带连锁	√	
19	3号精矿皮带	√	—	—	—	—	拉绳与皮带连锁	√	

5.2.3.7 选矿流程控制系统

选矿流程控制系统主要由3+2网络结构组成，即三层设备、两层网络。其中三层设备包括：执行层——现场设备（传感器、执行器、分析仪、机电一体化大型设备的PLC智能接口等）、控制层——控制设备（PLC、控制器等）、管理层——操作设备（操作站、数据库服务器）。两层网络包括：控制网——现场设备与控制设备之间的通信连接、监控网——控制设备与操作设备之间的通信连接。

选矿流程控制系统配置图如图 5-9 所示。

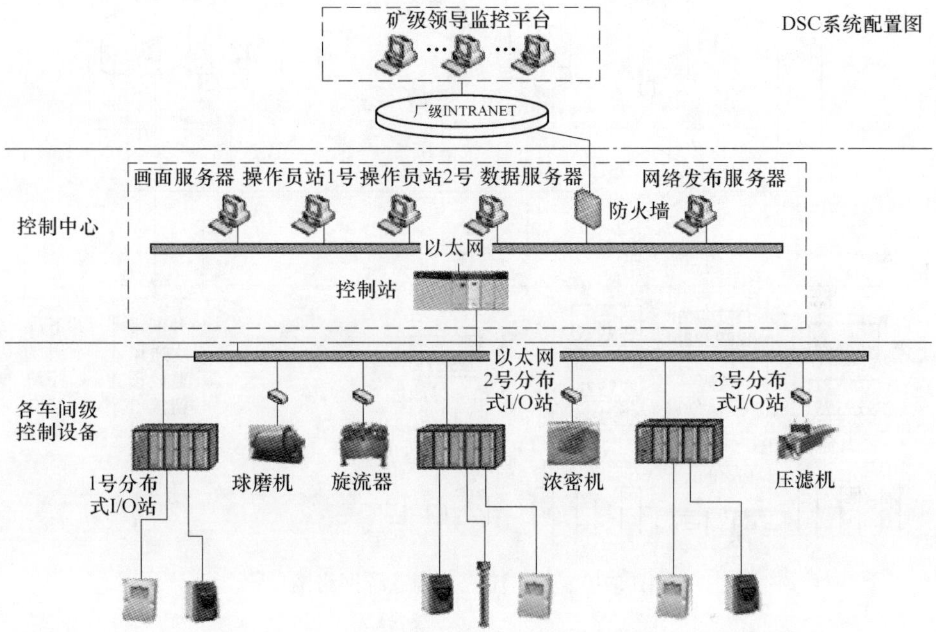

图 5-9　选矿流程控制系统配置图

选矿流程控制系统采用集散控制系统（DCS），并基于现场总线（field bus）通信，选矿自动化系统主要由磨选控制子系统、破碎远程控制子系统、浓缩过滤子系统和排水通风预留接口等组成，其总线型网络结构图如图 5-10 所示。

选矿流程控制系统功能：（1）选矿自动化系统是在破碎、磨矿、磁选、尾矿浓缩以及精矿过滤等工序的生产过程中，实现过程控制和关键工艺参数的优化控制；（2）对各工序设备的监测与控制、过程参数的测量及工艺参数回路调节实现破碎系统物料平衡控制、破碎机挤满控制；（3）实现磨矿粒度、磨矿负荷的优化控制；（4）实现破碎、磨矿系统综合控制；（5）实现对高位水池、粉矿仓自动布料的远程监控。

选矿流程控制系统特点：（1）生产过程的连续、稳定、优质和高效性；（2）保障设备安全、减少故障停机时间，提高设备作业率；（3）生产工艺参数远程调节，一线生产岗位和劳动强度明显减少；（4）具有控制、优化、计划与调度以及生产过程管理的无缝集成特征。

5.2.3.8　磨矿控制系统

在选矿厂，磨矿是粉碎矿石的持续过程，是矿石分选前的最后工序。磨矿作

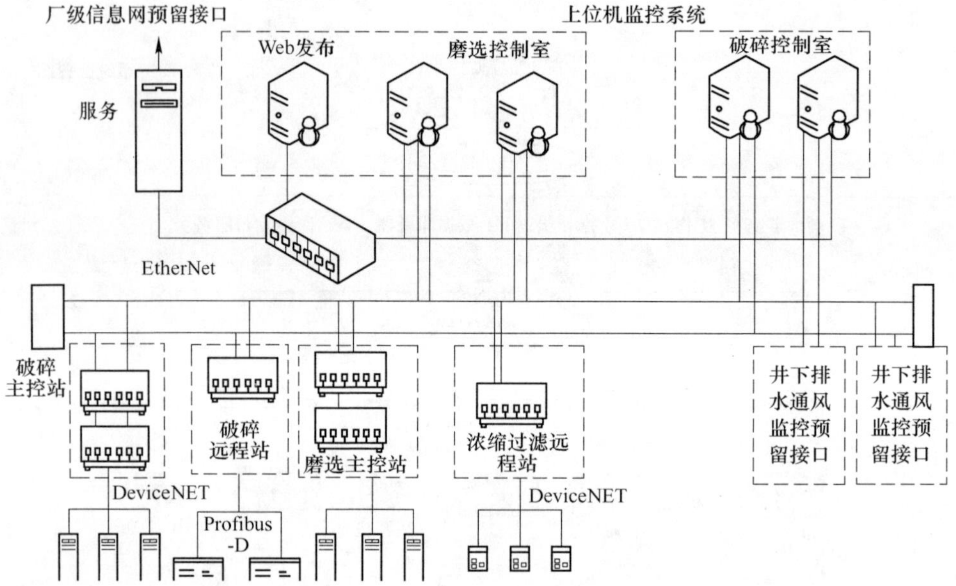

图 5-10　选矿流程控制系统网络图

业的任务就是要把矿石中的有用组分大部分或者基本达到单体分离，同时又要尽可能避免过磨，向选别作业提供适宜的（粒度和质量分数）入选矿浆，为更好回收矿石中的有用成分创造条件。

磨选控制系统主要由粉矿仓自动布矿控制系统、破碎筛分控制系统、磨矿分级控制系统、磁选过滤控制系统、排尾供水控制系统等子系统组成。

磨选控制系统的基本功能是：(1) 在磨机介质充填率符合工艺要求的前提下，控制磨机的给矿量，使磨机内的矿石装载量始终在合适的范围内，防止球磨机过负荷（即俗称“胀肚”）或欠负荷，在保证分级溢流粒度及后续选别流程容量允许的条件下适当提高磨机的处理量；(2) 稳定泵池液位在合适范围内，在保证泵池不冒矿、砂泵不抽空、不喘振的情况下，使水力旋流器的给矿压力处于工艺要求的范围内；(3) 控制旋流器的溢流浓度、溢流粒度在工艺要求的范围内；(4) 把磨机内的矿浆浓度（即磨矿浓度）控制在工艺要求的范围内；(5) 实现给矿皮带、球磨机、渣浆泵等电气设备相互连锁保护。

磨选控制系统特点：(1) 实现全流程分级控制、层层筛选、协同控制；(2) 实现矿产资源的高效回收利用。

选矿厂不同作业阶段的生产设备的处理能力不同，因此需要实现选矿厂生产管控全流程的协调控制，使生产稳定进行，避免有价金属的流失。生产管理一体化系统的组成如图 5-11 所示。

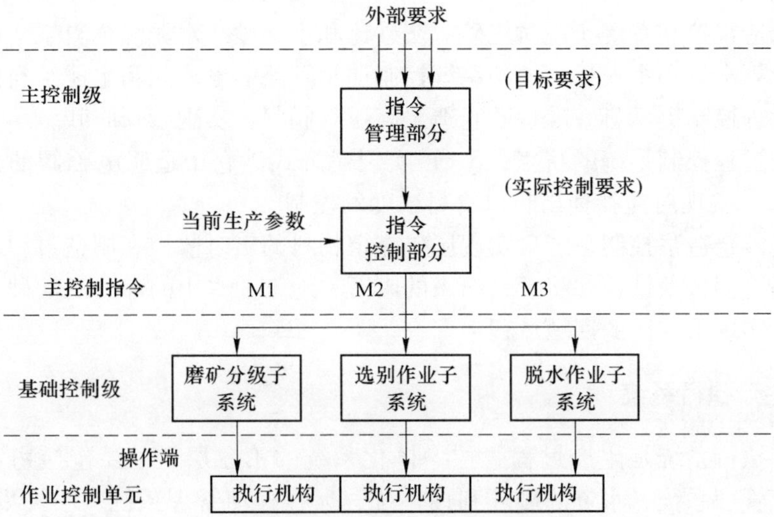

图 5-11 选矿流程控制系统组成

主控制级通常由两部分组成：指令管理部分和指令控制部分。指令管理部分的主要作用是，对外部要求指令进行选择并加以处理，使之转变成为在子系统设备生产能力内安全运行所能接受的实际指令。指令控制部分的主要作用是，根据设备的运行条件及要求，选择合适的负荷控制方式，分别产生对磨矿分级子系统、选别作业、脱水子系统的控制指令，分别为主控制指令 M1、M2、M3。

既然全流程控制系统作为各子系统的指挥机构，只取上位控制作用，那么，子控制系统则是全流程控制的基础，是全流程控制系统的基础控制级。它们的控制质量将直接关系到全流程控制的质量。因此，只有在组织好各子系统，并保证有较高的控制质量的前提下，才有可能组织全流程控制系统，并使之达到要求的控制质量。

5.2.3.9 尾矿过程控制系统

尾矿过程控制系统是矿石经过选矿流程控制系统和磨选控制系统后，除了精矿产品外，剩余的尾矿砂进入连续充填系统和砂浆控制系统，实现对地下采空区的充填过程。尾矿过程控制系统主要由尾矿连续充填 DCS 控制系统和砂仓造浆控制系统组成。

尾矿连续充填 DCS 控制系统实现砂仓放砂管流量控制（电动调节管夹阀），砂仓放砂管开关控制（电动开关排渣阀），调浓加水流量控制（电动调节阀），水泥流量控制（变频器），造浆风管、水管开关控制（电动开关阀），放砂管、充填管冲洗水开关控制（电动开关阀），尾砂仓进砂管开关控制（电动开关排渣阀）等功能。

砂仓造浆控制系统实现对尾砂、灰砂比和水、砂、水泥混合料浆浓度的实时监控，计算水量和水泥量，控制系统控制加水管路的电磁阀和水泥给料的变频调速器，远程控制提示打开准备砂仓造浆高压气阀门，实现砂仓放砂。

尾矿过程控制系统的特点：（1）实现对卧式砂仓中造浆电磁阀的自动造浆控制；（2）实现对搅拌桶出料口物料浓度的控制。

通过砂仓造浆控制系统可实现尾矿充填物料的实时监控和制造过程，为后续的开采环境创造条件，并将开采出来的废石和地下涌水中的部分沉淀砂浆进行综合利用，实现采空区的回填过程。

5.2.4 生产执行系统

生产执行系统是生产过程管控一体化系统的第三层，主要包括物资管理系统、生产管理系统、水资源循环利用系统、远程移动管理系统、中央集控系统、井下排水系统以及其他一些可视化系统。

5.2.4.1 生产管理系统

生产管理系统功能：（1）数据集成。系统提供多种数据获取方法，OPC、ODBC、DDE、Socket 等。（2）数据挖掘。实现对全矿井多系统所产生的数据的提取、分析，建立评估模型和关联模型，形成相关评估建议。（3）联动监控。建立多个子系统之间的消息通道，协调子系统之间工作，实现系统联动报警或系统联动控制。

生产管理系统是将矿井各子系统（开拓、采矿、运输、选矿、尾矿等）的设备工作状态信息、生产信息、安全信息实时传递到矿山安全生产集控系统，完成矿井安全信息实时监控，各种自动化控制系统集成，业务数据集成，智能系统联动和综合信息管理。

5.2.4.2 灾害预警监控系统

矿山地质灾害预警是以矿山地质灾害控制为目的，建立在灾害规律研究、监测信息准确分析的基础上，从经济、社会和生态等方面，在时空尺度上对灾变过程做出预测和预警，以便采取必要的措施，进行消灾或避灾，保护富全矿业的人员和财产安全。

矿山地质灾害预警可以归纳为三个层次、两个步骤、两种方法和一个目的。

第一层次称为前效预警，即在围岩体发生损伤之前对岩体的应力应变状态及其变化趋势进行预测，避免岩体破坏发生；第二层次称为后效预警，即可控制的地质灾害预警，允许岩体损伤发生，其预警的目的是通过采取必要措施以避免岩体结构产生破坏；第三层次称为临灾预警，即对不可逆转的地质灾害进行灾前实时预报，避免损害施工人员和国家财产或将损害减至最小。两个步骤的第一步是对地质灾害进行准确预测预报；第二步是控灾或减灾措施实施。两种方法是主动监测和被动监测，以主动监测为主、被动监测为辅。最终达到矿山地质灾害控制的目的（一个目的）。预警系统如图 5-12 所示。

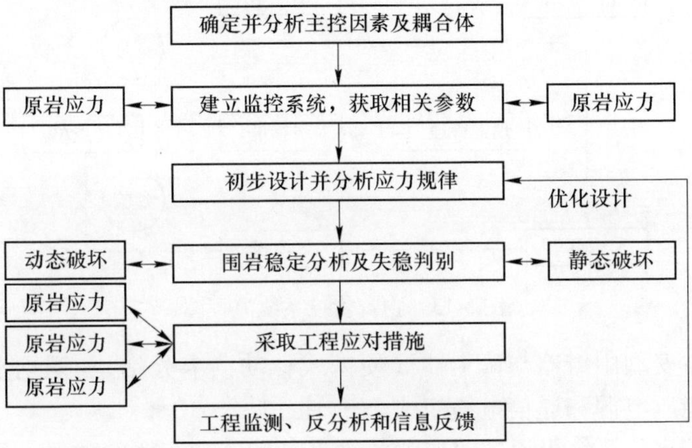

图 5-12 灾害预警监控过程

5.2.4.3 物资管控系统

物资管控系统作为富全矿业安全生产管理的保障子系统，目前富全矿业针对该问题正在对备品备件存储管理系统进行二次研发，针对以前系统对备件管理中存在的漏管理、错管理、多管理以及少更新、少记录等问题进行了及时的更正，并在原有系统的基础上开展二次开发。物资管控系统流程图如图 5-13 所示。

物资管控系统主要由备件计划、采购订单、备件验收、出入库管理、领料申请单、调拨单、盘点单和现存量组成。

物资管控系统的功能是对企业内部的设备资源、零部件资源和非生产化资源进行合理采购和存储管理，实现本企业以及外包企业生产设备备件的最小周转库存。

5.2.4.4 人员跟踪定位系统

富全矿业建立人员跟踪定位系统的目的是强化地面管理人员对井下作业人员的监控与管理，消除地面管理人员对井下作业人员视野盲区，增强矿井灾害发生时井下作业人员的快速反应能力，进一步改善矿山的安全生产管理水平。

人员跟踪定位系统由地面设备和井下设备组成。其中地面设备由监控主机、数据传输接口、UPS 电源、交换机、避雷器等组成；井下设备由矿用本安型读卡

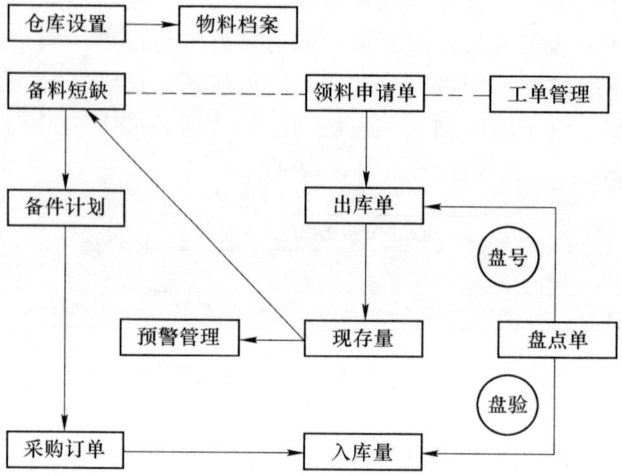

图 5-13　物资管控系统流程图

分站、矿用本安型中继器与读卡器（便携式移动读卡分站）、识别卡、矿用隔爆兼本安直流稳压电源和通信电缆组成。

人员跟踪定位系统可以实时监测流动人员和流动车辆的数量、区域、分布情况、时间信息等，查询任一指定井下人员当前所处的区域，指定日期活动轨迹，可对人员下井次数、下井时间等信息进行分类统计和打印相关报表，系统可在突发事件前通知危险区域人员疏散，为生产指挥调度、紧急事件处理、安全保障等提供可靠的依据。

矿用人员跟踪定位系统主要采用总线型网络拓扑结构，如图 5-14 所示。

5.2.4.5　*矿岩运输系统*

矿岩运输系统是基于物联网技术、计算机网络技术的分层网络监控系统，该系统将分散的运输监控系统集中管控，并将不同检测子系统中传递的数据源转换为统一的标准数据，然后经过井下各级分站接入监控系统，提高了系统的兼容性和原始数据的完整性[9]；另外，该系统还为所有的监测设备开设了一条专用的高速网络通道，实现硬件设施的共享和复用。其系统的网络监控图如图 5-15 所示。

矿岩运输系统由设备层、控制层和信息层构成。该系统中检测数据、语音图形数据等数据称为上行数据，而系统或用户发出各种控制命令称为下行数据。为了将运输监测数据转换为统一的标准格式，设备层就要从监测传感器和检测分站中获取不同类型的数据信息，然后，通过现场总线完成对通信数据的编码解读，同时发布下行指令，以便驱动下一环节设备的正常运转。当数据传输到控制层，就要根据数据的存储地址查找下一个运输路径的信息。在寻找与自身匹配的现场

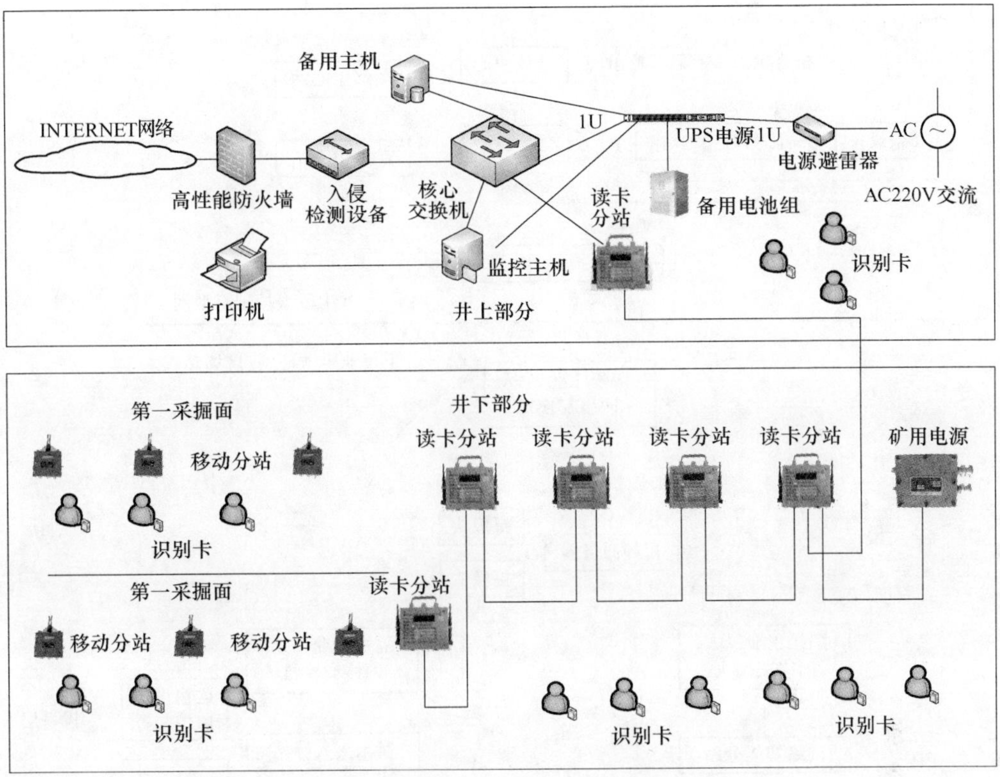

图 5-14 总线型人员跟踪定位系统拓扑图

设备后，通过高速网络通道、共享网络结构，实现数据的高速交换，保证井下作业的安全性。

矿岩运输系统的特点：(1) 安全性；(2) 数字化；(3) 上下行数据集中控制；(4) 优化系统软硬资源；(5) 增强系统扩容能力；(6) 减少运输事故造成的损失；(7) 提高了运输设备的可靠性和安全性；(8) 新技术的应用和开发完善了智能化矿山水平；(9) 采用管控一体化技术、计算机网络技术，实现了操作的人性化管理，为数字化矿山的建立搭设了平台；(10) 方便高效的运输设备监测系统。

5.2.4.6 通风智能控制系统

富全矿业井下通风采用单翼抽出式通风方式[10]，主风机位于井下-120m 回风井回风巷道。为了能随时了解系统风机的运行状况及通风系统风流参数，以及根据生产需要随时对某些风机进行开停控制，提高通风系统管理水平，富全矿业构建了通风远程智能管控系统。

通风智能控制系统由设在井下-320m 调度控制硐室主控计算机、Ethernet 通

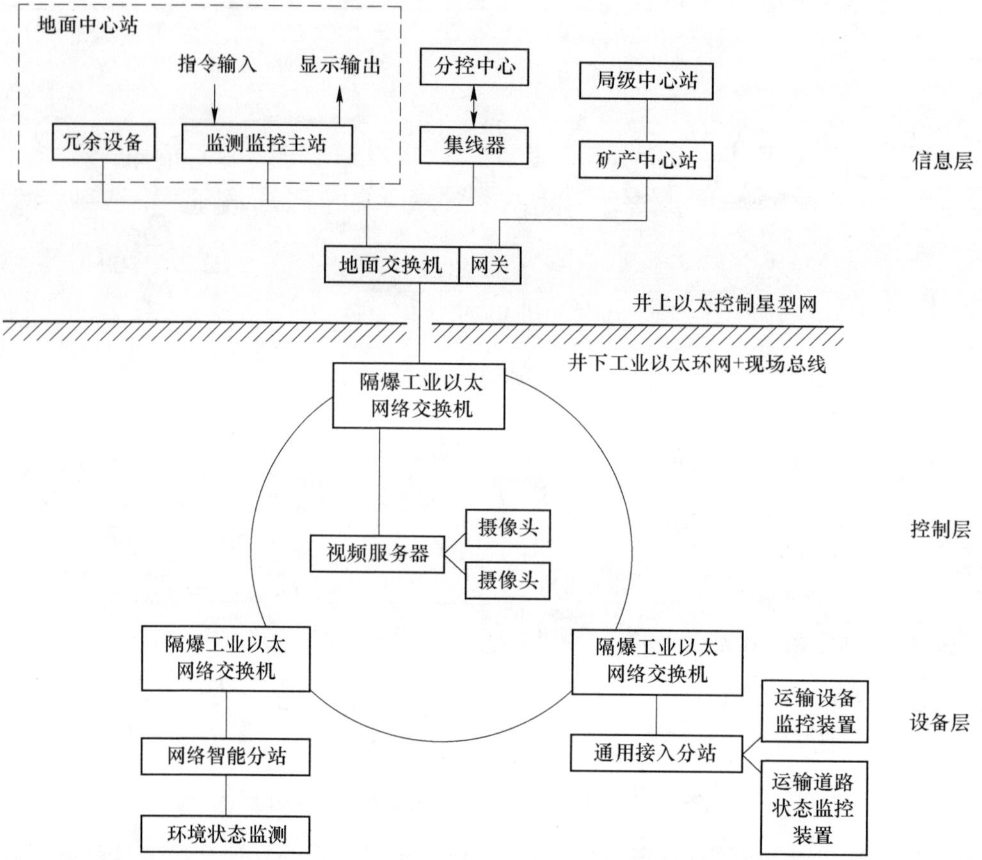

图 5-15　矿岩运输网络监测系统架构图

信控制柜、远程 I/O 控制柜、传感器（电流、风速、风压、一氧化碳、二氧化氮传感器等）、以太网（Ethernet）和 RS-485 通信网络等组成。

通风智能控制系统功能：（1）风机远程启停控制；（2）风机远程反转控制；（3）风机远程自动定时启停；（4）风机本地控制；（5）风机开停状态监测显示；（6）风机电机温度及运行电流监测显示；（7）风流参数连续监测；（8）风机过载自动保护；（9）风机启动前发出启动警告信号；（10）有毒有害气体检测监控；（11）机站允许/禁止远程控制；（12）机站进行通信测试；（13）视频监视；（14）报表打印输出；（15）通风系统状态参数的局域网 WEB 发布。

通风智能控制系统特点：（1）远程操控、监控和在线检测特性；（2）分机参数自动调整和过载自动切断的特性；（3）混合气体自动归类和识别特性。

通风智能监控系统拓扑图如图 5-16 所示。

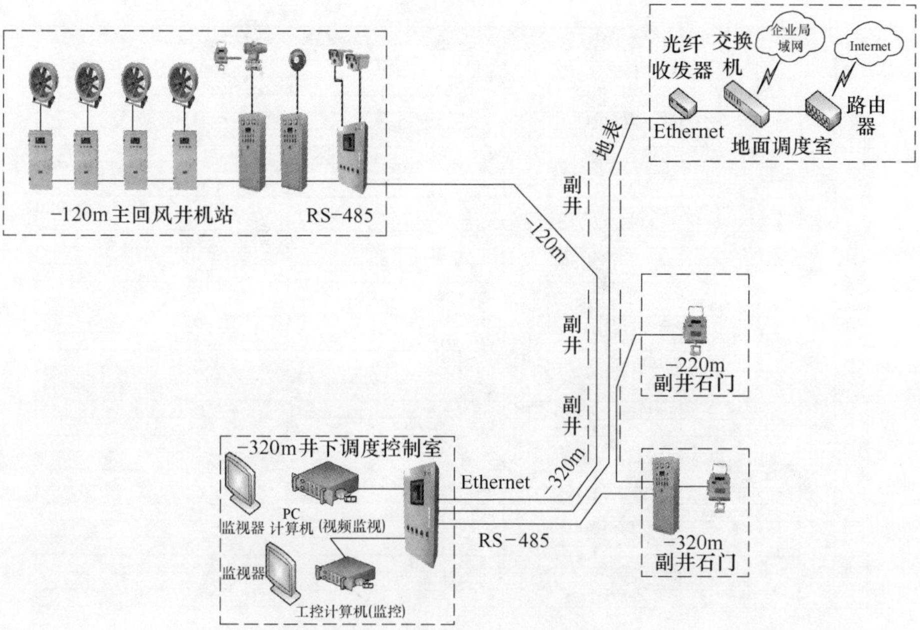

图 5-16 通风智能监控系统拓扑图

5.2.4.7 设备管理系统

富全矿业建立了与集控相适应的设备巡检制度，在现场及集控室的上位监控计算机上建立设备管理系统，如图 5-17 所示。巡检人员检查完成后，用现场上位机记录巡检情况及时上交集控室，记录一旦上交则无法更改，记录将一直被保留，直到用户汇总保存到外存储设备后删除。

设备管理系统的功能是对每个设备的工作时间、检修时间和故障时间等进行详细统计，形成日报表、月报表。

设备管理系统的特点：(1) 设备巡检的可视化；(2) 巡检记录的永久性和不可更改性；(3) 数据的翔实性和系统性；(4) 数据查询的灵活性。

5.2.4.8 尾矿库监测

矿山尾矿库选在采选工业场地南侧 850m 的废弃砖瓦厂内，库区占地面积 20.2 万平方米，有效库容 131.68 万立方米。

根据选矿厂的特点，开发一套完全满足要求的 DCS 控制系统。系统在主厂房主控室实现现场生产过程的模拟显示、操作指令下达、报警显示、历史记录、报表分析、数据存储等功能。

富全矿尾矿充填监控系统设置一个控制主站，观察来自现场的监控图像。其

点检时间：　09-28-2007　09:40:15

序号	部件	点检内容	点检标准	点检周期	点检方法	点检结果描述		点检责任人	信息反馈
1	液压站	液压站电机	无异常声音、温度正常	班检	看 听 摸	正常	正常		
2		液压站油泵	无异常声音，温度正常，无泄漏			无泄漏	无泄漏		
3		液压站油温	20－65度	4小时	看 摸	<60度	<60度		
4		液压站油压	5.5－6.0MPa	4小时	看	<5.5	<5.5		
5		液压站残压	0.02－0.05MPa	4小时	看	<0.02	<0.02		
6		液压站油位	不低于油位计指示	4小时	看	油位正常	油位正常		
7		调压装置、油路	正常、无泄漏	班检	测试	正常	正常		
8	润滑站	电机、油泵运转	无异常声音，温度正常，无泄漏	班检	看 听 摸	正常	正常		
9		润滑站油压	1.5－4Kg	4小时	看	<1.5	<1.5		
10		润滑站油流	正常	4小时	看	正常	正常		
11		润滑站油温	<60度	4小时	看 摸	<30度	<30度		
12	主电机	工作电压	660V	4小时	看	440-450	440-450		
13		轴承温度	20－70度		看	<20	<20		
14		电机温度	20－90度	4小时	看 摸	<20	<20		
15		电枢电流	700－1320A	4小时	看	700-1320	700-1320		
16		励磁电流（A）	<40	4小时	看	<20	<20		
17	操作台	信号指示	操作指示正常，无损坏	4小时	测试	指示正常	指示正常		
18		深度指示及监控器	指示正常	4小时	测试	指示正常	指示正常		
19		连锁装置状态	正常	4小时	试验	连锁正常	连锁正常		
20		各种设备运行指示	正常			指示正常	指示正常		
21		位置指示	指示正常	4小时	看 摸	指示正常	指示正常		
22	制动器	制动闸	制动灵活可靠，间隙1-1.5mm	4小时	试验	制动灵活	制动灵活		
23		制动油路	油路无泄漏	4小时	看 摸	油路无泄漏	油路无泄漏		
25		制动盘温度	<40	4小时	看	温度正常	温度正常		
25	主轴及导向装置	减速机、连轴器	无异常声音、温度正常	4小时	看 听 摸	正常	正常		
26		导向轮、润滑	导向轮、润滑	4小时	看	声音正常	声音正常		
27		卷筒、导向轮衬块压块	无破损，磨损符合非煤矿国家标准	4小时	看 摸	无异常	无异常		
28		电机、卷筒、减速机地脚紧固	无松动	班检	看 摸	无松动	无松动		
29	其它	风机温度	运转正常、电机温度<70	4小时	看 摸	运转正常	运转正常		
30		提升容器	符合规定	4小时	看 摸	滑套悬挂正常	滑套悬挂正常		
31		矿仓	不超过限定高度		看	符合规定	符合规定		
32		电控柜	工作正常无异味		看	电控柜正常	电控柜正常		
33		提升绳	符合非煤矿国家标准	4小时	看 摸	符合标准	符合标准		

提交点检表

图 5-17　设备管理系统

中尾矿充填站共设置 8 个监控点。

（1）监控图像能实时传送到选矿厂控制室；

（2）监控的部位，能够清晰、全方位的进行拍摄；

（3）选矿厂控制室通过监控主机对各个摄像头进行远程控制；

（4）采取良好的人机界面，在中控室的屏幕上任意切换摄像画面，通过鼠标可以任意调节各个摄像头的摄像角度；

（5）整个系统稳定性、可靠性高，完全满足选矿厂的要求。

5.2.4.9　计量检测系统

富全矿业的计量检测系统主要对装载皮带机的矿石进行计量，计量装载皮带装矿工艺流程为：给矿机向皮带运输机给矿，皮带机匀速运行，皮带机储矿仓在储矿时，计量单元对皮带上的矿石进行动态计量；当皮带机上的矿石量达到选矿仓料仓的矿量时，计量传感器反馈信号至中央集控系统平台，通过控制平台停止向皮带机给矿；然后皮带机继续向选厂输送矿石，等待选矿仓打开。当选矿仓的矿石使用到最低料位时，给矿机继续给皮带机输送矿石，完成对开采至选矿过程中的矿石计量检测。

计量检测控制系统与网络信号接口间的关系如下：给矿机与皮带机进行连锁控制，给矿机向皮带机装矿时，皮带机匀速运转，同时计量单元对皮带上的矿石进行计量称重。当矿石量达到设定值后，可编程逻辑控制系统发出信号，给矿机停止给矿，皮带机继续运输矿石，计量系统对皮带上的矿石进行校核计量。当矿石量达到设定的上限值时，给矿机停止给矿。如果皮带机超载运输时，控制系统发出报警，进行远程操控处理。如果皮带机上的矿石量达到临界值时，驱动系统启动，皮带机向选厂加速运输，但不能超过选矿能力。

计量检测系统主要由驱动系统、皮带机、计量称重单元及控制系统等构成，如图 5-18 所示。

计量检测系统的主要功能[11]：（1）自动启停控制；（2）给矿机自动控制；（3）矿石量自动计量以及计量信息回传。

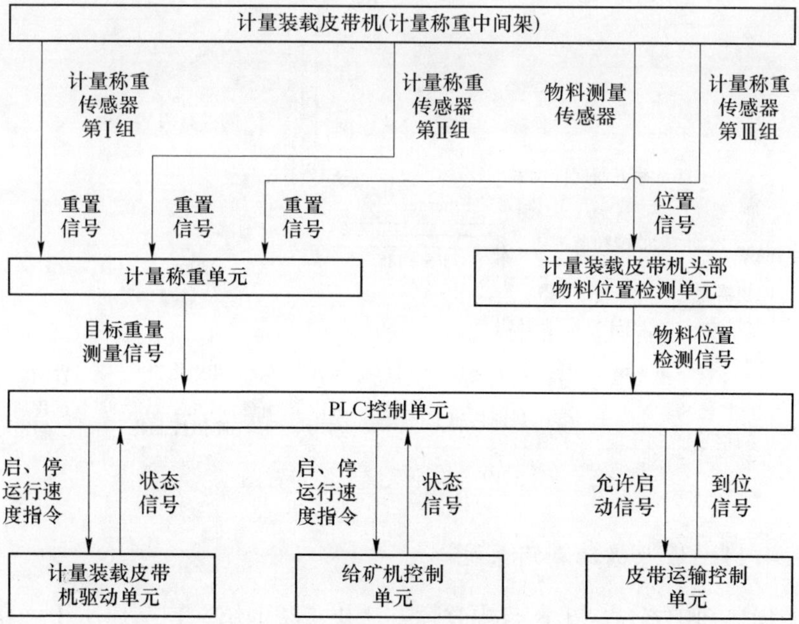

图 5-18　计量检测系统的组成和控制流程

5.2.4.10　井下安全避险系统

富全矿井下通风采用单翼抽出式通风方式，主风机位于井下-120m 回风井回风巷道。根据富全矿业公司井下通风系统的实际情况，经过对各种控制方式的分析比较，监控系统采用以工控计算机、Ethernet 通信控制柜、远程 I/O 控制柜和 Ethernet、RS-485 通信网络为核心，以各类传感器等为监测终端的远程集中监控技术，对主风机进行远程集中监控，并对机站风压及主要进回风巷道的风速（风量）以及有害成分在线检测与监控，同时设置网络摄像机，通过 Ethernet 网络及视频监视计算机，完成风机机站及配电硐室现场的视频监视。

监控系统方案布置如图 5-19 所示。整个系统由设在井下-320m 调度控制硐室主控计算机、Ethernet 通信控制柜、远程 I/O 控制柜、传感器（电流、风速、风压、一氧化碳、二氧化氮传感器等）和以太网（Ethernet）、RS-485 通信网络等组成。

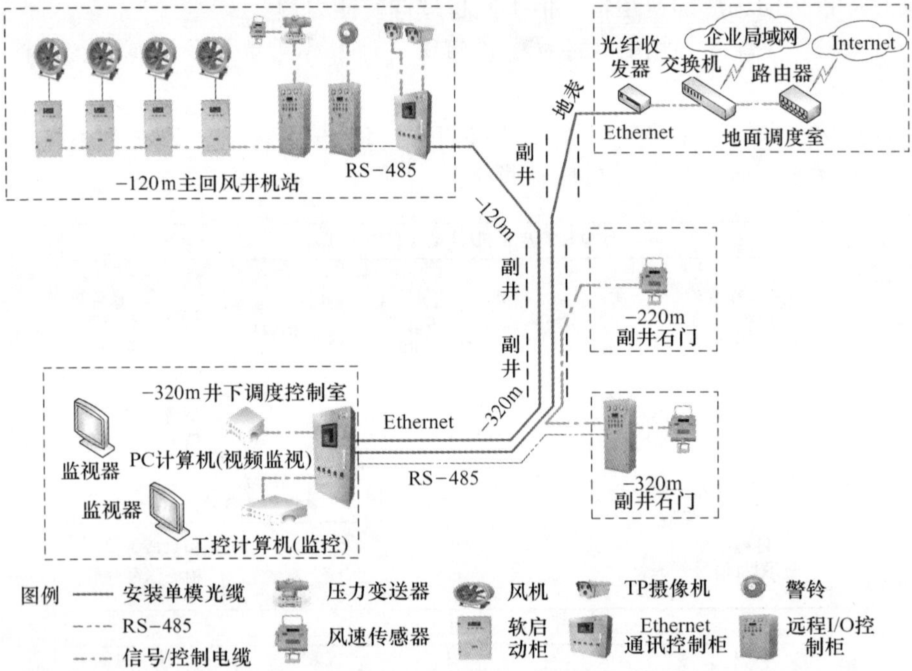

图 5-19　监控系统方案布置图

5.2.4.11　资源循环利用系统

资源循环利用系统是生产过程管控一体化系统的第三层，属于生产执行系统子系统。富全矿地下涌水偏少，不能满足企业生产用水需求，需要通过地表打水井补给生产用水和绿化、职工采暖、制冷和职工洗浴用水的缺口。资源循环利用系统主要是由井下排水泵、水源热泵、水容器和地表水井组成。

资源循环利用系统的优点：（1）其以水为冷热源，向其放出热量或吸收热量，不消耗水资源，不会对其造成污染；（2）水源热泵机组供热时省去了燃煤、燃气、燃油等锅炉房系统，无燃烧过程，避免了排烟、排污等污染；（3）供冷时省去了冷却水塔，避免了冷却塔的噪声、霉菌污染及水耗。

5.2.4.12 其他应用系统

其他应用系统主要是具有可视化和可操作性的系统，主要包括公文管理系统、系统安全运维、办公自动化系统和企业门户网站等子系统。

A 公文管理系统

富全矿业使用工作流引擎技术，能够对公文的起草、收发、流转、签批、上报、归档等流程化工作，实施流转实时监控和跟踪，解决多岗位、多部门之间的协同工作问题，达到规范工作、提高机关协同工作效率的目的。

公文管理系统业务流程包括公文起草、公文审批、公文归档三部分[12]，它们之间的关系是相辅相成而非独立存在的。

公文管理系统主要分为四大功能模块，包括公文处理、流程管理、文档检索、系统管理，如图 5-20 所示。

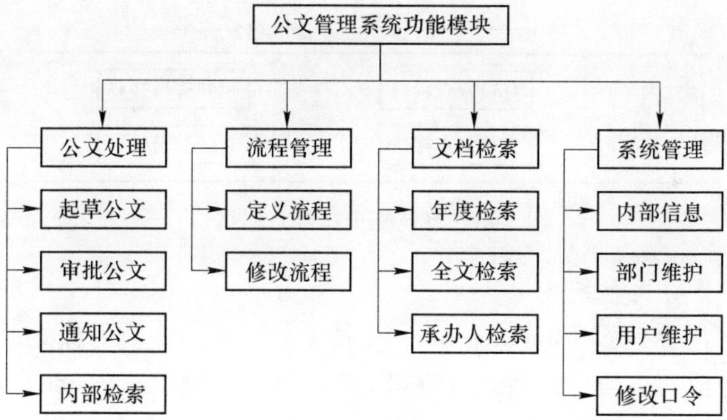

图 5-20 公文管理系统功能

公文管理系统的特点：（1）系统功能分类明确，流程简单；（2）功能模块使用对象角色固定；（3）系统的安全性和保密性强。

B 系统安全运维

富全矿业内部网络规模大和设备数量多，需要配置专门的运维人员，维护生产管控一体化平台系统的安全。系统安全运维系统主要由四层结构组成，每一层均对应不同的功能接口和管理子系统，总体结构如图 5-21 所示。

系统安全运维系统主要特点是以多种整合方式接入，提供集中式控制，控制非法用户或无权限用户访问生产管控一体化系统及其他相关设备，以及使用的应用和服务，并对安全登录的用户操作行为进行日志记录，在身份验证的基础上对登录用户的权限进行合理管控，并根据个人文档的授权实现敏感数据安全管控。

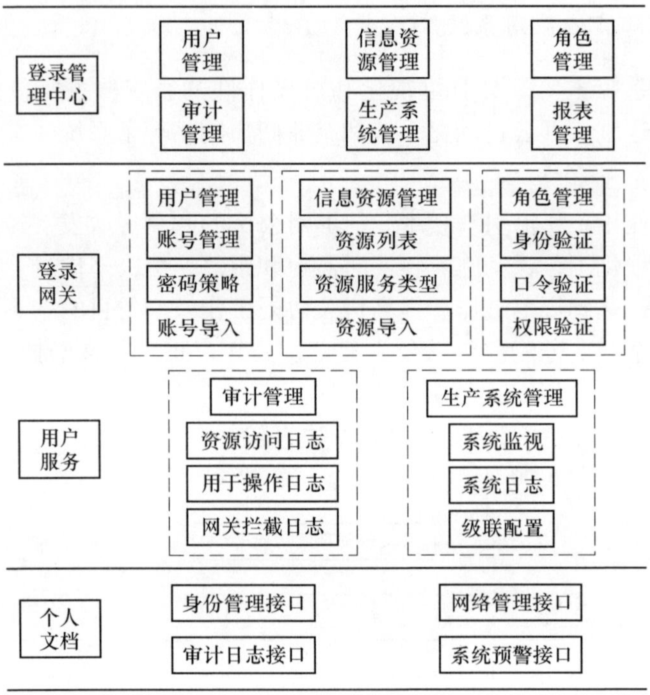

图 5-21　系统安全运维总体结构

C　办公自动化系统

办公自动化 OA 采用 Internet/Intranet 技术，基于工作流的概念，使企业内部人员方便快捷地共享信息，高效地协同工作，实现迅速、全方位的信息采集、信息处理。

富全矿业办公自动化系统主要功能，如图 5-22 所示：（1）实现网络办公文件处理和管理，包括文件收发、公文流转、公文处理、处理情况跟踪、签名认证等，逐步实现无纸化办公；（2）消息中心实现电子邮件及消息传递；（3）信息服务，提供 Web 环境下授权信息发布及公文查询；（4）实现日常事务的管理和流转；（5）实现了相关人员对企业资源的在线管理，对充分利用和节约企业资源起着重要的作用。

办公自动化系统特点：（1）系统实用、安全、先进性；（2）企业信息的共享性；（3）办公及事务处理流程自动化、图文传递电子化、文档管理一体化、信息发布网络化；（4）组件模块、规范制定的统一性。

D　企业门户网站

富全矿业门户网站作为对外交流、信息宣传和发布的主要通道，是外界了解、认识富全企业自身，生产作业、业务范围和经营管理的关键入口。

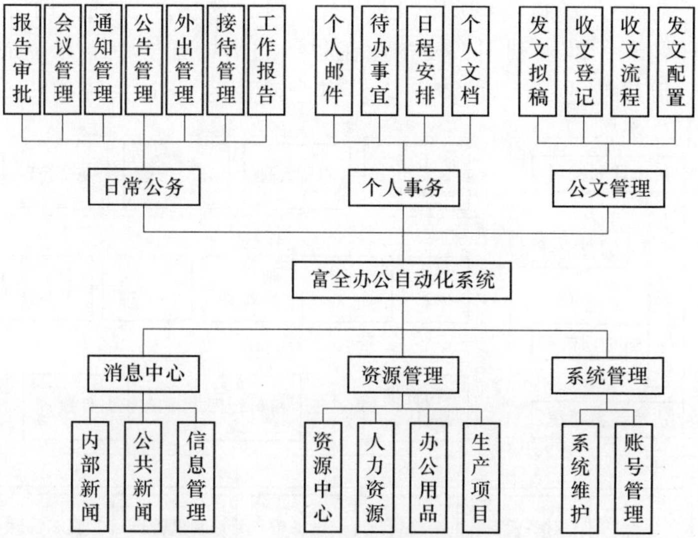

图 5-22 富全 OA 系统功能示意图

门户网站系统主要模块包括：新闻信息发布系统、站内音视频管理系统、客户互动平台、多站点管理系统、访问统计系统、全文检索系统等。富全矿业门户网站系统如图 5-23 所示。

图 5-23 富全矿业门户网站

5.2.5 企业资源计划系统

企业资源计划 ERP（enterprise resources planning）为矿山企业的信息化建设及管理模式的转变提供了全面集成的解决方案。企业资源计划 ERP 是以计算机为工具，将企业各个方面的资源（包括人、财、物、产、供、销等因素）进行管理，并合理调配、准确利用，使企业在激烈的市场竞争中全方位地发挥自己的能量，从而取得最佳的经济效益[13~14]。富全矿业的ERP系统如图5-24所示。

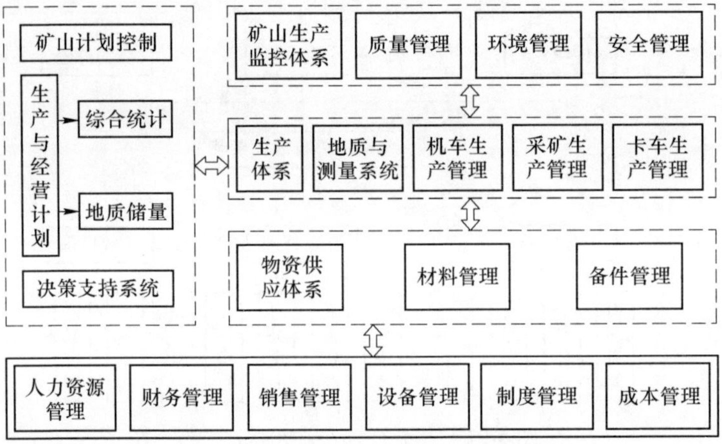

图5-24　富全矿业ERP系统体系结构

5.2.6　智能决策支持系统

智能决策支持系统是把人工智能、决策支持系统、数据挖掘等技术与传统的计算机管理系统结合起来，实现商业管理的集成化、智能化、网络化和协调化。智能决策支持系统主要以知识库和模型库为主体，结合大量数据，发挥专家系统以知识推理形式解决定性分析问题的特点，又发挥决策支持系统以模型计算为核心的解决定量分析问题的特点，充分做到了定性分析与定量分析的有机结合，使解决问题的能力和范围得到一个大的发展[15~16]。智能决策支持系统的基本结构如图5-25所示。

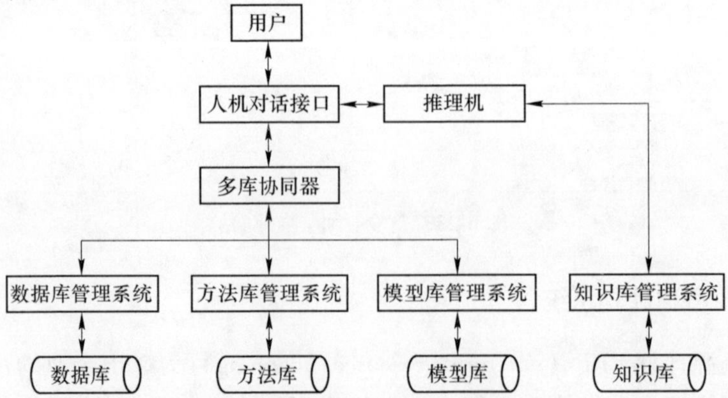

图5-25　智能决策支持系统的基本结构

5.2.6.1 基础数据与事物处理平台

富全矿业生产管控过程中产生的基础信息以及视频监控信息、处理信息、生产管控模型信息等均采用对应的数据库进行存储和集中管理，通过人机交互方式将生产管控底层数据与高层决策支持系统进行信息交互和共享，如图 5-26 所示。

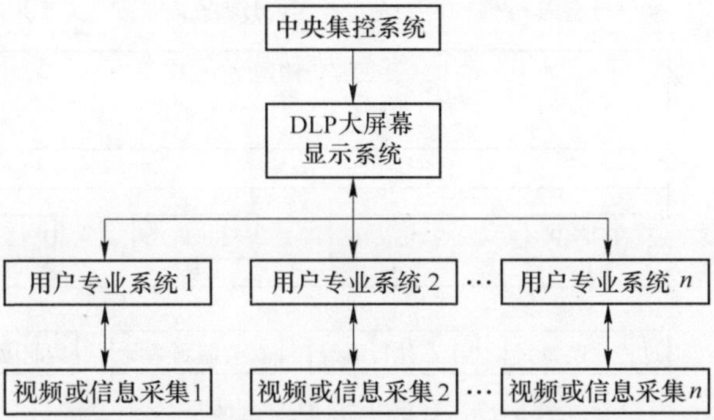

图 5-26 基础数据与事物处理平台

基础数据与事务处理平台的主要特点：（1）系统具有可靠性和安全性；（2）模块设计和扩展能力强；（3）操作灵活；（4）信息可以交互和共享；（5）企业生产全景可视化。

5.2.6.2 智能决策管理

智能决策管理是将生产管控的基础数据和事物处理信息采用人机交互的方式传输到中央集控系统，对中央集控系统中的多源信息采用“系统”和“人因”科学的理论和方法，综合运用信息技术、人工智能、矿业工程和生产作业管理等多学科的关键技术、理论和方法，以风险预控为核心，以切断事故发生的因果链为手段，以危险源辨识和制定本质安全管理标准为基础，以人的不安全行为控制为重点，通过对冶金地下矿生产过程中形成的人、机、环境和管理各要素的实时采集和组合分析，对矿山安全生产、经营和战略决策提供依据。智能决策管理的总体架构如图 5-27 所示。

智能决策管理主要以分层的结构形式组成，其具体的组成部分如下：

（1）感知层。通过全面的感知技术，实时获取富全矿业生产过程中的人、机、环境和设备等信息。

（2）传输层。借助富全已经构建的较为完善的工业以太网，将感知层获取的信息传输到数据集成层。

（3）数据集成层。利用计算机集成技术，对已经构成的采、选、尾等生产过程中的自动化监测系统、辅助自动化监测系统、安全管控系统等信息进行集

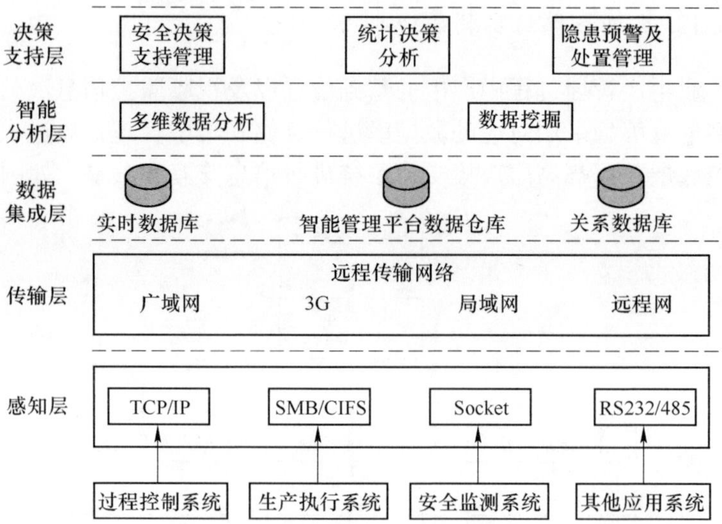

图 5-27　智能决策管理总体架构

成，实现生产管控监测数据的一体化管控。

（4）智能分析层。采用数据集成层中集成的各个生产管理子系统的数据，采用多维数据分析、数据挖掘等管理工具，对生产过程信息进行多维度分析。

（5）决策支持层。利用智能分析层的分析结果及智能决策支持系统中的方法库、知识库与模型库等提出决策建议。

智能决策管理的功能是实现地下矿生产过程中安全隐患的智能分析与风险预测、预警和预控，从根本上消除安全隐患提供信息化支撑手段，实现安全生产过程和安全管理数据的全面感知、可靠传输、数据集成、智能分析和科学决策。

智能决策管理的特点：（1）多学科和多技术的交叉性；（2）数据分析的实时性和准确性；（3）安全事故预测的可靠性和智能性。

5.2.6.3　统计分析管理

富全矿业统计分析管理系统的目标是收集来自生产现场的基础数据，通过全面的、多角度的统计分析，提供决策支持信息为各级管理人员使用，以使矿山生产管控过程中的问题能够及时发现，从而提高生产管控一体化水平[17]。其统计分析管理系统的数据处理流程如图 5-28 所示。

统计分析管理主要功能包括生产设备作业能力统计、生产作业效率统计以及生产成本统计。

富全矿业主要以穿孔、爆破、落矿、出矿、运输为主要环节，分别收集其所配备的各类设备作用信息，包括采场、矿岩、矿岩量等反映作业能力的指标以及设备故障时间、原因、负载等作用效率指标。首先对生产工艺、单台设备能力、

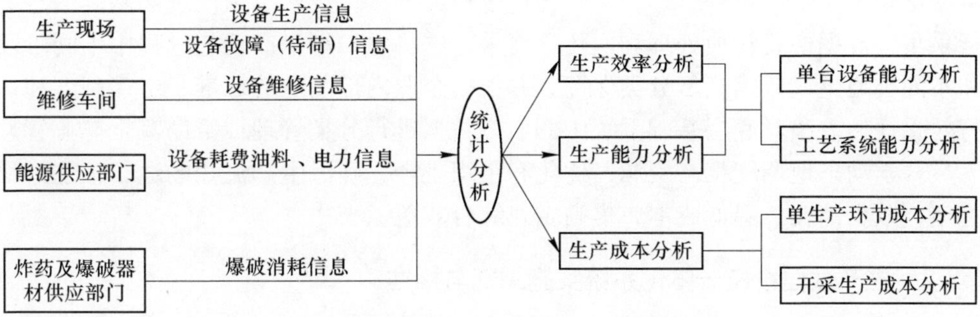

图 5-28 富全矿山生产信息统计分析管理流程图

生产人员水平、生产效率等逐级划分，明确各级子系统间的关系，然后分级、分类统计，而系统的效率分析主要针对运输、掘进设备。生产作业成本分析，首先是对开采生产子系统内单个环节的直接成本统计，包括钻孔、爆破、装载及运输等工艺环节。

5.3 富全矿业生产过程管控一体化

5.3.1 富全矿业生产过程管控一体化概述

中钢富全矿业自井下作业投产以来，公司通过生产计划管控、采准设计优化、采矿过程管控、出矿质量管控等一系列措施，实现了采矿千吨采准比、贫化率、综合选比等技术指标的进一步降低；回采率、出矿品位、金属回收率等指标进一步提高；铁矿石成本大幅度下降，市场竞争能力更强，有力推动了公司经济效益最大化。富全矿业智能生产过程管控一体化管理实施总体思路如图 5-29 所示。

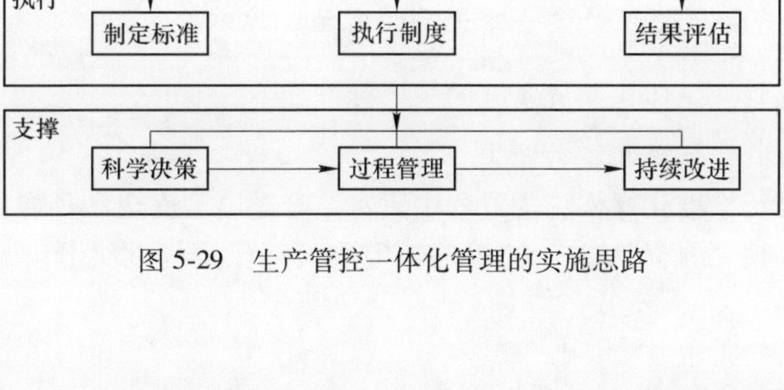

图 5-29 生产管控一体化管理的实施思路

富全矿业生产过程管控一体化通过多种数据接口技术对生产现场基础信息进行采集、数据格式转换处理和回传，将采、选、尾矿等生产工艺过程中不同阶段和不同类型生产数据进行分类保存，并根据企业内部制定的标准、生产制度和执行效果评估方法对底层基础系统中的生产数据进行分类管理，帮助富全矿业管理人员科学动态地调度生产资源，优化和组织生产，确保生产流程畅通、工艺过程稳定，减少消耗，降低成本，提高企业综合效益。

5.3.2 生产过程管控一体化系统实施原则与标准

数字化和信息化是实施矿山智能化的关键技术，通过对矿山生产中的多源海量数据的分析和存储，实现各类信息的统一管理和共享，为矿山管理者提供决策建议和解决方案，以提高科学管理与决策水准[18]。实施生产过程管控一体化以来，中钢富全矿业渐渐走出困境，焕发了生机，使企业步入了持续、快速、健康的发展轨道。

5.3.2.1 生产过程管控一体化系统实施原则

A 系统性原则

企业生产过程管控一体化系统的实施是项复杂的系统工程，它涉及企业的不同部门与生产经营活动的方方面面。系统性原则即要求企业建立的生产过程管控一体化系统必须系统、全面且完善，避免存在系统操作漏洞和操作误区，还要要求企业构建的生产过程管控系统在执行时可以彼此协调与配合、有机融合。

B 长期性原则

企业生产过程管控一体化系统建设和完善属于长期性工作，需要长期遵守方可提高企业竞争力与竞争优势。

C 全员参与原则

生产过程管控一体化系统的实施必须依靠企业全体员工参与，否则企业的生产过程管控系统就是流于形式且缺乏生命力的空中楼阁。企业要经由宣传、学习及引导等把生产过程管控系统和管理制度深入推进至员工的工作思想与工作行为中，最终将企业的管控理念转化为员工的自觉行动。

5.3.2.2 生产过程管控一体化系统实施标准

生产过程管控一体化系统实施的主要标准如下。

A 强化全员标准化操作意识

公司在推行标准化操作管理过程中紧密结合健康、安全和环保（HSE）管理体系，侧重体现“预防为主”的思路，生产与环保责任逐级分解，压力逐级传递，注重把人的操作控制作为提升安全生产水平的主要途径，通过氛围熏陶、文化激励、警示教育、技措保障、会议学习、观念引导、实战演练等手段，逐步使员工“标准入心、规范入脑、操作入行”，增强了员工标准化操作意识。

B 提高员工标准化操作能力

全面推行《矿山工业人员标准化操作规程》，实现操作行为可控。以《标准化操作规程》为主要培训内容，突出“说、教、练、考”四个环节，坚持“干什么、学什么、补什么”三个原则，积极组织了标准化操作技能的教培工作，以期实现岗位标准化操作“人人出手都过硬”的操作流程管理目标。

（1）强化“说”。一方面组织开展“我的岗位操作标准我来讲”活动，促使岗位员工熟练掌握所管岗位、设备、流程的标准化操作程序；开展“我的岗位风险我识别”活动，引导岗位员工对照标准化操作流程，通过查找、识别、梳理，清楚掌握所在岗位的危险源点和日常操作中的违章行为。另一方面开展“身边事故案例我分析”活动，组织员工对违规操作进行分析和讨论，让员工说出操作发生的原因和预防措施，让员工明白所有操作必须严格按程序进行，任何一处疏漏和大意，都有可能诱发潜在安全事故。

（2）突出“教”。本着“干什么岗、管什么设备，就培训什么”的原则，制定具体的、有针对性的、可操作的培训计划，逐级组织员工学习标准化操作管理，确保操作要素可知。

一方面专职教培人员结合生产实际，把具体岗位操作的操作要领、操作步骤、操作参数，以及风险隐患、注意事项向员工进行清楚、明白的讲解和剖析。另外，教培人员深入到生产现场，组织员工进行了现场示范讲解和演练，深入每个岗位开展“手把手”巡回施教。采取“拜师纳徒、师徒帮教、以老带新、互帮互学”等方式，将理论知识和实际操作有机结合起来，对在施教过程中发现的违章行为，及时给予纠正，告知操作要领，反复操作演练，直到标准熟练掌握，操作规范无误。

另一方面积极发挥影视媒体可视化的培训功能，逐级组织员工观看《标准作业程序》，同时加大对工人技师的培养选拔力度，充分发挥他们在实践中的培训指导和传帮带作用。

（3）重点“练”。以技能操作人员达到“三个百分之百”（100%参加培训、100%持证上岗、100%掌握标准化操作技能）为目标，开展“四小”活动（小师傅、小课堂、小专题、小练兵）、岗位技能切磋、互动演练、技术比武等活动，力争让岗位员工熟悉生产流程，熟练操作规程，精通岗位操作，确保员工在岗位操作上做到四个准，即：准确掌握每个工艺流程、准确开关每个阀门、准确规范启停每台设备、准确判断果断处理每项故障。

（4）严格“考”。制定《标准化操作管理考核实施办法》，在全矿范围内开展全员标准化操作技能抽查考核活动，主要从标准操作、应急操作、意识习惯等方面，对一线岗位员工的标准化操作能力综合考评。各生产单位也通过模拟演练、现场操作、案例分析和隐患排查等分期、分批对操作层员工的标准化操作技能进行现场考试，及时了解基层员工对本岗位所管设备、流程标准化操作技能的掌握情况，总结分析，查找薄弱环节，制定改进措施，按照培训—操作—考核—再强化培训—再操作—再考核的循环方法，不断提升标准化操作培训的效果。

C　丰富完善标准化操作载体

（1）推行标准化操作挂件——操作要素可知。把岗位设备、流程的标准化操作步骤用简单明了、直观易懂、形象逼真的图片流程展示出来，以标准化操作挂件的方式，以最快捷、最有效的办法呈献给员工，实现隐性师傅显性化，以时刻提醒、潜移默化的方式培养员工良好的操作习惯，确保员工标准操作、安全操作，实现安全生产工作的简单化、直观化、显性化。

（2）建立危险源显现化警示系统——安全风险可见。对重点设备悬挂危险源辨识牌，对防范措施和监督检查要点进行详细描述，时刻提醒员工按章操作，并在各岗位建立重点隐患提示记录，提示员工在交接班时重点交接、标准巡检。

（3）推行设备 PSRT 卡管理——故障排除可查。为了使新分新增员工较快地掌握岗位设备流程的标准化操作程序，可用目视卡（即“PSRT”卡）的形式把设备的工作原理（principle）、内部结构（structure）、标准化操作规程（rules）和故障排除法（troubleshooting）张贴于各种大型设备旁，简洁明了地对各种设备的操作原理以及操作步骤做出了明确指导说明，使员工在巡回检查和设备操作过程中，可以对照标准化操作流程纠正违章，确保标准化作业，同时也方便了员工随时对各种设备的结构原理、性能参数、操作规程、故障排除进行学习，增强员工自主学习的能力，有效提升岗位员工的标准化操作水平，大大提高操作的标准化管理。

5.3.3　生产过程管控一体化实施过程

富全矿业生产过程管控一体化系统的实施是通过对生产过程控制信息的集成、加工、处理、分析、优化、存储、发布和应用，实现对生产过程的实时监控和管理，达到科学生产组织、调度和控制。

5.3.3.1　生产过程管控一体化实施内容

富全矿业生产过程管控一体化管理系统的实施包括授权控制、职责控制、生产业务数据定期备份、矿山资产安全控制、生产业务执行控制、可视化业务控制、生产管控信息处理控制等七个方面。

A 授权控制

富全矿业实施生产过程管控一体化管理模式的授权控制要求企业必须明确区分不同级别的管理人员对应的工作职责与业务管理权限范围，明确这些管理人员必须负担的相应责任。富全矿业各级员工只能在可授权权限范围内，合理处理自己职责所负责的业务操作。授权控制旨在约束公司工作人员在没有得到相应授权与批准的前提下，不得越权处理权限范围外的相关业务，以确保富全矿业可以有效地明确各个部门与各个员工的权责，做到各司其职，避免相互推诿。

B 职责控制

富全矿业在实施生产过程管控一体化管理模式时，依照生产经营活动的内容制定相应的流程，并按照岗位对员工开展职责分工。划分职责时应做到公平、公正，避免发生事故时找不到相关负责人，职责控制旨在规范人员配置，实现科学化、合理化。

C 生产业务数据定期备份

富全矿业必须对自身的各项业务数据进行详细记录，以便日后查询、归档。业务数据记录备份的主要目的是要求富全矿业相关人员针对公司的各项技术经济业务做相关方面备份时，一定要严格根据相关的规定真实、准确且规范地记录和备份，并确保相关业务数据的审查、核实和保管上必须遵循业务数据记录控制制度，以提高相关信息与数据的真实性与可靠性。

D 矿山资产安全控制

富全矿业实施生产过程管控一体化管理模式时，为确保管理模式的有效实施，必须对企业内部实施管控的软硬件设备进行保护和维护，采取相关措施确保无关人员直接接触公司的生产过程管控系统和进入中央集控室等。富全矿业生产过程管控的软硬件设施的保护和维修要做到精细化管理和定期性维护，如果生产过程管控一体化管理模式与企业内部实际生产状况不符，必须及时修正、调整和完善，并尽早查明实际生产状况的真实需求。

E 生产业务执行控制

矿山企业的生产流程（如矿石提升、运输、排水、运输、破碎、磨矿、选矿、充填）较为分散，生产器械的分布也较为分散，想要及时了解诸多设备的工作情况和工作参数十分不便。生产业务执行控制将矿山各生产环节如排水、提升、球磨、粗碎、浮选、充填等工作信息（如运行状态和处理量信息）通过信号采集设备传送至网络，最终传达至中央集控室，经特殊处理后在多媒体监控系统上实现可视化交互界面，方便管理人员及时观测到整个矿山的生产运行状态，了解各子系统的工作情况，以便科学组织生产。

F　可视化业务控制

将选厂、采场、充填站等监控视频信号整合后通过光缆传送至中央集控室，经分配后在中央集控室进行集中监控。

G　生产信息处理控制

生产信息处理系统的实施可通过绘图机、大幅面扫描仪及其他配套硬件、软件设施将矿山地质资料录入计算机，建立适合本矿山的矿床模型，制作矿山三维立体模型，提高矿山地勘工作的数字化水平；在生产计划管理方面，可根据矿山经营目标与人力、设备等资源的状况制定适合企业的生产计划来指导生产；在质量检验信息的管理方面，可通过对质检数据和采场、选厂监测数据制定生产日报表，供相关人员及时掌握。

5.3.3.2　生产过程管控一体化模式实施步骤

富全矿业生产过程管控一体化管理模式实施步骤如下：

（1）定期举行生产过程管控模式修正和完善活动，评估企业内部生产管控环境。如富全矿业生产过程管控目标是否完善及执行情况，企业组织结构与生产过程管控模式是否匹配，生产过程管控模式所需要的数据和信息是否存在遗漏和错误。

（2）编制生产过程管控一体化系统的实施计划。富全矿业在实施生产过程管控一体化管理模式的基础上，编制出生产过程管控一体化管理系统的实施计划，列明系统中关键项目管理要素：期望、范围、流程和工作计划、参与人员、日程表、预算、技术经济参数、企业外部要素和专业知识标准等。

（3）定期举办信息沟通大会。富全矿业定期举行生产过程管控一体化系统实施说明和交流大会，对管控一体化系统情况进行说明，明确参与者的角色和职权范围。

（4）生产管控部门对接。在执行生产过程管控模式时，需要对不同管理部门的职责分工进行明朗化，确定不同部门的职权范围和管控制度，将实施范围缩小到决定生产过程管控一体化管理成败的指定部门。

（5）确定管理模式的实施。为负责生产过程管控一体化管理模式实施的每一个部门制定好目标、活动、标准，并且同时一起验证这些目标、活动和标准。

（6）辅助性数据库系统构建。企业生产过程管控系统必然会产生海量异质数据和噪音数据等，需对数据进行过滤和转换，并存储至数据库。

5.3.3.3　生产过程管控一体化模式管理方法

生产过程管控一体化管理模式的有效运行要依赖于有效的管理方法：规范化管理、量化管理和优化管理。

A 规范化管理

规范化管理是指企业通过有关管理制度、工作标准、业务流程、操作手册等手段将企业各方面的运作程序化、固定化、标准化，使各项工作有章可循，也使得各个岗位的责权明确，达到提高企业运作效率和管理水平。要进行规范化管理，必须要制定工作标准和基本规章制度。

工作标准是企业为了获得最佳秩序和效应，由权威机构对重复性事物和概念所做的统一规定。企业应制定并执行各种技术标准和管理标准，将日常工作标准化。技术标准是对生产对象、生产条件、生产方法等所规定的标准，如基础标准、产品标准、工艺规程、操作规程、设备使用和生产作业标准、安全技术和环境保护等标准。管理标准是指企业为合理组织、配置利用和发展生产力，对各项管理工作的职责、程序和要求所做的规定，如计划标准、组织标准、程序标准、方法标准、信息处理标准、考核及奖惩标准和工作标准等。

B 量化管理

全面推行量化管理，促进企业建立良好的管理秩序和生产秩序，确保企业生产经营有机和谐地运行，有利于加强车间、班组的基础工作，使车间、班组科学管理深化；有利于规范管理行为，促进员工技术水平不断提高，保证产品的质量，提高企业经济效益等。

在组织的运行中，要对生产任务、物耗、能耗、安全、设备、劳动、生产现场、经营计划、成本、基础工作和精神文明建设等方面进行量化管理。

C 优化管理

优化管理是指以“整体最佳并非样样最优，从实际出发的整体最佳，动态是渐进的，而不是静止的”优化管理思想为指导的，提高企业管理水平和确保企业整体目标实现的管理方法。

规范化管理、量化管理和优化管理三种方法，既可以单独运行，也可以与其他方法有机结合，共同发挥作用。其中规范管理是前提，量化管理是保证，优化管理是核心，三者相互联系、相互制约、相互促进、相互发展。

5.4 富全矿业生产过程管控一体化管理实施效果

5.4.1 生产过程管控一体化系统实施效果

5.4.1.1 材料备件管理效果

A 材料、备件采购方面

准确把握市场行情，在严把质量关的前提下，坚持货比三家，采取招标采购、比价采购、网络采购、直接采购等多种形式，通过供应商重新招标，最大限度降低采购成本。选择合适供应商，建立长期战略合作关系，通过这些供应商能“召之即来”，尽快地采购到最好的材料。

B　材料库存管理方面

公司取消了车间的二级库存管理，由供销部统一对物品进行分类管理。同时为降低企业库存资金占用，加快资金周转，优化应付账款，完善“按需采购、零库存管理”的供应管理体制。

C　设备管理方面

加强对设备的检查、生产作业、保养力度，杜绝跑、冒、滴、漏现象发生。定期召开设备例会，督促各部门加强设备管理，强化检修项目周期化、检修内容标准化，进一步降低设备故障率，提高台时利用率，降低动力消耗。同时积极推进修旧利废工作，合理利用每一个螺丝钉、每一个零部件、每一块废钢板，最大限度提高材料、备件利用率。

5.4.1.2　生产作业过程改善效果

（1）改善作业环境，保障设备运行。富全矿业已建成“一站式矿山，一键式生产管理系统”，从磨选工序开始点击“开始”按钮开启生产设备，连锁控制，故障诊断报警，智能选择，优先启车，反之相同，一键启停全公司所有生产设备。同时，系统断开为几段，一旦某段系统故障，实现报警停车，不影响其他系统的正常运行。

（2）安全监测监控声光报警系统，形成了具有图形、数据、语音、图像等综合调度信息平台，实现了“技术装备智能化、生产过程可视化、信息传输网络化”，即通过一个站点即可控全公司所有生产设备、了解全公司的实时生产、经营、管理情况。

（3）集控中心集中控制主井提升系统、副井提升系统、充填系统、选矿厂、35kV 变电站井下中央变电排水泵房、水源热泵、污水处理，计量销售、井下车辆调度等 20 余个生产系统和岗位，并可通过局域网将各系统和岗位的生产情况、设备运行状态与参数、视频画面、人员和移动设备分布及运行情况，以及生产汇总表等传至公司领导的办公电脑，公司领导在办公室就可以了解生产状况，随时指挥生产。

（4）对井下所有运输车辆安装识别卡，保证对每一车辆的位置、运行轨迹等实现全方位跟踪管理，提高了工作效率，为调度人员应急处置发挥重要作用。安装高清彩色光纤摄像仪，对全矿重点场所、主要运输上下山、主要配电硐室、各主要运输皮带、人行车场、主要水仓、主要运输大巷等实现全方位视频监控，通过工业以太网联入调度监控系统，实现对监控点可视和可控。富全远程矿山管理系统的建成，实现了领导人员随时随地可以通过手机终端了解矿山各系统和岗位的生产情况，对重要设备、重要场所进行动态监视，随时了解现场情况，以便采取相应的预防和补救措施确保生产安全。

（5）提高协调管理能力，组建中央集控中心。通过实施智能化矿山的建设和系统应用，公司生产调度指挥中心能够实现对来自不同生产系统和生产辅助系统信息的综合处理和动态跟踪，保证各系统设备高效、经济、安全、可靠运行。通过对运行参数的分析，实现设备的最佳经济运行，使各种安全生产要素都置于有效的准确掌握之下，为及时指挥生产，处置安全生产突发事件，提供科学依据。

（6）中央集控中心是全矿各生产系统的控制中心及生产调度中心，上位机配备组态软件系统，编制清晰明了的系统组态画面，建设全新的人机交互实时控制系统，组建数据库系统，进行数据的智能分析，采用工业以太网网络构架，建立以光纤为传输介质的工业以太网网络，将提升、供风、通风、排水、供配电等系统有效的融为一体，可远程控制各系统和实时监视各系统的运行参数。如图5-30所示。

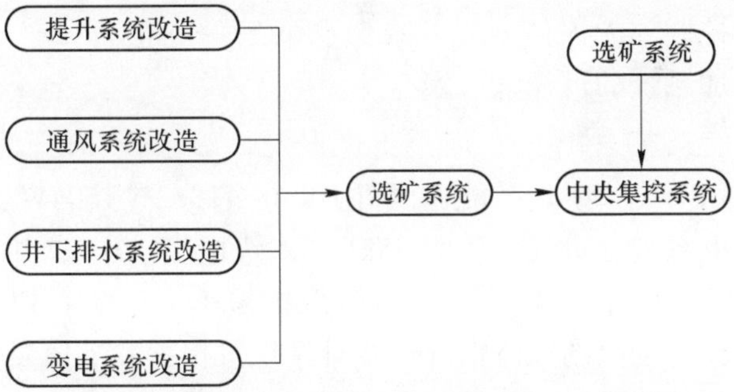

图 5-30　大型固定设施无人值守系统改造路线

5.4.2　生产过程管控一体化系统实施效益

5.4.2.1　经济效益

富全矿业生产过程管控一体化系统实施，创造了良好的经济效益。在机械化换人、自动化减人、提质增效等方面成效显著，实现全矿各系统（提升、通风、变电、排水、供风、选矿、充填等）由集控中心统一监控，全矿职工由 284 人减少至 169 人，减少作业人员 40.49%，实现大型固定设施（提升、通风、变电、排水、供风）岗位的无人值守，增加副井跟罐岗位 4 人，集控中心岗位 8 人，由 88 人减少至 12 人，减少作业人员 85.36%。

A　远程放矿操作

利用无线 Wifi 技术和无线遥控技术，实现溜井远程放矿操作。将电机车司机和放矿工并岗作业，只需输入无线接收终端序号，单键就可完成对放矿机的启停，不仅使放矿操作更加简单，而且实现远程放矿更能保证操作人员的安全。同时，节省了人力降低了运输成本，相对原来的运行模式每个运行班组节省 4 人次（3 名放矿工和 1 名主溜井辅助人员），3 个运行班组就可节约 12 人次。

B　提升系统升级

提升系统分为主井提升和副井提升。通过提升系统智能化集控的实现，在更加保证系统运行安全性的基础上，主井提升由完成一个提升循环需时 4 分 15 秒降低至 3 分 15 秒，每年可增产 40.8 万吨（主井提升岗位操作人员减少提升司机、信号工 12 人，副井提升减少岗位操作人员信号工、提升司机、推车工 24 人）。

C　自动排水系统

研发安装一套以西门子 S7-200PLC 控制器为控制单元的控制系统，补充完善温度、流量、压力、液位等检测装置，实时监控系统参数，将手动引水系统改造成射流泵自动引水系统，运用自动控制技术，设置各参数的异常报警，实现井下排水系统的自动控制和无人值守，可减少水泵工、变电工 16 人，结合多个部位的视频监控，增加系统的可靠性、安全性。

D　通风智能集控系统

通风系统采用对旋式矿用节能通风机 DK40-6-20/2 * 160kW 2 台，35kV 变电系统是全矿主配电系统，进线电压为 35kV，次级电压 10kV，共计 54 台高压柜，2 台主变容量 10000kVA，一用一备。后台保护采用 UT-99 系列综保系统，可使管理人员实时掌控巷道内的风流情况，并且系统可根据井下风量需求随时自动调节风机转速，达到节能目的，年约可节约用电费用 200 万元，减少岗位操作人员 8 人。

E　充填系统智能集控

使充填更加顺畅，减少或杜绝了人为的事故因素。同时使原配置岗位操作人员 24 人减少至 0 人，原设计充填量 50~70m^3/h 提升至最大 100m^3/h。

F　选矿厂无人操控体系

供矿系统处理量由原设计能力的 180t/h 提升至 260t/h（可节约动力费用 570.24 万元/年），人员配置由原来的 32 人减少至 0 人。磨选系统处理量原设计能力的 127t/h 提升至 180t/h（可节约动力费用 931.39 万元/年），新水用量由原来的 1.0m^3/t 矿减少至 0.6m^3/t 矿，尾矿磁性铁品位由原来的 1.2%降低至 0.7%，湿抛磁性铁品位由原来的 1.5%降低至 0.8%（可多回收精矿 7560T，增加效益 937.44 万元/年），人员配置由原来的 56 人减少至 0 人，减去增加巡视人员因素，共计减少人员配置 88 人。

通过生产过程管控一体化系统建设，富全矿业共节约人员投入 240 人以上（以每人 6 万元/年，共节约费用 1400 多万元/年），共计产生直接经济效益 3500 万元/年以上，如表 5-4 所示。

表 5-4 2012~2016 年中钢富全矿业相关指标变化情况

时间	指标				
	全员平均人数/人	全员劳动生产率/吨·(人·年)$^{-1}$	精矿完全成本/元·吨$^{-1}$	管理费/万元	选矿劳动生产率/吨·(人·年)$^{-1}$
2012 年	612	1897	897	2082	15873
2013 年	593	1863	853	1827	17586
2014 年	519	2886	725	1956	20351
2015 年	425	2671	629	1653	25789
2016 年	251	423	445	132	3620

5.4.2.2 社会效益

富全矿业生产过程管控一体化系统，不仅创造了良好的经济效益，而且取得了显著的社会效益。生产过程管控一体化系统大幅度地降低了员工的劳动强度，矿工的工作环境也由过去的“苦、脏、累、险”改变成现在的体力轻松、安全可靠，提升了矿山企业员工的社会地位。管理模式也由粗放型模式，向精细化模式转变，由重体力劳动向轻体力、脑力劳动转变。

富全矿业生产过程管控一体化系统建设的稳步推进，各工艺环节的自动化水平也越来越高，系统安全、高效运行，促进了公司员工的技术、业务素质全面提升，培养和锻炼一批懂知识、懂工艺、能熟练操作自动化高端设备的新型员工，促进了公司员工整体素质的提升。

5.4.2.3 生态效益

富全矿业生产过程管控一体化系统建设，取得了明显的生态效益。

（1）高效节能。充分利用矿井地下水源丰富的特点，开发了矿山井下水源热泵系统，实现了水资源的循环利用。

（2）可再生能源利用。水源热泵是利用了地球水体所蕴藏的太阳能资源作为冷热源，进行能量转换的冷暖空调系统，使得矿井地下水资源从水量和热能两个方面得到综合循环利用的同时，水源热泵机组运行无任何污染，无燃烧、无排烟，不产生废渣、废水、废气和烟尘，不会产生城市热岛效应，取得了很好的节水和环保效益。

（3）节水和环保。以水为冷热源，向其放出热量或吸收热量，不消耗水资源，不会对其造成污染；水源热泵机组供热时省去了燃煤、燃气、燃油等锅炉房系统，无燃烧过程，避免了排烟、排污等污染；供冷时省去了冷却水塔，避免了冷却塔的噪音、霉菌污染及水耗；开发了空压机运行状态下散发热量回收利用体系，解决了井口冬季结冰问题，减少能源浪费和温室气体排放问题。

5.4.3　生产过程管控一体化系统特点和优势

富全矿业生产过程管控一体化系统以作业生产安全、设备运行可靠、流程管理完整为具体管理目标，适应富全矿业生产和运营特点的综合管理模式。这种综合管控系统，考虑了安全、环境保护、资源合理利用等各种因素，通过各种技术、经济、组织、管理等手段的相互配合，实现了设施、系统在内的生产作业实体在寿命周期内保持、恢复或增强自身功能的综合管理。

5.4.3.1　富全矿业生产过程管控一体化系统建设的特点

富全矿业生产过程管控一体化系统运行涉及生产作业的方式、生产作业运行支持手段和生产作业的执行等内容，具有以下一些特点。

A　生产作业方式综合化

生产过程管控一体化系统中，其生产作业模块主要包括日常性管理作业和正式生产作业两大类型，两者均属于综合性生产作业方式。日常性管理作业是以管理设备、人员、财务和资源等为目的，对设备检查、检测，发现故障征兆之前所进行的各种生产作业活动。正式生产作业是以生产任务、生产计划为导向，以提高生产作业效率和安全生产为目的，对生产过程中的所有业务进行集中管理，完成企业下达的各项任务。

B　生产作业手段信息化

生产过程管控一体化系统是基于先进的生产作业技术资源信息系统支持而建立起来的数字化生产作业管理系统，通过应用中央集控系统实现了生产作业运行支持手段的整体信息化。

生产过程管控一体化系统通过先进的中央集控系统对生产作业资源信息进行汇总、梳理和处理，使生产作业资源信息成为驱动生产作业资源流动的向导，起到了动态优化生产作业资源配置的效果。

C　生产作业执行流程化

生产过程管控一体化系统的生产作业执行采用工作流的方式，对生产作业的全流程进行集成管理。一方面，由于工作流管理中生产作业工作的各项流程固化为工作流模型，所以相当一部分生产作业工作可以由计算机自动执行，同时工作流模型也定义了生产作业人员的职责，因而能大幅降低生产作业协商的工作量，从而更能提升生产作业的整体效能；另一方面，工作流管理机制使得生产作业管理更规范、更集成，降低了生产作业的管理损耗，其对生产作业流程的良好控制也使得更精确的成本核算成为可能。

5.4.3.2 富全矿业生产过程管控一体化系统建设的优势

A 信息化资源配置优势

矿山生产作业所需的资源是多样的，包括人力、信息、设备、资金、材料和能源等，其中核心的是人力设备资源和信息资源。生产管控一体化系统以改进企业的生产作业效率为目标，实现了对生产作业资源的优化配置，减少了生产作业资源的浪费，降低了生产作业成本。具体表现在以下两点：

（1）利用外包模式减少人力、物力资源，提升生产作业能力。改进生产作业的首要目标是提升生产作业效能，而让最具比较优势的单位承担相应的生产作业职能是提升生产作业效能最有效的手段，即将生产作业工作进行社会化专业化分工。生产管控一体化系统通过组合生产作业流程维度和时间维度（长期、中期和短期），提出了生产作业自己完成和外包相结合的总体模式，即在自己的生产作业能力不具有比较优势的领域，通过与专业化承包商合作来管理生产作业业务，为企业生产作业业务提供新的思路。通过生产作业业务的外包，让最具比较优势的单位承担相应的生产作业职能，减少了企业内部相应的人力、物力资源，提升了富全矿业生产作业的管理绩效。

（2）发挥好信息在资源优化配置中的纽带作用。生产过程管控一体化系统的生产作业过程采用计算机支持的协同工作，很好地实现了网络技术与生产作业过程的结合，通过网络实现生产作业资源的整合。

生产作业资源由人力资源和生产作业的工具、备品备件、时间、资金，以及信息等组成。其中，信息在整个生产作业体系中具有重要的作用，这主要体现在生产作业资源优化过程中，信息可以成为连接其他生产作业资源的纽带。信息的这种纽带作用还可以作为生产作业系统的运作动力，使生产作业系统与生产经营之间发生更加密切的联系。通过对这些信息监测、分析，可以有效、合理预测并安排生产作业计划，可以有效地提高矿物资源的可用度，使停机损失达到最小。

B 信息化管理优势

生产过程管控一体化系统从提升生产作业效能出发，在生产作业资源数字化的基础上对生产作业资源进行集中管理和统一调度，从而实现生产作业信息、生产作业流程和生产作业资源集成与优化的生产作业工作模式。生产管控一体化系统的集成化优势主要体现在：

（1）集成一体化的管理，提高了管理效率。生产作业管理涉及生产作业的资源配置、指导策略、组织结构、流程管理和绩效评价等多种管理因素，这些因素之间是相互影响和相互制约的，生产过程管控一体化系统通过从整体上对生产作业各因素进行系统整合，对模式进行创新，实现了生产作业管理系统一体化。

富全矿业首先对组织整体系统的管理循环中的各环节进行归纳，然后对系统中的流程进行分析和控制点的识别，最后依据安全、可靠、完整这三个标准对相应子流程和控制点提出执行要求，建立综合管理体系。这一综合体系以数字化表示与共享为前提，支持参与各方在一体化的管理框架下，依据具体情况协同、智能地开展生产作业工作，使得生产作业决策、生产作业工作调度和生产作业操作执行等业务流程做到协调一致，统筹安排。生产作业管理各环节和要素的系统整合，减少了富全生产作业资源浪费和生产作业工作重复，有效地避免生产作业管理系统运行冲突，确保了人员、设施、生产、流程的可靠，提高了管理的效益和效率。

（2）闭环流程式管理持续改进了工作绩效。富全实施的智能管控一体化系统作为一种创新的生产作业管理系统，其本质在于它是一种闭环式的生产作业，并以在线化的工作方式、工作流的管理机制、先进的生产作业技术作为支撑，支持生产作业协同运作和持续改进，最终实现企业生产作业的安全、可靠、目标完整，如图 5-31 所示。

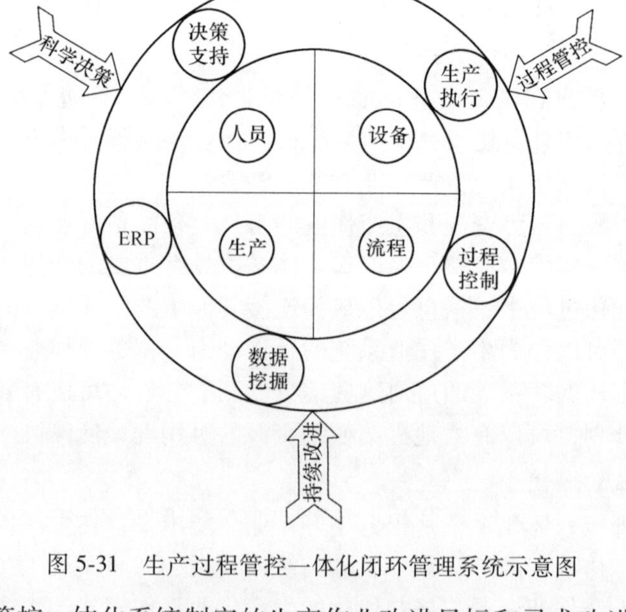

图 5-31　生产过程管控一体化闭环管理系统示意图

生产过程管控一体化系统制定的生产作业改进目标和寻求改进机会的过程是

一个持续过程，该过程使用审核发现和审核结论、数据分析、管理评审或其他方法，其具体目标包括减少停工现象、消灭库存，并合理安排生产计划、减少生产准备时间、提高劳动利用率等。

5.5 本章小结

本章在系统分析生产过程管控一体化管理模式的内涵和基本理论的基础上，针对采、运、破、选和尾等工艺流程，从数据采集层、过程控制系统层、生产执行层、企业资源计划层和决策支持层五个层面对目前富全矿业各自独立的系统进行了详细的阐述和分析，明晰了下层中的系统与上层对应系统之间的组成、功能和特点以及五层架构系统中的基础信息与高层决策层之间的关系，构建了符合富全矿业实际的生产过程管控一体化管理系统；根据富全矿业生产状况以及日常业务，构建了富全矿业生产过程管控一体化管理实施的逻辑结构、标准以及执行过程，从经济、社会和生态效益 3 个方面对生产过程管控一体化管理系统进行了系统分析，指出了富全矿业生产过程管控一体化管理的特色、优势。

参 考 文 献

[1] 荆永滨，王李管，魏建伟，等. 地下矿山开采的智能化及其实施技术 [J]. 矿业研究与开发，2007，27（3）：49~52.

[2] 徐鹏，王玉珏，李健. 物联网技术综述 [J]. 软件导刊，2011，10（05）：50~52.

[3] 吴立新. 数字地球、数字中国与数字矿区 [J]. 矿山测量，2000，（1）：6~9.

[4] 吴立新，汪云甲，丁恩杰，等. 三论数字矿山——借力物联网保障矿山安全与智能采矿 [J]. 煤炭学报，2012，37（3）：357~365.

[5] 于润沧. 采矿业发展知识经济的思考 [J]. 中国工程科学，2001，3（1）：40~43.

[6] Scoble M. Canadian mining automation evolution: the digital mine en route to minewide automation [J]. International Journal of Rock Mechanics & Mining Science & Geomechanics Abstracts，1995，32（7）：351A-A.

[7] Wang Y. Development trend and science & technology development strategy of mining technology for metallic mines [J]. Metal Mine，2006，

[8] 张力. 生产管控一体化系统在矿山生产过程中的应用 [J]. 中国仪器仪表，2009，179~182.

[9] 杨艳梅，刘心军. 计算机网络监控系统结构及在矿井运输系统中的应用 [J]. 煤炭技术，2017，36（7）：246~247.

[10] 伍海亮，王鹏，潘军义，等. 金属矿山井下 VOD 智能通风技术研究 [J]. 金属矿山，2014（06）：123~127.

[11] 任旭东，曾庆荣，尧金才. 计量装载胶带机在矿山深井箕斗提升中的应用 [J]. 有色冶金设计与研究，2016，37（1）：4~7.

[12] 周婷婷，费树岷. 基于工作流的办公自动化系统研究与设计 [J]. 工业控制计算机，

2013, 26 (04): 102~104.

[13] Eckartz S, Daneva M, Wieringa R, et al. A conceptualframework for ERP benefit classification: Results of a literature review [J]. Centre for Telematics & Information Technology University of Twente, 2017.

[14] 肖福坤, 康健, 张迎新, 张娟霞, 刘晓军. 矿山企业实施 ERP 系统方案研究 [J]. 中国矿业, 2004 (12): 24~27.

[15] Yi-Xiang W U. Decision Support Information System of Coal Enterprise [J]. Industry & Mine Automation, 2012.

[16] 张杰. 神华宁煤集团安全智能分析平台建设构想 [J]. 工矿自动化, 2012, 38 (09): 83~86.

[17] 杨云浩, 车兆学. 现代露天矿山生产信息统计分析系统设计 [J]. 露天采矿技术, 2006 (1): 52~54.

[18] 卢新明, 尹红. 数字矿山的定义、内涵与进展 [J]. 煤炭科学技术, 2010, 38 (1): 48~52.

6 “五位一体”绿色矿山建设模式与创新

6.1 资源开采对环境的影响

矿产资源是我国经济建设和社会发展的重要物质基础。长期以来，矿业领域在资源开发利用方面呈现粗放式增长模式，一方面导致矿产资源开发利用低效，资源浪费严重。75%的综合型矿山企业综合利用率不到2.5%[1]；另一方面导致矿区环境恶化，安全问题突出。据调查，矿产资源开采导致生态环境破坏严重，矿区水污染、土地流失，生态破坏影响到地方经济和人民生活。以铁矿开采为例，矿石生产流程中每一个环节都是一个污染源：开采铁矿石会破坏山体植被、污染河流；选冶过程会产生煤气、热能和废渣、废石。据统计，（1）我国目前铁矿石处理能力比发达国家低30%~40%，选矿过程中排放的尾矿占用了大量的土地资源，尾矿已经成为铁矿资源环境污染的重要因素；（2）开采活动导致大气中的粉尘含量大量增加，特别在干旱季节比较严重，加重了对周围环境的污染；（3）矿井疏干排水和选矿废水对地表水和浅层地下水造成威胁，影响到矿区农业生产和居民生活用水。以上资料表明，矿产资源、环境和经济发展之间的矛盾已成为制约我国矿业领域发展的主要问题，阻碍了矿产资源的可持续发展。

在矿产资源开发利用和环境治理方面，党和政府高度重视。20世纪80年代初，党和国家就把保护环境作为基本国策，进入新世纪，又把节约资源作为基本国策。党的十八大提出要建设生态文明，建设美丽中国，实现中华民族的永续发展，而生态文明强调的正是“人与自然的协调发展”；随后，十八届五中全会更是首次将“生态文明建设”作为引领经济发展的重大战略举措，列入“十三五规划”的任务目标，提出“创新、协调、绿色、开放、共享”的发展理念。中共中央总书记、国家主席习近平同志也多次提出“绿水青山就是金山银山”的科学论断。这些为矿山企业转变开采模式，科学高效利用资源，正确处理好资源开采与环境保护之间的关系指明了方向。

中华人民共和国成立后，随着科技进步和科学管理经验的积累，我国矿山企业在节能降耗和科学开采方面已取得长足进步，但相比国外先进采矿企业而言，仍存在一些问题。如矿山企业的能源、原材料消耗比国外先进水平高30%以上；矿产资源总回收率低10%~20%；每年可利用而未被利用的工业固体废弃物资源价值超过250亿元，等等。资源消耗高、浪费大、利用率低、对环境污染和破坏严重仍是整个矿山行业面临的共性问题，也是矿业企业亟待解决的关键技术问题。

2007 年 11 月，中国国际矿业大会召开，会上首次提出"推进科学发展、建设绿色矿山"的倡议，得到行业企业的一致认可。随后，建设绿色矿山，发展绿色矿业的研究与实践在全国逐渐推开。2008 年 12 月。国土资源部发布了《全国矿产资源规划（2008~2015）》，规划中明确提出的战略目标是，到 2020 年我国基本建立绿色矿山新格局。自此，绿色矿山建设成为新时期矿产企业可持续发展的必经之路。

6.2　绿色矿山建设的相关理论

6.2.1　可持续发展理论

可持续发展的概念最早于 1972 年联合国人类环境研讨会上正式提出，其思想从产生到形成理论体系经历了一个不断完善的过程，直到 20 世纪 90 年代初才得以确立。可持续发展从提出以来，人们就从不同角度给予不同的解释，1987 年世界环境与发展委员会提供的报告《我们共同的未来》，将可持续发展定义为：既满足当代人的需求又不危及后代人满足其需求的发展。这一定义被广泛接受并引用。1992 年，联合国召开环境与发展大会，通过了以可持续发展为核心的《里约环境与发展宣言》。随后，我国政府编制了《中国 21 世纪人口、资源、环境与发展白皮书》，首次把可持续发展战略纳入我国经济和社会发展的长远规划。1997 年中共十五大把可持续发展战略确定为我国"现代化建设中必须实施的战略"。

可持续发展理论强调了社会经济、资源与环境之间的协调性和可持续性。这一原则核心是指人类经济和社会发展不能超越资源与环境的承载能力。

6.2.1.1　资源可持续发展

要实现资源的可持续发展利用，其基本途径一是增加自然资源的有效供给；二是抑制对自然资源的需求[2]。增加自然资源的供给需要做好以下工作：（1）加强资源调查勘测工作，摸清家底，为决策提供准确、可靠的依据。（2）对于可再生资源来说，可以通过一定的手段加强资源的繁殖与培育，加快存量的增长。（3）对于现有的资源要"节流"，即要通过对资源的综合利用，特别是一些不可再生资源，要"吃干榨尽"，进而减少对于资源总量的需求。抑制对自然资源的需求，应着手做好以下工作：（1）节约利用自然资源。一种资源的节约带来的效益不仅是保护了这种资源，还有许多相关效益。（2）发展替代资源。替代资源包括生产中的替代和消费中的替代。由于科学技术的发展，使得我们有可能在生产中用一种物质代替另一种物质，而同时保护产品用途、质量等不受影响。这样，稀缺资源的需求就会受到抑制，从而延长其可供利用的时间。在消费中替代，即以某种产品替代另一种产品，而同样可以满足人们消费的要求，同时又大大节省了燃料消耗，降低了对能源的需求。

6.2.1.2 采矿行业与可持续发展

采矿行业与可持续发展密切相关，由于矿产资源储量一定，经过开采，最终面临资源枯竭，如何实现矿区可持续发展一直是一个难题。矿山开采过程中的高难度废弃物（如尾矿、废石等）需要大面积的堆置场地，从而导致土地过量占用和场地原生态环境的破坏；废石、废渣等废物中含有酸性、碱性、毒性、放射性或重金属成分，通过地表水体径流、大气飘尘污染环境。因此，采用科学开采方法和模式是可持续发展的必要选择。

6.2.1.3 可持续发展与绿色矿山

绿色矿山不是简单的矿山绿化和复垦工程，而是通过矿产资源的节能、降耗、循环利用，将"绿化"贯穿于设计、开采、运输等全生命周期，实现经济效益、社会效益、环境效益、资源效益的协调统一。绿色矿山将可持续发展的理念贯穿矿山建设之中，目标是实现人、自然、社会的全面协调可持续发展，因而可持续发展理论对于绿色矿山的发展具有重要的理论指导作用。

6.2.2 循环经济理论

循环经济的思想萌芽于 20 世纪 60 年代，由美国经济学家 K. 波尔丁提出，主要指在人、自然资源和科学技术的大系统内，在资源投入、企业生产、产品消费及其废弃的全过程中，把传统的依赖资源消耗的线型增长经济模式转变为依靠生态型资源循环发展的经济模式。

循环经济起源于工业经济，核心是工业物质的循环。可以说循环经济是对物质闭环流动型经济的简称，本质上是一种生态经济。循环经济倡导在物质不断循环利用的基础上发展经济，建立"资源—产品—再生资源"的新经济模式，以改变"资源-产品-污染排放"的直线、单向流动的传统经济模式，从而把经济活动对环境的影响降低到尽可能小的程度。

循环经济的基本原则为 3R 原则，即减量化（reduce）、再利用（reuse）、再循环（recycle）。"减量化"原则属于输入端方法，旨在减少进入生产和消费流程的物质量。该方法通过预防方式而不是末端治理的方式来避免和减少废弃物的产生。厂商可以通过减少每个产品的物质使用量，通过重新设计制造工艺来节约资源和减少排放。"再利用"原则属于过程性方法，目的是延长产品和服务的时间强度。该方法通过尽可能多次以及尽可能多种方式地使用已经使用的产品，避免物品过早地成为垃圾。“再循环”原则属于输出端方法，通过把废弃物重新变成资源循环利用。通常废品的回收利用和废物的综合利用属于再循环方法。资源化能够减少垃圾的产生，减少最终处理量，生产能源消耗较少的新产品。

根据循环经济理论，企业推行清洁生产，减少产品和服务中物料和能源的使用，实现污染物排放的最小量化，必须从以下几方面着手：（1）减少产品和服务的物料使用量；（2）减少产品和服务的能源使用量；（3）减少有毒物质的排放；（4）加强物质的循环使用能力；（5）最大限度可持续地利用可再生资源；（6）提高产品的耐用性；（7）提高产品与服务的强度。

矿产资源的开发要实现循环经济，必须做到：首先，要靠经济持续发展，追求经济效益是矿业循环经济的目的之一，经济效益表现在严格遵守市场经济规律，使矿产原材料、产品的销售收入和利润不断稳步增长，有了经济效益就有条件、有能力解决矛盾。其次，要靠矿产资源持续增长，除保护、节约资源，提高矿产资源利用率、回收率之外，要充分挖掘现有资源中的“附加值”，向资源低消耗、产出高效益转变。矿山要精心设计、规范管理和科学开采，降低综合成本，提高回采率，延长矿山服务年限。最后，环境保护与经济效益提高相互依存，不能以牺牲环境生态为代价来提高资源经济效益。

6.2.3 绿色经济理论

绿色经济概念由英国经济学家 Pearce 1989 年提出，人们从不同角度对“绿色经济”做出了不同解释，联合国环境规划署（UNEP）将绿色经济定义为一种“促成提高人类福祉和社会公平，同时显著降低环境风险，降低生态稀缺性的环境经济”。张叶[3]在《绿色经济问题初探》一文中指出：“我们从发展绿色经济是为了经济社会可持续发展这一目的出发，将其解释为在生产、流通、分配、消费过程中不损害环境和人的健康并且是能盈利的经济活动。”

6.2.3.1 绿色经济的内涵与特点

（1）绿色经济概念具有丰富的内涵。它所强调的是发展而并不仅仅是增长，而且是一种以资源与环境为基础，协调经济、资源、环境关系的发展，体现了协调发展的思想。它把“节约自然资源和改善生态环境”作为经济发展的必要内容，兼顾了经济、生态和社会三个效益的有效结合，提出了经济发展要以自然资源和生态环境为基础，与可持续发展的基本要求相一致。

（2）绿色经济具有宽泛性特点。凡是在生产、消费、分配、交换的各个环节上节约了资源、减少了污染、保护了环境的经济，都可以称之为绿色经济。它强调经济发展要以自然资源节约和环境保护为基础，强调了社会的发展要实现经济社会生态效益的兼顾与统一；它强调经济发展要考虑到经济与自然、环境的关系，要在协调中发展，要以可持续发展为出发点。绿色经济的实现形式有的采用清洁生产技术，有的则是在新的观念指导下，选择绿色消费方式或生活方式等，如绿色家庭、绿色社区建设就主要是通过绿色消费方式来实现“绿色经济”目标的。

6.2.3.2 绿色经济与绿色矿山

随着我国经济高速发展，资源开采、消费过程对环境造成的影响逐步凸显。新型工业化道路的提出迫使人们考虑“绿色矿山”问题。

绿色矿山的内涵就是减少资源开发对生态环境的破坏，为此就会形成一种资源与环境相互协调的资源开发理念。绿色矿山以及相应的绿色开采技术、基本概念是从广义资源的角度认识和对待地下可以利用的资源；根本出发点是从资源开发的角度防止或尽可能减轻资源开发对环境和其他资源的不良影响；目标是取得最佳的经济效益、环境效益和社会效益。从广义资源角度来看，地下埋藏的气体、液体、固体矿产都应该是该矿区应该开采的对象，绿色开采就是要充分挖掘一切可以利用的资源。如冶金矿山开采中，原先多数矿山总是瞄准区内主要矿产品，对共伴生矿视而不见，直接抛弃，或者只是附带开采，但绿色矿山要求尽可能利用这些资源，减少资源的浪费，降低对于生态环境的破坏。与此同时，要从源头上采取措施减轻开采对环境的破坏。从开采的角度采取措施，从源头消除或减少采矿对环境的破坏，而不是允许先破坏后治理，这样才符合绿色经济的原则。

6.2.4 清洁生产理论

清洁生产的理念可追溯到 20 世纪 70 年代，欧洲共同体在法国巴黎举行了“无废工艺和无废生产国际研讨会”，提出“消除造成污染的根源”的思想。1989 年 5 月，联合国环境规划署提出了清洁生产概念：清洁生产是指将综合预防的环境保护策略持续应用于生产过程和产品中，以期减少对人类和环境的风险。

清洁生产的主要内涵：清洁生产首先是一种创新的思想，该思想将整体预防的环境战略持续应用于生产过程、产品和服务中，以减少人类及环境面临的风险和增加生态效率。清洁生产主要内涵包括以下四个方面：（1）清洁的生产过程。节约原料和能源，消除有毒原料或减少所有排放物和废物的数量及毒性。（2）清洁的产品。从原材料的提炼到最终被处理的产品整个生命周期的角度，来减少产品所带来的负面影响。（3）清洁的能源。常规能源的清洁利用，可再生能源的利用，新能源的开发，各种节能技术的推广以提高能源的利用率等。（4）清洁的服务。把对环境的关心与服务的设计和提供结合起来。

依据可持续发展对资源、环境的要求，清洁生产应完成以下任务：（1）通过资源的综合利用、短缺资源的代用、二次能源的利用以及节能、降耗、节水，合理利用自然资源，减缓资源的耗费。（2）减少废物和污染物的排放，促进社会财富的增加、消耗过程在环境的可承受范围内，降低工业活动对人类和环境的威胁。

6.2.5　国内外研究现状和发展趋势

6.2.5.1　国外研究现状

国外绿色矿山理论研究最早可追溯至19世纪，但含义远没有现在的内容丰富，仅仅指矿区环境绿化。二战后，逐渐扩展为“资源综合利用”。目前，绿色的理念已经融入矿产资源开发的全过程，他们主要通过法律法规、行业规定等来强制矿业企业在“绿色”的轨道上发展。

理论研究方面，A. W. 克拉格在详细论述矿产资源开发过程中，企业必须兼顾采矿、环境、社会与经济之间的关系[4]；Preston S. Chiaro 指出，所有的矿业公司面临的挑战就是：既能获利性地生产矿产品，又能保护环境和社会福利[5]。杰克．科林认为，拓展矿业一定要考虑资源的充分利用、环境的保护、员工的培训和发展以及当地的经济社会发展。Douglas C. Yearley 指出，矿产资源型企业必须适应和创造一种新的经营方式来实现矿业经济的可持续发展，而建设绿色矿山，发展绿色矿业是最好的选择[6]。Fleury A M、Davies B 认为，应该将环境保护纳入资源开采成本中[7]。L、Z 和 M 等人运用博弈论观点，对比了绿色矿山企业与传统企业相比遇到的市场、组织和技术方面的障碍，提出了市场、政府和技术范畴的激励机制[8]。Kuipers J R，Carlson C 分析了矿区复垦实践的研究[9]。Fuisz-Kehrbach S K 建立了一个三维框架（活动类型—可持续发展问题的解决—价值链的组成，CSA），辨识出80%已界定的可持续性活动，总结出矿山企业可持续发展活动类型分布[10]。

归纳以上研究，国外理论研究主要集中在分析矿山企业资源开采与环境、经济之间的关系，认为要处理好资源开采与环境和谐发展的关系，必须走绿色矿山的路径，并从激励机制、土地复垦和可持续的价值链活动中探讨路径。

美国对绿色矿山建设的研究主要涉及两个方面：一是矿山环境治理技术，美国联邦政府1977年颁布的《露天采矿土地复垦法》规定，采矿权人开采土地所造成的破坏，必须恢复到原来状态，而不能对公共环境造成危害。二是加强立法促进人与自然的和谐发展。美国早在20世纪70年代就颁布了《国家环境政策法》《清洁水法》《清洁空气法》《露天采矿管理与土地复垦法》等，并陆续建立了矿山环境审查评价制度、环境恢复保证金制度、环境许可证制度、矿山环境监督制度等，通过法律和政策手段促进绿色矿山建设。

加拿大非常重视矿区环保工作，不但有详尽的法规制度、明确的部门分工，还将环保工作贯穿整个开发过程。加拿大联邦《矿业法》规定，对尾矿中有害物质谨慎对待，对矿山或采矿用地的恢复、资源回收以及土地复垦应当谨慎对待；尾矿处置需提出申请，申请人提交的报告中应当包括所有地面建筑和操作设备及尾矿和废物处理的相关情况介绍，同时，申请报告中必须包含对于矿区恢复、回收和复垦的具体方法和措施计划；尾矿设备等同于矿业生产设备处理，矿场承租人不得随意拆除尾矿处理设备，在放弃或移交采矿权，或者采矿权被取消或没收的情况下，如果未经书面授权，也不得随意拆除相关设备等。

澳大利亚确立了矿业可持续发展目标，组织制定并出台了一系列政策制度，《持久价值——澳大利亚矿业可持续发展框架》是指导矿业投资活动的纲领性文件，要求矿山企业在做到自身盈利的同时，通过采用先进的开发技术，优先保护生态环境，对矿区的发展负责，有效地促进了矿山环境保护工作。

在发展中国家，没有专门的绿色矿山建设理论，而是根据本国的矿业发展情况制定了相关的环境保护、资源开发政策制度，并且也开展了本国的矿业可持续发展战略研究。多数发展中国家工业化起步晚，矿山建设一直采取粗放式增长方式，所以环境污染比发达国家严重。南非属于典型的矿业大国，其矿山建设制度也经历了典型的先污染后治理，制度与法律法规建设由不完善到较为完善的阶段。1992 年颁布的新《矿产法案》要求所有的矿山和矿产加工场地均应提交矿山复垦规划与实施计划，并保证足够的资金可用于矿山复垦和闭坑工作。另外，建立了矿山环境恢复保证金制度，用于保护矿山环境，在闭坑、停办、关闭矿山后，开展矿山环境恢复治理、地质灾害防治等工作。印度的环境保护法对污染物排放标准和限制采矿地区做了规定。越南的矿业法规定了采矿活动区域和环境保护，还规定应加强环境恢复的技术开发。

6.2.5.2 国内研究现状

2007 年，中国国际矿业大会提出“发展绿色矿业”的倡议，指出转变以消耗资源、牺牲环境和高耗能为特点的传统资源开发利用方式，真正实现资源开发与环境保护协调发展。自此，理论界围绕“绿色矿山”和“绿色矿业”展开了深入讨论和研究。归纳国内绿色矿山的理论研究，主要集中在以下方面：

（1）绿色矿山内涵。刘军、刘丽涵等认为在新形势下，节能、低耗、环保和可循环是绿色矿山的基本内涵[11]；孙维中认为绿色矿山是融合社会可持续发展的崭新矿山形象，其建设应注重矿产资源的高效开发，又注意与周边环境协调发展[12]；黄敬军认为绿色矿山应强化经营绿色，确立矿山资源环境一体化[13]。温吉洋、郭守仁等认为绿色矿山是将“环境第一”的现代理念和“绿色”意识贯穿始终，将文明矿山概念上升到精神文明的高度[14]。贾晓晴认为绿色矿山是实现矿产资源合理开发利用、资源开发与生态环境相协调[15]。乔繁盛、栗欣认为绿色矿山与绿色矿业的内涵在本质上相同，绿色矿业是指在矿山环境扰动量小于区域环境容量前提下，实现矿产资源开发最优化和生态环境影响最小化，这一内涵同样适用于绿色矿山[16]。刘玉强认为绿色矿山是从地质勘探到矿山闭坑后的生态环境恢复重建的全过程均按照资源利用集约化、开采科学化、企业管理规范化、生产工艺环保化、采矿充填常态化、矿山环境生态化的要求开发经营[17]。刘建兴认为绿色矿山既包含资源高效开发利用和生态环境防治等，更有在绿色、可持续和创新导向下，实现矿山循环经济与低碳经济的深刻内涵[18]。

（2）绿色矿山建设。曾普海、吉学文等指出绿色生态矿山建设可以通过生产过程控制、工艺流程设置、资源开发利用、废物循环利用、生产作业环境、厂区生态环境、生产生活环境建设 6 个方面来体现[19]。陈斌、张有乾等提出了一套以煤炭开采为研究对象，力求最大化利用资源，并且尽量保证安全、高效，将对环境的破坏程度降到最低，有利于可持续发展的绿色开采理论体系[20]。刘恩伟、胡建军指出绿色矿山的建设目标是将资源消耗降到最低、尽量使资源能够循环利用，同时起到保护生态环境的作用[21]。

（3）绿色矿山建设模式。王小娜认为清洁生产是建设环保型绿色矿山的最佳模式，清洁生产体现了预防为主的环境战略、集约型增长方式、环境效益与经济效益的统一，其有利于矿山企业技术和管理水平的提升，是保证企业长远发展的基石[22]。安广义等人在《承德绿色矿山》中，将承德当地的绿色矿山划分为四种模式，分别是：周台子模式——园林式矿山新村；北大岭式——园林矿山；寿王坟模式——充分利用型；黑山模式——安全典范[23]。石锐钦根据同煤集团塔山煤矿的绿色矿山建设实践，介绍了“塔山模式”循环经济、建设千万吨矿井的具体实践，认为先进管理模式和先进技术对矿井科学发展提供了重要的保障，而先进的管理和成熟的企业文化为矿井安全高效和绿色和谐发展提供了坚强保证[24]。乔繁盛、栗欣提出了加快转变矿业经济发展方式为主线的绿色矿山建设战略，总结了典型矿山的工业循环经济园区的企业发展模式，归纳为清洁生产、循环经济、先进的管理模式、先进技术和成熟的企业文化[25]。

6.2.5.3　国内外研究评述及发展趋势

目前国外研究主要侧重于宏观方面分析，集中于主要矿业生产大国的矿山建设实践和法律法规分析。发达国家的矿山建设实践方面，主要通过立法来明确矿业企业的生产环境责任和社会责任，要求企业在生产过程中必须加强对环境的保护和恢复治理。其次是关注生态矿区产业链的构建，通过矿山企业的相互协作、技术创新和实行管理模式创新，降低矿山企业危害物质的排放。

国内研究文献较多，主要集中在绿色矿山内涵、绿色矿山建设内容和绿色矿山建设模式方面。不同研究文献集中认为“绿色矿山”内涵包含了在绿色、可持续、创新导向下发展矿山循环经济与低碳经济的新内容。在绿色矿山建设模式研究上，通过分析国内比较成功的绿色矿山建设模式，总结矿山建设经验，强调应在因地制宜的原则下建设绿色矿山。

从前述研究现状来看，绿色矿山是当今国内学界、政府十分关注的热门话题，国内关于绿色矿山的研究众多，其中也不乏研究深邃且富有理论见地之作。然而，总体上看，以上研究仍存在一些明显的不足：一是宏观层面上的研究较多，对具体行业和企业研究较少，无益于相关政策制定；二是理论多于实证，对实践指导作用有限。而已有研究就围绕矿山资源高效开发、创新技术应用、环境修复和实现循环经济等方面，关于某一矿山企业特别是铁矿企业的绿色矿山建设实践的文献较少。

从国内外的理论研究和实践来看，推动节能减排、绿色矿山建设将是今后矿山企业建设的重要内容，是安全、高效、绿色、环保矿山的重要组成部分。

6.3 绿色矿山在国内的发展历程与实践

6.3.1 绿色矿山在国内的发展历程

6.3.1.1 绿色矿山

绿色矿山是一种综合考虑资源开发利用和环境影响的现代矿山建设模式，其目标是使矿产资源的开发从设计、建设、生产、服务期满的整个生命周期中，资源利用率高、环境影响小、综合效益大，使矿山企业经济效益与社会效益、生态效益得到协调优化[26]。从一定意义上讲，构建绿色矿山，就是实施矿山企业的清洁生产和循环利用。

6.3.1.2 绿色矿山发展历程

“绿色矿山”概念自提出以来，在我国已有十个年头的发展。表 6-1 记录了绿色矿山在我国发展的关键事件。截至目前，国家级绿色矿山试点单位已超过 660 家，涵盖全国 29 个省（自治区、直辖市）；行业覆盖能源、黑色、有色、黄金、化工、非金属及建材等领域；从企业性质看，涉及国有、民营和外资企业。

表 6-1 绿色矿山发展大事记

时间	事件
2007.11.13	中国国际矿业大会，国土资源部部长徐绍史首次提出“发展绿色矿业”的倡议

续表 6-1

时间	事件
2009. 1. 7	国家发改委、国土资源部联合发布了《全国矿产资源规划（2008~2015）》，提出发展“绿色矿业”明确要求，确定“2020 年基本建立绿色矿山格局”的战略目标
2009. 1. 20	中国矿业联合会四届五次常务理事会上，通过了《绿色矿业公约》，倡议全国矿山企业要加强行业自律，履行企业社会责任，推进绿色矿业
2010. 5. 13	中国矿业联合会发布中国矿山企业《2009 年社会责任报告》。明确要求：继续坚持“节约资源、保护环境”的要求，积极推进绿色矿山建设；保障“安全生产”，积极促进矿山与社区的和谐
2010. 8. 13	国土资源部发布了《关于贯彻落实全国矿产资源规划发展绿色矿业建设绿色矿山工作的指导意见》，随文附带了《国家级绿色矿山基本条件》，这是第一份以官方文件的形式提出的建设“绿色矿山”的明确要求
2010. 9. 5	“2010 中国矿业循环经济论坛”主题为“绿色矿山建设，资源综合利用”。主要内容之一是宣传创建“绿色矿山”的重要意义
2011. 3. 19	国土资源部公布了首批“绿色矿山”试点单位名单，同煤大唐塔山煤矿有限公司等 37 家单位上榜
2011. 11. 21	中国矿业联合会，第五次会员代表大会，“资源可持续利用促进经济社会的可持续发展”，首批“绿色矿山”企业授牌
2012. 4. 18	国土资源部公布第二批“绿色矿山”试点单位名单，共 183 家单位为第二批国家级绿色矿山试点单位
2012. 6. 14	国土资源部发出通知，到 2015 年，建设 600 个以上试点矿山，形成标准体系及配套支持政策措施；2015~2020 年，全面推广试点经验
2013. 2. 28	国土资源部公布第三批 239 家国家级绿色矿山试点单位名录
2014. 7. 28	国土资源部公告了第四批 202 家国家级绿色矿山试点单位。至此，国家级绿色矿山试点单位总数已增至 661 家，其中首批 35 家企业通过了国家级绿色矿山验收

6.3.2 绿色矿山在国内的建设实践

绿色矿山提出后，在政府部门和行业协会的推动下，矿山企业都积极采取措施，因地制宜，充分挖掘企业与环境的优势资源，开展绿色矿山建设，形成许多典型做法和模式。具有代表性的绿色矿山模式[27]有以下几种。

6.3.2.1 科技创新模式

实施科技创新，建立产、学、研一体化平台，努力打造全国一流的资源综合利用示范基地。在共伴生资源综合利用方面追求“吃干榨净”的目标，获得经济效益与环境效益双突破。代表性企业有冀中能源集团、辽宁首钢硼铁有限公司、宝钢梅山矿业等。辽宁首钢硼铁公司利用自身科研优势，积极抢占技术制高点，与中国科学院工程研究所合作建立了院士工作站，与国内多家高等院校、科研院所合作建立了产学研一体化平台以及面向国内硼化工行业的研究服务中心，努力打造绿色矿山。

6.3.2.2 循环经济模式

发展循环经济的基本做法是在传统矿山采、选、冶至排放、回收的各个环节上，对各种废弃的固体、液体、气体物质及能源的再回收和再利用，努力实现经济效益与环境效益的最大化。发展循环经济模式的企业有同煤集团的塔山煤矿、河北钢铁集团滦县司家营铁矿公司等。河北钢铁集团滦县司家营铁矿公司在绿色矿山建设中立足高起点开局，倾力做好循环经济大文章。在剥离岩土和尾矿砂综合利用、采矿排水及尾矿回水综合利用、综合回收利用低品位铁资源等方面取得重要突破，实现了较好的经济效益。

6.3.2.3 环境建设模式

环境建设模式是以矿山地质环境治理和土地复垦为出发点，开展诸如矿山公园建设、生态农业开发等多种形式的环境建设工作，实现资源开发与生态产业建设相结合，努力打造环境友好型矿山。代表性企业有云南磷化集团昆阳磷矿、德兴铜矿等。德兴铜矿经过多年的努力，实现了绿化、美化、亮化，完成了“一河两岸”建设，综合治理了大坞河，全矿绿化覆盖率32.3%，人均绿地面积7.56m^2，达到全国城市规划水平，并被全国绿化委员会评选为“全国部门造林绿化400佳单位”。

6.3.2.4 和谐矿区模式

构建和谐矿区的基本做法是，继承传统的文化积淀，以“天人合一”等传统文化的发扬为抓手，以企业文化建设为载体，积极主动地承担社会责任，对矿山企业的外部环境改善发挥重要作用。代表性企业有内蒙古尧尔忽金矿有限公司、辽宁抚顺罕王傲牛矿业有限公司傲牛铁矿等。傲牛铁矿以企业文化建设为载体，积极主动地承担社会责任，对外以慈善帮扶为切入点，对内以人本文化为抓手，对矿山企业的外部环境改善发挥了重要的作用。此外，中盐金坛盐化有限责任公司金坛盐矿“贤文化”建设，山东美银矿业有限公司“仁、诚、善、礼”企业文化建设，都为绿色矿山建设提供了良好的示范。

6.3.2.5 清洁生产模式

清洁生产是指生产过程中贯彻清洁无污染理念，通过源头控制、过程控制和终端控制的方式，把好原料、生产工艺、废弃物处理关，建设绿色矿山。如邯郸冶金矿山企业，在原燃材料采购、选用无污染或少污染的原料、燃料，把好原料投放和设计的准入关口；在生产过程中，采用规范的绿色操作流程，消除污染物；在生产末端，严格执行国家或省、市污染物排放标准和防控技术，经济效益和生态效益成效明显。

6.3.3 取得的成效及启示

6.3.3.1 取得的成效

（1）推动了绿色矿山在国内的试点建设，在全社会营造了建设绿色矿山，发展绿色矿业的良好氛围，提高了矿山企业对绿色发展的认识和认知。

（2）推动了地区和企业的试点示范，形成了一批典型模式和典型经验。

（3）初步形成了以发展绿色矿业为核心的，包括规划、标准、政策在内的宏观管理框架。表 6-2 为国家级绿色矿山的建设条件。

（4）推动了一批企业在科学管理和节能减排的转型升级。

表 6-2　国家级绿色矿山的基本条件

建设条件	主要内容
依法办矿	一是严格遵守《矿产资源法》等法律法规，合法经营，证照齐全，遵纪守法；二是矿产资源开发利用活动符合矿产资源规划的要求和规定，符合国家产业政策；三是认真执行《矿产资源开发利用方案》《矿山地质环境保护与治理恢复方案》《矿山土地复垦方案》等；四是三年内未受到相关的行政处罚，未发生严重违法事件
规范管理	一是积极加入并自觉遵守《绿色矿业公约》，制定有切实可行的绿色矿山建设规划，目标明确，措施得当，责任到位，成效显著；二是具有健全完善的矿产资源开发利用、环境保护、土地复垦、生态重建、安全生产等规章制度和保障措施；三是推行企业健康、安全、环保认证和产品质量体系认证，实现矿山管理的科学化、制度化和规范化
综合利用	一是按照矿产资源开发规划和设计，较好地完成了资源开发与综合利用指标，技术经济水平居国内同类矿山先进行列；二是资源利用率达到矿产资源规划要求，矿山开发利用工艺、技术和设备符合矿产资源节约与综合利用鼓励、限制、淘汰技术目录的要求，“三率”指标达到或超过国家规定标准；三是节约资源，保护资源，大力开展矿产资源综合利用，资源利用达国内同行业先进水平
技术创新	一是积极开展科技创新和技术革新，矿山企业每年用于科技创新的资金投入不低于矿山企业总产值的1%；二是不断改进和优化工艺流程，淘汰落后工艺与产能，生产技术居国内同类矿山先进水平；三是重视科技进步。发展循环经济，矿山企业的社会、经济和环境效益显著

续表 6-2

建设条件	主要内容
节能减排	一是积极开展节能降耗、节能减排工作，节能降耗达国家规定标准；二是采用无废或少废工艺，成果突出，“三废”排放达标，矿山选矿废水重复利用率达到90%以上或实现零排放，矿山固体废弃物综合利用率达到国内同类矿山先进水平
环境保护	一是认真落实矿山恢复治理保证金制度，严格执行环境保护“三同时”制度，矿区及周边自然环境得到有效保护；二是制订矿山环境保护与治理恢复方案，目的明确，措施得当，矿山地质环境恢复治理水平明显高于矿产资源规划确定的本区域平均水平，重视矿山地质灾害防治工作，近三年内未发生重大地质灾害；三是矿区环境优美，绿化覆盖率达到可绿化区域面积的80%以上
土地复垦	一是矿山企业在矿产资源开发设计、开采各阶段中，有切实可行的矿山土地保护和土地复垦方案与措施，并严格实施；二是坚持“边开采，边复垦”，土地复垦技术先进，资金到位，对矿山压占、损毁而可复垦的土地应得到全面复垦利用，因地制宜，尽可能优先复垦为耕地或农用地
社区和谐	一是履行矿山企业社会责任，具有良好的企业形象；二是矿山在生产过程中，及时调整影响社区生活的生产作业，共同应对损害公共利益的重大事件；三是与当地社区建立磋商和协作机制，及时妥善解决各类矛盾，社区关系和谐
企业文化	一是企业应创建有一套符合企业特点和推进实现企业发展战略目标的企业文化；二是拥有一个团结战斗、锐意进取、求真务实的企业领导班子和一支高素质的职工队伍；三是企业职工文明建设和职工技术培训体系健全，职工物质、体育、文化生活丰富

6.3.3.2 启示

(1) 以绿色发展理念为指导，坚持科学发展、处理好企业经济效益和生态效益、社会效益的协调发展，是新时期企业发展的指导方针。党的十八大报告指出，必须树立尊重自然、顺应自然、保护自然的生态文明理念，把生态文明建设放到突出位置。

(2) 建立超前的绿色发展规划，选择科学合理的绿色发展道路。在党和政府绿色发展理念和绿色矿山建设的倡导下，矿山企业在大胆闯、大胆试，形成了各具特色的绿色矿山模式，符合企业市场经济发展规律。

(3) 正确处理好资源开发和环境保护的矛盾，以最低的资源消耗和最小的环境代价获取最大的经济效益、生态效益和社会效益，是新时期企业面临并需积极应对的根本问题。

6.4 “五位一体”绿色矿山建设模式

6.4.1 “五位一体”绿色矿山的内涵

“五位一体”绿色矿山是以国家级绿色矿山的基本条件为依据，结合中钢富全矿业实际，在矿山开采建设过程中，坚持以资源合理利用、节能减排、保护生态环境和社区和谐为主要目标，以开采方式科学化、资源利用高效化、企业管理规范化、生产工艺环保化、矿山环境生态化为要求，追求循环经济模式，注重资源效益、生态效益、经济效益和社会效益相互统一，将绿色矿业的理念与实践贯穿于矿产资源开发利用的全过程。

6.4.2　"五位一体"绿色矿山建设目标与原则

6.4.2.1　建设目标

根据绿色矿山建设内涵，以建设"集约高效、绿色新型、本质安全型智能化矿山"为理念，紧紧围绕矿产资源综合高效利用，大力实施科技创新战略，完善监督考核约束机制，建设适合富全矿业可持续发展的现代化、低碳环保的绿色矿山。

6.4.2.2　建设原则

A　可持续发展原则

可持续发展是指导社会经济发展的根本性原则。绿色矿山建设从规划到实施应坚持人与自然、社会的协调性发展和可持续性发展，兼顾经济效益、社会效益和生态效益的统一。

B　效益优先原则

富全矿业属于生产企业，企业以追求利润最大化为基本原则，绿色矿山建设改革措施要充分考虑成本效益关系，将企业短期效益和长期效益结合起来进行考虑。

C　科学性原则

绿色矿山建设应坚持科学性原则，矿山建设模式的选择、生产工艺革新以及节能减排措施应以科学性原则为指导，避免不必要的损失。

D　系统性原则

绿色矿山建设要以系统论为指导，坚持系统性原则，建设模式的设计和运行应站在企业实际，从人、财、物等全盘角度去思考问题，兼顾企业内外发展相统一，构建和谐矿山。

E　开放性原则

绿色矿山建设应坚持开放、包容建矿原则，建设过程中应充分吸纳国内外及行业领域内的优秀成果和实践经验，以先进的技术和理念指导绿色矿山建设，加强与同行的交流与合作，兼容并蓄，科学发展。

6.4.3 “五位一体”绿色矿山建设模式

富全矿业“五位一体”绿色矿山建设模式是指以资源综合利用为核心，以循环经济为依托，以节能减排为重点，以技术创新为支撑，以科学管理为保障，打造“绿色、和谐、现代化矿山”。架构如图 6-1 所示。

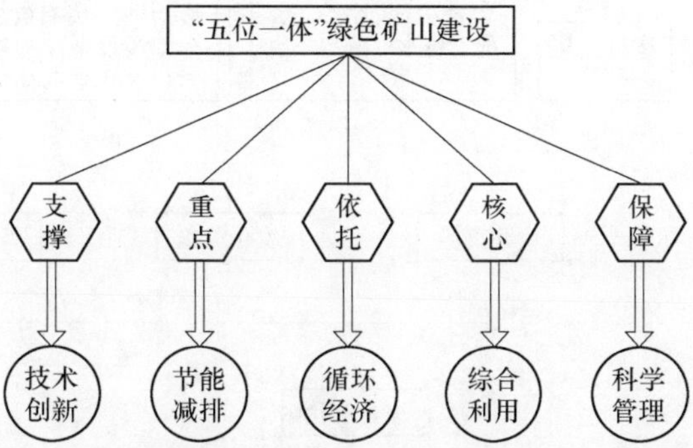

图 6-1 山东富全矿业“五位一体”绿色矿山建设模式

6.4.3.1 资源综合利用是核心

“五位一体”绿色矿山建设，资源综合利用是核心。资源综合利用既是绿色矿山建设的重要内容，也是企业生产经营的构成部分。

矿产资源综合利用就是在开发利用矿产资源的过程中，以减少对环境的污染为前提，以最大限度地利用矿产资源为目的的开发利用。矿山企业应结合企业实际，按照国家绿色矿山建设的要求，提高铁矿资源的综合利用水平，具体做到：（1）按照公司矿产资源开发规划和设计，完成资源开发与综合利用指标，技术经济水平达到国内同类矿山先进行列；（2）资源利用率达到矿产资源规划要求，矿山开发利用工艺、技术和设备符合矿产资源节约与综合利用“鼓励、限制、淘汰技术目录”的要求，矿产资源开采“三率”指标达到或超过国家规定标准；（3）节约资源，保护资源，大力开展矿产资源综合利用，资源利用达国内同行业先进水平。

矿产资源综合利用方面主要应包括三个方向：一是对矿产开采过程中复杂共生、伴生矿物和低品位矿、难利用矿的综合利用；二是对社会使用和消费矿产品及其深加工产品过程中产生的各种废弃物进行回收和再生利用；三是对选矿过程中产生的尾矿、废石的综合回收和合理利用。

铁矿资源综合利用运行流程图如图 6-2 所示。

为了提高资源综合利用水平，实现矿产资源“吃干榨净”的目标，矿产资源开发过程中，重点围绕以下几方面开展工作。

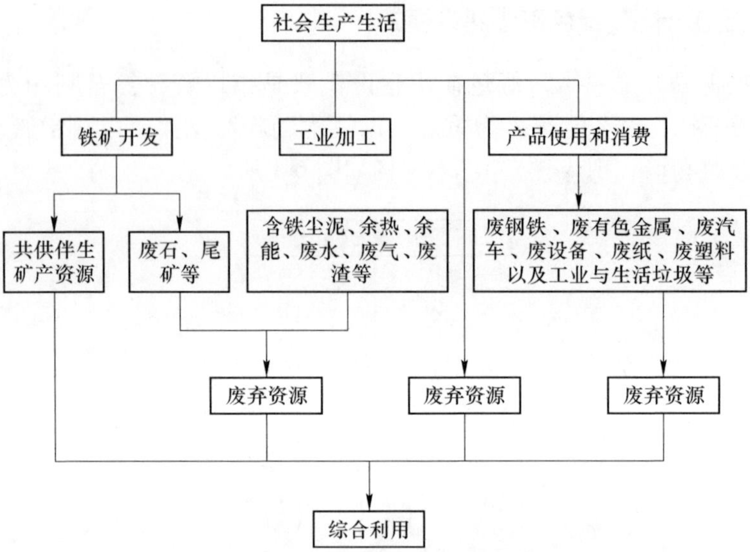

图 6-2　铁矿资源综合利用运行流程图

（1）进一步加强生产设备更新及技术改造，提高资源回收率。通过实施选矿抛尾再选流程技术改造及优化，取消尾矿浓密机浓密工艺，采用最新的磁悬浮精选机替代普通磁悬浮精选机，达到降低选矿成本、提高矿产回收率、资源综合利用、节能增效的目的。在设备购置方面，引进国外先进的井下生产机械，并针对目前尚未能利用但经济价值独特的共伴生矿产开展科技攻关，解决采、选、用等问题。

（2）全面革新充填工艺。充填工艺是充填采矿方法的重要组成部分，革新充填工艺，合理利用资源，有利于提高矿山资源综合利用与环境保护水平。采用全尾矿充填采矿可提高尾砂利用率，可大幅度降低尾矿排放量与尾矿库库容需求，并实现采空区与尾矿的互为资源利用，并且可作为新产出的选矿尾矿大宗全利用的优先方案。

（3）合理推进矿山尾矿、废石等相关资源的综合利用。创新机制，建立以减少废石排放与土地（尾矿库/废石场）占用为优先目标，以技术保障与基础条件支持为前提，固废资源综合利用产业体系。

开展尾矿综合利用的研究，包括利用尾矿制备蒸压砖、加气混凝土砌块、免蒸免烧砖、复合水泥、井下充填材料等的研究。尾矿经过加工处理后，可作为原材料被用来制备建筑材料，包括筑路砂石、水泥、广场砖、混凝土、微晶玻璃、玻化砖、建筑陶瓷、大理石等。随着充填技术的发展，大量的金属矿尾矿被作为充填材料，不仅实现了废物利用，还节省了充填废石的生产及运输费用，有利于保护环境。尾矿的综合利用方面如表 6-3 所示。尾矿资源的利用途径主要是进行尾矿再选或作为建筑材料，利用尾矿开发出更多有价值的产品，而国内大部分尾矿则是作为普通的充填材料回到地下填埋。

表 6-3 尾矿综合利用

我国尾矿综合利用途径	综合利用率分布
尾矿回收再选	15%
作为建筑材料	10%
用于井下充填	70%
作为土壤改良剂及微量元素肥料	少量

6.4.3.2 节能减排是重点

铁矿企业是高耗能、高污染企业，能源消耗和“三废”（废水、废气、废石）排放贯穿矿山整个生产过程，经济合理的能源消耗和排放是绿色矿山建设的重点内容。

按照国家绿色矿山建设要求，节能减排的具体标准是：首先，积极开展节能降耗、节能减排工作，使节能降耗达国家规定指标；其次，在生产过程中积极采用无废或少废工艺，实现“三废”排放达国家相关标准；最后，积极利用矿山水资源和其他固体排放物，使选矿废水重复利用率达到90%以上，矿山固体废弃物综合利用率达到国内同类矿山先进水平。

节能减排分为两部分：其一为节约能源，降低能源消耗；其二为减少污染物排放。具体做法为：（1）改革充填采矿法。将采矿产生的固体废料（尾矿、废石）充填采空区，实现减量排放或零排放，避免固体废料对环境的污染；同时，充填采矿还可以实现不建尾矿库和废石场，大量减少对土地的占用。（2）改革采矿方法。采矿方法创新关系到企业生产成本，是节约能源、降本增效的核心。矿山企业应根据矿体形成原因和赋存条件，不断创新开采方法。（3）发展清洁生产。通过设备更新、生产工艺升级等途径对矿山开采的重要耗能环节进行有效控制，提高单位能耗产值，避免能源浪费。（4）回收余能。矿石生产过程中，不可避免地会产生大量的剩余能量（热能、水能等），应回收再利用这部分余能。

6.4.3.3 循环经济是依托

循环经济是一种新型经济模式，是节能减排、资源综合利用和环境保护的依托载体，通过废物减量化、资源化和无害化处理，实现社会、经济和环境协调发展，是对“大量生产、大量消费、大量废弃”的传统模式的根本变革。冶金矿山企业大力开展循环经济，可以节约资源，减少污染，降低费用，是新时期绿色矿山建设的良好选择。

循环经济以资源的高效利用和循环利用为核心，以低消耗、低排放、高效率为基本特征，通过清洁生产从源头控制污染的产生，并在采矿生产的各个环节，系统地、最大限度地减少污染物排放，减少环境污染，恢复生态平衡，保护人们赖以生存的自然环境。

在铁矿资源综合利用过程中，我们需要加强尾矿利用程度、实行环境保护和矿山规划，通过处理好尾矿，可以防止资源浪费和自然灾害的发生。按照循环经济发展模式，采用科学的采矿方法和先进的工艺设备，以最小的剥掘代价采出最多的矿石量，提高矿产资源利用效率和做好相应的复垦计划和尾矿循环利用计划，从而降低对环境的污染和减少自然灾害发生的可能性。按照要求不断减少矿山企业向环境的排放，提高工业废气、废水、废渣的利用，实现铁矿生产排放物的减量化、资源化和再生化利用。

矿产企业实施循环经济，要求遵循循环经济 3R 原则，即"减量化、再利用、再循环"。循环经济 3R 原则在矿产开发各环节中的具体体现见图 6-3。

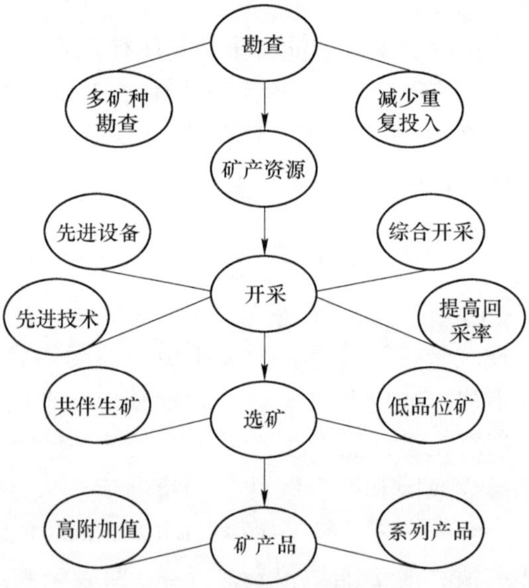

图 6-3　循环经济 3R 原则在矿产开发各环节中的具体体现

矿产资源循环经济的 3R 原则，通过再使用和再循环原则的实施，反过来强化减量化原则的实施，形成循环发展的全过程。

6.4.3.4　技术创新是支撑

科学技术是第一生产力，技术研发与转化不仅可以降低企业经营成本，提高资源利用效率，也是"五位一体"绿色矿山建设的重要支撑。坚持推进技术创新，用技术创新成果推动绿色矿山建设。

在技术创新方面，坚持积极开展科技创新和技术革新，加强矿山企业科技创新资金投入，确保用于科技创新的资金年均投入不低于矿山企业总产值的1%；不断改进和优化工艺流程，淘汰落后工艺与产能；重视科技进步，发展循环经济。

技术创新的环节与领域：第一，加强矿产资源充分利用的技术开发。创新采矿方法，优化选矿工艺，增加对难开采，难利用的矿产资源的回采率和利用率；第二，加强节能减排技术创新。对于高耗能、高排放的环节进行技术攻关，重点解决粉尘污染、生产用能消耗、三废排放的污染问题；第三，大力推进自主创新，支撑循环经济良好发展；第四，用技术支撑尾矿、废石等固体排放物的回收处理。

6.4.3.5 科学管理是保障

管理是软实力，加强科学管理，用管理这只轮子推动绿色矿山建设。矿山企业坚持高标准、严要求，坚决依照《绿色矿山公约》和国家级绿色矿山建设条件，加强公司管理。

科学管理主要集中在以下方面：（1）加强制度建设。建立和完善企业绿色矿山建设的相关规划、章程、制度，并督促落实。（2）加强生产过程管理。围绕绿色生产的相关原则、规定，在原料采购、生产工艺、节能减排、废石处理、土地复垦等方面建章立制，加强监视和督察。（3）构建企业文化。企业文化是公司员工共同遵守的价值观和行动准则，将绿色矿山的理念纳入公司企业文化，变成员工的自觉行动。创建绿色矿山，打造优美环境，形成“绿化美化我有责，净化亮化我受益”的氛围；建造职工休闲、娱乐、文化体育设施，让员工有学习、健身、娱乐的理想场所，职工物质、体育、文化生活丰富多彩。

“五位一体”绿色矿山建设模式的五个层面是相互联系，互为补充的统一体，只有在发展过程相互促进、共同发展，才能实现绿色矿山的建设目标。

6.5 富全矿业“五位一体”绿色矿山建设模式的实践

“五位一体”绿色矿山建设模式在富全矿业公司提出以来，受到公司上下一致认可，多年的实践证明，该模式是公司绿色矿山建设的有效途径。

6.5.1 资源综合利用

6.5.1.1 创新采矿方法，提高资源开采率

矿石开采是矿山企业生产经营的首要环节，科学合理的采矿方式有利于提高资源的综合利用水平。根据富全矿业矿山环境的特殊性、岩石状况以及地质条

件，矿业公司对采矿方法进行了一系列革新。

中钢富全矿业矿赋存条件为急倾斜中厚至厚大低品位磁铁矿体，TFe 品位 26.7%，SFe 品位 25.43%，岩石夹层多，矿体和夹层厚度变化大，矿体上部被厚 45~70m 的第四系地层覆盖，地表不允许塌落。针对这些特点，中钢富全矿业结合传统上向分层充填法和点柱式空场法工艺特点，创新形成了一种点柱式全矿床不分中段上向高分层连续推进充填采矿新方法，大幅降低了采矿成本，完全实现了废石不出坑，不仅提高了矿石产量，而且降低了矿石损失率和贫化率，提高了矿产资源的回收率[28]。

采用新的采矿方法后，技术经济指标在同类矿山中位于前列，见表 6-4。

表 6-4　主要技术经济指标

损失率 /%	贫化率 /%	千吨采切准比 /m · kt^{-1}	采场生产能力 /t · d^{-1}	采矿直接成本 /元 · $吨^{-1}$
10	4.8	2	800	28.5

6.5.1.2　加强尾矿废石利用，实现废物资源化

尾矿废石的综合利用是矿产资源综合利用的重点领域和主要内容。针对固体废弃物破坏生态环境、造成环境污染以及资源浪费等问题，富全铁矿通过建设地下开采充填体系，加强尾矿废石利用，实现了废物资源化。

地下开采充填体系的主要原理：

（1）井下充填作业的充填材料使用上，一是在各个采场实施矿岩分装分运，将分离出的废弃岩石直接运输到充填位置，避免了岩石提升的无谓成本。二是把矿石经过选矿加工后所剩废渣，利用渣浆泵打压，通过充填管线，输送到井下，与岩石、水泥等材料混合，运输到需要充填部位。通过这一措施的实施，既对矿山有效资源进行了充分利用，又对采掘过程中形成的废弃物进行了合理利用，在保证采空区不塌陷的情况下，做到了矿山废弃物的零排放，切实打造出一座环保的现代化矿山。

（2）充填方法。采用旋流器尾砂分级加立式砂仓的充填方法，主要是选厂产生的尾砂在经过旋流器后，粗粒级尾砂直接加混凝土充填至采场，细粒级尾砂由旋流器溢流至沉砂仓，沉淀后加混凝土充填至采场，这样尾砂利用率即可达到 70%以上，基本实现采充平衡。剩余 30%尾矿砂，随充填溢流水进入充填站南 800m 处的临时尾矿库。临时尾矿库分三个库区，逐个清理后用于筑路、烧制水泥和废弃砖窑坑填砂造田等。

（3）废石处理。废石来源，一是地表选矿厂二道干选产生的废石；二是一道湿式预选产生的废石；三是采准掘进产生的废石。废石根据产生来源不同采用

不同的利用方式：地表两道干选产生的废石，约占原矿产量的8%左右，由皮带装入废石仓汽车外运，用于筑路；湿式预选产生的废石，约占原矿产量的16%左右，由皮带装入废石仓汽车外运，用于筑路；采准掘进产生的废石，每年处理掘进废石4万~5万立方米，全部进入附近的采空区进行无废化处理，不出井。

中钢富全矿业公司采取一系列措施基本实现了尾矿零排放，矿产资源开采回收率2015年达86%以上，超过行业标准，对于尾矿、废石等固体废弃物的利用水平达到行业先进水平。通过延伸产业链，矿区的资源综合利用率达到100%。

6.5.2 节能减排

6.5.2.1 加强排放管控，推行清洁生产

推行清洁生产模式。为使工业厂房和厂区有组织排放颗粒物浓度满足国家规定的标准，公司根据生产工艺、设备布置等现场条件，建成了三套高效布袋除尘系统，分别对矿山在皮带运输、破碎和筛分环节产生的粉尘予以捕集，采用密闭或吸风罩抽尘、除尘设备净化方法，同时配套喷洒雾化水方式，进行降尘处理。研发了新型孔膜过滤技术过滤粉尘，该方法不受粉尘湿度等条件的影响，即使潮湿的粉尘也可正常的工作，有效降低粉尘污染。

对选矿管网及尾矿浓缩输送系统进行改造，切实降低尾矿品位，进一步提高精矿回收率及选矿废水的回收利用。

在尾矿库废水排放口处建设安装了在线监控设施，对排放的污染因子和排放量进行实时在线监测，加强了污染物的排放控制管理。

6.5.2.2 研发水源热泵技术，解决高燃煤污染问题

对于矿山企业来说，在日常生活及生产过程中，用锅炉房进行取热，会产生高燃煤、高燃耗，这既不节能又不环保，浪费资源且增加开支。为了解决这一问题，研究发现利用新能源来代替锅炉是最好的办法，同时，公司发现富全矿区具有丰富的地下水，并且水质类型为$SO_4 \cdot HCO_3\text{-}Ca \cdot Na$的淡水，不含有毒、有害元素，可以变废为宝，合理利用。

富全矿业与山东科灵空调设备有限公司合作，成功研发出水源热泵技术。水源热泵是利用地球水体所蕴藏的太阳能资源作为冷、热源，进行能量转换的冷暖空调系统。

水源热泵技术的推广实施，为职工提供了一个良好的工作和生活环境，杜绝了企业高燃煤消耗和高污染。公司充分挖掘企业自身潜力，推广使用水源热泵技术，将水资源有效利用，在向生产、生活设施供水之前，从水中提取热能用于职工采暖、制冷和洗浴用热水；将井下涌水排至水容器中，利用水容器对水的保压

功能，可将水直接供至水源热泵系统。水源热泵提取水中的能量用于企业职工办公、生活设施的采暖、制冷和职工洗浴用水加热，将提取能量后的水排至生产蓄水池。

6.5.2.3 集约土地资源，坚持土地复垦

矿山开发企业，一般都会占用大量宝贵的土地资源，造成矿山地质环境的恶化。富全矿业建设伊始，始终把"占地最少、厂区布置最合理"作为重中之重来抓。土地使用方面，公司在资源开采过程中，一是制定了完整的土地保护和土地复垦方案，并按照方案严格实施。二是坚持"边开采、边复垦"的原则，坚持开采和复垦并举。三是坚持节约用地，尽量少占地。公司原矿区设计分为生产区、办公区和风井区三个区域，拟确定生产区 218 亩，办公区 48 亩，风井区 3 亩，共计 269 亩。为减少矿区建设用地，在设计院总图设计的基础上，对厂区布置进行了优化，取消独立的办公区域，将办公楼纳入生产区内，最终确定用地 194 亩，减少建筑用地 72 亩，减少征地费用 1000 余万元。

此外，公司积极研发推广井下照明无极灯，降低生产成本，节约能耗。矿山巷道必须 24h 照明，采用白炽灯能耗较高。为此，富全矿业与常州华岳电子有限公司一起研发了井下照明替代光源 23W/110V 无极灯，完全取代 60W/110V 白炽灯，节能效果达 62%，且寿命长、照明效果好。经测算，该项目每年可节约标准煤 800t、热风炉电费 11.5 万元，共计每年可节约运行费用 100 余万元，减少二氧化碳排放量 2096t。

6.5.3 循环经济

中钢富全矿业主要从设备余热和水资源利用方面采用循环经济模式。

6.5.3.1 科学利用设备余热，减少电能消耗

为适应国家节能减排发展规划，减少能源浪费。富全矿业充分挖掘企业自身潜力，有效利用设备余热，既解决了设备自身的散热问题，又将有限的能源资源二次开发利用，减少了电能的消耗，避免了传统热风炉预热产生的二氧化碳等温室气体的排放，成为企业节能降耗、增加经济效益的一项重要措施。

富全矿生产用风采用地表空压机站集中供风形式，共安装复盛 SA-250A/W 螺杆式空压机 6 台，机组压风机头采用 250kW 电机驱动、风冷组件散热，其主要参数：散热器风机功率 7.5kW，散热器面积 2.2m^2，有效散热通风面积 1m^2，风速约为 6.6m/s，空气流量为 13.9～15.2m^3/s。空压机运行时散发的热量使空压机房内连续高温，而且温升很快，夏季环境温度 35℃时，2 台空压机运转 10min 室内温度就能达到 50℃左右，这种环境非常不利于设备效率的发挥，因

此，设备时常因高温报警、停机。如果5台空压机全部投入运行，散发的热量致使机组根本无法正常运行。

为彻底扭转这种局面，保证设备能够正常运行，满足矿山生产需要，通过对空压机性能参数和副井风量分布分析，制定了利用空压机散热进行副井预热的方案。具体做法是将空压机运行时散发的热量直接收集导出。在空压机房开设导风孔，每台空压机对应一个导风孔。在空压机散热器侧制作导风罩，每台空压机安装一个导风罩，将散热器散发的余热直接从空压机房导至室外。改造后，空压机房室内温度得到有效控制，夏季设备散热器窗口气流温度在42~50℃时，室内温度保持在38~40℃之间，冬季机房排气窗口排气温度在34~36℃之间。

空压机散发的热能被排至室外，不仅造成室外环境温度的升高，同时也造成能源的浪费。为合理利用余热能源，加之空压机机房距副井井口仅53m距离，开发利用较为方便。为此，将设备散热排出的余热利用∠40×4的角钢焊接框架，用酚醛树脂保温板密闭，制作成保温、防漏通风道收集，引至副井井口。通风道出口正对井口中心，以便使其进入井筒的冷空气与通风道引入的热空气充分混合后进入井筒，从而提高进风温度。通风道内风流动力源为空压机散热风机，加之副井为进风井，单位时间进风量较大，在井口区域可形成一个较大的负压区，能够将通风道内的热空气顺利地引至井筒及井口周围区域，以供井口预热和井口房供暖。为尽量减少通风道内风阻，通风道截面积定为设备排风口面积的1.2倍，以加大风流通过量。

该方案于2009年12月投入运行，井口房内通风道出口风流温度为35℃左右。2009年本地区冬季较为寒冷，最低气温达到-14℃，副井井口房室内温度仍能保证在4~6℃（井筒进风温度于室温相同），完全能够满足井筒进风温度不得低于2℃的要求。当井下生产系统形成后，空压机5台运行，余热风量将会达到52~57m^3/s，通风道出口风流温度也将会有所提高，井筒进风温度完全能够保持在10℃以上，能够满足该地区最低历史极限温度时井口预热要求。经过几年冬季的实际使用验证，效果非常好。实际运行效果充分证明，空压机余热利用不仅解决了空压机散发的热量排放问题，而且使余热资源二次利用，满足了冬季副井井口预热的要求，实现了冬季副井井口预热和井口房采暖的零能耗，减少了人力投入和建设费用。

6.5.3.2 构建水资源闭环系统，减少水的浪费

对于水资源的综合利用，主要是率先实施在铁矿山中利用井下生产疏干水源，抽取矿井水至水容器中，利用水容器对水的保压功能，直接供至水源热泵系统用水。水源热泵提取水中的能量用于企业员工办公、生活设施的采暖和制冷、职工洗浴用热水，将提取能量后的水排至生产蓄水池。生产蓄水池的水又分别用

于选矿厂生产用水、厂区绿化用水、职工洗浴用水、井下生产用水及其他工业用水。选矿厂生产用水在系统使用后排至过滤池，经过滤池充分沉淀后排至选矿用生产环水池，用于选矿生产用环水；厂区绿化、职工洗浴绿化用水等将水使用后汇入厂区设置的化粪池内，再由化粪池流至污水处理站，经污水处理站处理后再次排入生产蓄水池；井下生产用水在使用后经井下沉淀池沉淀后涌入井下水仓，经井下水泵排至地表水容器，再经水源热泵提取能量后排至生产蓄水池。生产蓄水池间断的溢流水可直接溢流至选矿生产环水池，这样整个公司工业供用水系统就形成一个大闭环，不产生水的外排。除企业产品、厂区绿化和其他工业用水的少量必须的损失外，全部又重新二次循环利用。

此外，根据矿井地下水水源丰富的特点，利用水源热泵系统，实现水资源循环，除满足了矿山选场工业用水外，还满足了工业厂房、办公区及部分住宅的采暖、制冷和职工洗浴用水等。从矿山实际应用来看，节能降耗效果明显，整个供水系统在节能方面共节约电能 330.3 万千瓦/年，费用 327.49 万元/年。

6.5.3.3 自主研制污水处理设备，实现污水再利用

生活污水再处理是采用中钢集团马鞍山矿山研究院自行开发研制的一体化生活污水处理设备来实现的，其主要处理手段是采用目前较为成熟的生化处理技术接触氧化法。

污水处理系统工艺流程见图 6-4。

图 6-4 污水处理系统工艺流程

（1）格栅渠。格栅渠的功能是去除较小固体颗粒及悬浮物，从而保证后续处理系统的正常运行及有效减轻其处理负荷，为系统长期稳定运行提供保证。

（2）调节池。调节池的功能是对废水的水量和水质进行调节，池内装有潜水搅拌机对废水进行搅拌，防止池底积泥。

（3）一体化处理设备。

1）缺氧池。缺氧池的功能是利用厌氧反应的水解与酸化段，将不溶解的有机物转换为溶解性的，难生物降解的大分子有机物转换为易于进行生物降解的小分子有机物，以利于提高后续的好氧生化段的处理效果。同时，生物接触氧化池的出水部分回流至缺氧池，进行反硝化脱氮，进一步提高氨氮的去除效率。

2）生物接触氧化池。生物接触氧化池的功能是生物接触氧化池内挂有填料作为好氧微生物的载体，池底安装有管式射流曝气器，通过微生物的代谢活动，降解吸附水中的有机污染物质。

3）二沉池。二沉池的功能是生物接触氧化池出水自流到二沉池，二沉池主要目的是截留生物接触氧化池出水中脱落的生物膜和沉淀后生成的污泥，进一步澄清污水。

该系统投入运行后，出水水质达到国家污水综合排放标准限值，污染因子中的 pH 介于 6～9、COD≤200mg/L、Ss≤100mg/L、BOD≤100mg/L、NH_3-N≤30mg/L，全部符合国家标准，既保护了环境，又达到了污水再利用的目标。

6.5.4 技术创新

富全矿业历来重视科技创新对生产和环保的重要作用，近年来矿业公司科技创新资金占矿业产值比重远高于国家规定1%的标准，保持在3%左右；不断改进和优化工艺流程，淘汰落后工艺和产能，生产技术居国内同类矿山先进水平。科研高投入换来众多科技创新成果，为公司带来更高效益。矿业公司在矿山安全、高效开采，废水综合利用，粉尘治理，尾矿综合利用、废石充填等方面取得 10 多项技术创新成果，创新技术成果的应用对于绿色矿山建设起到了积极作用。部分绿色技术创新成果及成效如下。

6.5.4.1 采用新型孔膜过滤技术解决粉尘问题

工业厂房中因为生产的原因会排放粉尘，这些粉尘会造成环境的二次污染，并且影响到工人健康。为使工业厂房和厂区有组织排放颗粒物浓度满足国家规定的标准要求，同时为职工建立一个清新的生产、生活环境，富全铁矿主要采用新型孔膜过滤技术过滤粉尘，有效降低了粉尘浓度。

新型孔膜过滤技术不受粉尘湿度等条件的影响，即使潮湿的粉尘也可正常地工作，除尘器为干法除尘，可消除粉尘的二次污染。孔膜过滤技术的特点主要有：（1）收尘效率高。微孔膜滤料的总收尘效率为 99.9%～99.99%；对粒径>5μm 的粉尘，收尘效率为 100%；对 2μm 的粉尘粒子，收尘效率为 96%。（2）运行阻力低。除尘器运行阻力达 1300Pa 以下，透气性好。（3）清灰效果好。清灰剥离率达到 98.4%～100%。（4）微孔膜不吸水，水滴接触角大于 145°，水滴在膜的表面呈球形，稍加抖动即可滚落。

以新型孔膜过滤技术为技术支撑，再根据生产工艺、设备布置等现场条件，对矿石在运输、破碎、筛分过程中产生的粉尘予以捕集，采用密闭或吸风罩抽尘、除尘设备净化方法，同时配套喷洒雾化水方式，进行降尘处理，解决粉尘问题。系统投入运行后，有组织排放颗粒物浓度、速率均满足《大气污染物综合排放标准》（GB 16297—1996）二级标准和《铁矿采选工业污染物排放标准》（GB 28661—2012）要求，筛分车间、中碎车间和粉矿仓的有组织排放颗粒物浓度也满足了《山东省固定源大气颗粒物综合排放标准》（DB 37/1996—2011）要求；

厂区无组织排放颗粒物浓度均满足三项标准要求。

6.5.4.2 应用磨前湿式预选新工艺，降低选矿能耗

近年来，由于高性能磁性材料的应用，磁选机分选区表面磁感应强度达到0.3T以上，可以处理0~15mm的矿石。如采用湿式预选提前抛掉难磨的废石，可使球磨分级系统处理能力大幅度提高。当时此项技术在全国应用得还很少，富全矿业公司通过技术论证，大胆应用了该预选新工艺。实践证明，该技术的应用，特别是对于低品位磁铁矿，极大地提高了选矿厂的处理能力，降低了选矿能耗。中钢富全矿业公司通过磨前湿式预选甩出废石23%，处理能力增加50万吨/年，年创效益360万元。

6.5.5 科学管理

科学管理是“五位一体”绿色矿山建设模式的重要内容，也是该模式有效运行的重要保障。中钢富全矿业自建矿以来，就非常注重科学管理，特别在绿色管理方面，做了大量工作，也取得了一些成效。

6.5.5.1 强化绿色理念，加强绿色管理

为了推进绿色矿山建设，矿区号召全员树立绿色矿山理念，加强绿色管理。公司根据企业发展需要，在技术创新基础上，对环保管理进行调整，将环保日常管理融入基础管理的范畴。同时，针对矿业行业的特点，日常管理突出反复抓、抓反复，狠抓基础管理的各个环节不放松，以基础管理工作强“根”固“本”，坚持把巩固工作同日常的环保管理、生产管理、设备管理、现场管理融为一体。坚持不懈地抓定置管理，使生产现场物流有序，空气清新，秩序井然；矿区所有工艺管线、设备标识明显，无泄漏、无污染，生产装置连续、均衡、稳定、安全、长周期运行。

此外，在制度建设方面，富全矿业结合生产实际，一是依照《绿色矿山公约》的相关规定，以资源综合利用管理和安全生产管理为主要内容，制定并认真执行绿色矿山建设规划。这些规划包括《富全矿业矿山生产建设规划》《富全矿业节能环保规划》《矿山地质环境保护与治理恢复方案》《富全矿业土地复垦方案》《富全矿业资源回收利用规划》等。二是依据规划建立了完善的矿产资源开发利用、保护环境、土地复垦、安全生产等九大类管理办法，涉及规章制度共计60余项，详细规定了有关管理工作的工作流程、管理及职责范围和考核办法，使公司的各项工作进一步规范化、科学化、高效化，这些规章制度的建立和完善，初步形成了中钢富全矿业现代化管理体系，奠定了“低碳环保、现代化”的绿色矿山高效、安全运营的基石。三是健全了矿山企业的组织机构并落实了目

标责任制，建立了标准化的矿山管理体系，明确了管理制度的管理流程和职责分工，并明确了各部门、各管理岗位的职责条例、岗位职责以及安全职责，并不断完善现场管理工作机制，不断提高管理水平，充分构建和完善“三标一体化”综合管理体系，建立了内部审核、管理评审与外部认证相结合的贯标推进工作机制。

6.5.5.2 立足矿区内外、开展生态建设

环境的系统保护最终体现为生态的保护与平衡，体现在经济、社会与环境的可持续发展。富全矿业遵循生态系统规律，掌握优胜劣汰、共生循环、相生相克等生态学理论，在治理污染方面，一是认真落实矿山恢复治理保证金制度，严格执行环境保护“三同时”制度（防治污染设施同时设计、同时施工、同时投入使用)，矿区及周边自然环境得到有效保护，矿山地质环境恢复治理水平明显高于矿产资源规划确定的本区域平均水平。二是制订了矿山环境保护与治理恢复方案，并按照要求层层落实。在环境质量方面，保护空气达标，控制噪声达标；在污染物控制方面，污水经中水站处理成中水；垃圾减量并无害处理；在生态指标方面，保护耕地，提高绿化覆盖率。三是加强环境绿化。一方面实行并且在进行土地复垦，在土地上种植蔬菜等绿色产品，既满足了自身生活的需要，又利用了土地。另一方面大搞植树种草，美化绿化环境，并且抽调得力人员，先后对国内绿化、美化搞得比较好的先进企业和城市进行参观学习和考察，经过广泛征求多方面意见，制定了切实可行的规划和实施方案。富全矿业长期重视矿区绿化工作，不断加大绿化投资，绿化覆盖率为可绿化面积的90%以上，获得“花园式矿井”的荣誉称号。

6.6 富全矿业“五位一体”绿色矿山建设成效

通过“五位一体”绿色矿山建设模式的实践，取得了系列创新成果。第一，推动了企业生产方式的转型升级，实现了能源、资源的综合利用和循环利用，极大减少了污染排放，为新型绿色矿山的建设打下了良好的基础。第二，通过技术革新和管理革新，企业自身现代化管理体系得到完善，优化了组织结构，形成了一套适合自身发展的管理体系。第三，推动了科技创新和促进科技创新成果的应用，达到了节省基建投资，提高生产效率，集约化利用不可再生资源和能源，实现节能降耗的目的。第四，产生了良好的经济效益、社会效益和生态效益。具体表现在以下几个方面。

6.6.1 管理水平

“五位一体”绿色矿山建设模式的实施，为公司创新管理模式打下了良好的

基础，富全矿业由粗放型生产模式向精细化生产模式转变，通过规范管理、科学管理的系列举措，促进了富全矿业的管理创新升级，初步形成了山东富全矿业现代化管理体系，奠定了“低碳环保、现代化”的绿色矿山的基石。

6.6.2　经济效益

富全矿业通过一系列的技术革新和生产模式的转变，提高了生产率和生产效益，经济效益可观。单从系列革新的设备或技术，就为公司节能降耗，每年创造经济效益上千万元，如表 6-5 所示。

表 6-5　经济效益一览表

项　目	节能/年	经济效益/万元 · 年$^{-1}$
水源热泵系统	电 213.76 万千瓦	153.73
	标准煤 1000t	237.40
水资源综合利用系统	电 113.9 万千瓦	81.90
生产供水系统	电 330.3 万千瓦	327.49
空压机设备余热	电 257.98 万千瓦	185.46
废石充填体系	水泥 5500t	165.00
磨前湿式预选工艺		360.00
矿山巷道照明系统	标准煤 800t	201.49
	电 15.99 万千瓦	

具体节能节耗体现为：（1）水源热泵系统较单体空调为职工提供采暖、制冷+锅炉为职工提供洗浴可节约电能 205 万千瓦/年，节约标准煤 1000 吨/年（以每吨煤 1100 元计），折合费用可节约 237.4 万元/年。（2）职工洗浴、厂区绿化和其他工业用水总用水量平均为 50m^3/h，需约 10kWh 电机为供水泵提供动力，节约消耗电能 8.76 万千瓦/年，费用 6.3 万元/年。（3）水资源综合利用系统可减少供水 220m^3/h，可节约电能 113.9 万千瓦/年，费用（以当地执行电价 0.7189 元/kWh 计）81.9 万元/年。（4）井下生产供水系统需用约 3kWh 电机为供水泵提供动力，节约消耗电能 2.63 万千瓦/年，节省费用 1.89 万元/年；整个供用水系统在节能方面共可节约电能 330.3 万千瓦/年，节省费用 327.49 万元/年。（5）设备余热的有效利用，在实现空压机房零能耗散热的同时也实现了副井井口预热和井口房采暖的零能耗，全年共计可以节约电能 257.98kWh，减少二氧化碳排放 4160t；设备的余热回收利用每年节约标准煤 800t，热风炉电费 11.5 万元，共计每年可节约运行费用 100 余万元，减少二氧化碳排放量 2096t。

(6) 富全矿业掘进废石全部进采空区，不但可以达到无废化处理的目的，而且每年可节约5000~6000t水泥，由此达到降低资源消耗的目标，创造更大的经济效益。

6.6.3 社会效益

矿井地下水源热泵和污水处理系统的开发，实现了资源循环利用。空压机运行中散发热量回收利用体系的创建，既解决了井口冬季结冰问题，也减少了一次能源消耗，并减少CO_2排放，实现了低能耗、经济循环。地下开采充填体系的建设，减少了采区地表及其水文地质条件的变化和废弃物的排放，从而避免了地下矿山开采对生态环境的破坏和影响，实现了环境友好、减少环境污染，达到绿色和谐的目的。

富全矿业先后获评“模范职工之家”和“济宁市劳动关系和谐企业”的荣誉。富全矿业的节能减排工作和绿色矿山建设，改善了矿区的工作和生活环境，树立了新时期绿色矿山的良好形象，扭转了过去人们眼中矿山脏、黑、乱的形象，取而代之的是花园式矿山的建设，提升矿山企业和员工的社会地位，树立公司良好的企业形象。富全矿业实施绿色矿山建设，大幅度降低了矿山能耗和环境污染，改善了传统的矿山企业高燃煤消耗和高污染的现状，实现了几代矿山人梦寐以求的理想。

6.6.4 生态效益

富全矿业通过一系列的低碳运行技术创新集成体系的实践，取得了明显的生态效益。

首先，富全矿业采取的水资源利用方案，使得矿井地下水资源从水量和热能两个方面得到综合循环利用的同时，水源热泵机组运行无任何污染，无燃烧、无排烟，不产生废渣、废水、废气和烟尘，不会产生城市热岛效应，取得了很好的节水和环保效益。

其次，富全矿业地下开采充填体系的建设及其对“三废”的得当处理，使得固体废弃物的排放量大大减少，资源综合利用量大大增加，废气也得到了高效处理，避免了采区地表塌陷及其对环境水文地质条件的破坏，减小或避免了资源开发对生态环境的影响，实现了绿色和谐的目的，其生态效益明显。

同时，开发运行的空压机运行状态下散发热量回收利用体系减少了能源浪费和温室气体排放，减少了气体污染物排放量。整个矿区正向“不排烟、不排水、不排气、不产生噪音、安全、高效”的一种绿色生产方式转变，实现矿山零排放和矿山低碳运行对周围生态环境“零影响”。

6.7 绿色矿山建设的对策建议

6.7.1 强化绿色矿山理念，建设和谐矿区

建设绿色矿山，要在企业生产经营过程中植入绿色矿业理念。在全体职工中加强"宣传教导、理念引导"的方式统一全矿思想。在企业文化中融入绿色发展的理念和价值观，充分发挥企业文化对促进绿色矿山建设起到的导向、规范、激励和凝聚作用。引导全员树立环境保护意识和绿色开发理念，建设和谐矿区。

第一，加强绿色教育，培养环保习惯。公司内部设立绿色矿山管理机构，对企业决策管理层和员工进行绿色矿山经营理念和企业公民意识的教育。矿区内部要树立循环经济、低碳经济、绿色经济理念，利用矿区内的宣传机器，如全方位开动矿区内的广播电视、宣传栏、报刊、互联网等宣传机器，普及绿色开发知识和循环经济理念，宣传典型案例，营造浓厚的宣传氛围，增强全员环境保护意识，提高全员职工对发展循环经济和绿色经济重要性认识。

第二，按照生态要求，营造和谐矿区。支援矿区周边村镇的基础设施建设以及一系列社会服务，如改造修建矿区周边村镇公路，清理和加固地下排水沟，改善相邻村镇排水系统，营造良好的矿区周边居民生活环境，也为矿工提供良好的工作环境。通过带动矿区周边村镇经济发展，使矿企利益和地方经济实现共赢，努力营造出良好的经济发展环境，构建和谐美好的矿山。

第三，建立制度激励，参与环保行动。在恰当的制度激励下，矿区的人员可以有效地参与环境保护与资源节约行动。矿山企业可以建立目标考核机制，把绿色开发教育工作和践行情况纳入矿区管理的考核体系之中，与年度考核挂钩，并可设立相应的奖项，调动矿区各部门、各单位的积极性。

6.7.2 加强制度建设和环境评估

矿山企业制度建设是推动矿山开发中资源节约利用和促进环境保护以及经济可持续健康发展的前提和基础，对矿山活动的环境评估，是绿色矿山建设的一个重要保障。

（1）加强绿色矿山监管。在矿山企业内部建立环委会、环保室和环境监测为一体的环境监管体系，坚持执行相关环境制度和"三同时"责任制，使矿区的大气、水体质量得到有效保证，为创建新型生态矿区打好基础。矿山企业中的环境保护人员主要包括：矿山环保科研人员、环境检测人员、污水治理人员、矿山企业防尘人员、保护设备抢修人员、矿区绿化人员、复垦造田人员等。在监督机构的积极配合下，加强监测、监督力度，确保各项措施发挥实效。

（2）改变企业经营业绩的考评方法。公司将污染物管理工作纳入考核范围，建立目标责任制、绩效考评制，同时将考核和责任人奖金福利挂钩，把节能降耗、综合利用、碳排放减少、环境保护这些约束性指标列入考核标准，鼓励技术创新和资源节约，在企业生产方式转型中推进绿色经济发展。

（3）建立健全各项管理制度。管理制度包括岗位责任制，安全生产制，绿色环评制等。在此基础上，全面贯彻落实，按制度办事，做到制度管人、管事、管项目。

6.7.3 深化科技创新，保障科技投入

矿山建设的关键是依靠科技驱动，未来科技发展速度呈加速度增长，技术和设备更新周期也不断缩短，只有提高技术创新能力和自主研发能力，将科技成果转化为现实生产力，才能具备核心竞争力，在中长期建设中实现绿色发展。

第一，要以企业为主体，加大研发投入，开发具有自主知识产权的技术和工艺，努力突破循环经济发展的技术瓶颈，以技术创新推动循环经济发展。积极开展与省内外的技术交流与合作，引进消化吸收。积极联合相关院所建立校企联合攻关机制，促进相关科研成果在矿区的推广应用，引进智力，为矿业发展献计献策。从充填开采技术的实施、矿井地热的开发技术、保水开采技术的应用，再到矿山的装备自动化技术的引进，把矿山建设和开采过程中对环境的破坏和影响，用科技手段加以抑制和消除，使矿山工程与生态环境融为一体。在矿井废弃物外排这个问题上，实施充填开采技术，规划矿区生态环境；在开发矿井地热，清洁能源利用上，结合矿山井下开采特殊工作环境，开发高效矿井热交换器、运用设备余热利用技术，实现矿山开采的低碳运行；在保水开采、水资源循环利用上，利用技术手段实现对水资源的保护的同时，利用水源热泵技术实现水资源循环利用，节约矿产资源开采成本；在矿山设备管理上，提高矿山装备自动化水平，实现减人提效。坚持自主创新，依靠科技进步，在开采技术、岩巷掘进、辅助运输方面进行技术研发和创新，为绿色开采和生态矿山建设提供科技支撑。

第二，从管理制度层面深化科技兴矿、科技兴企战略。首先，建立科技兴企战略组织机构和科学的生产组织体系，由主要职能部门牵头建立“采矿、选矿、地质测量、设备、电气”等几个主要的技术攻关小组，最终形成“统领全局、带动全员”的科技创新组织保障体系，以及建立科学的生产组织体系以保障矿山生产活动的高效率。其次，科技创新资金投入以不低于矿山总产值1%作为企业年终绩效考核标准，重视对矿山企业科技创新人员的培养工作和激励机制合理性的度量。在科技人才方面，激发科研人员积极性，对做出贡献的技术拔尖人才要从物质和精神上给予重奖；加大力气引进科研人才，在工资、住房和评定职称方

面给予倾斜；积极培养人才，联合相关专业院校进行培训，实行定单式培养。通过以上措施，提高矿山企业科技人员比例，增强科技创新能力。

6.7.4 加强信息化建设，建设数字化矿山

推进矿区信息化建设，将信息化和绿色矿山建设同步并举，建设信息化的新型绿色矿山，主要从以下几个方面来展开：

第一，加强矿山信息系统建设，建设以数据为中心的集成化信息系统，实现信息互动、管理集成。一方面，从矿山整体出发进行信息系统的统一规划，在此基础上进行矿山集成化信息系统建设，站在企业全局的高度进行数据集成与信息管理，在全企业范围内运用和集成 MIS，解决矿山信息化过程中存在的信息孤岛问题，实现信息共享。另一方面，进行以数据为中心的系统集成，根据矿山业务主题建立主题数据库、矿山数据仓库，实现矿山企业生产、销售、管理数据和外部市场数据的集成，逐步满足矿山管理各个层次的信息需求。同时，建立企业生产信息管理系统，实现主要生产过程的能耗、物耗的动态成本控制。创建生产工艺运营、监控和管理体系综合远程控制平台。针对矿区环境信息化建设和绿色矿山管理的需要，在矿产资源开发利用过程中，对污染源重点区域，实施在线监控，使重点污染源随时随地均处于有效的监控范围内。

第二，渗透信息技术到矿山开采过程中，实现信息化的采矿生产过程。在开采技术上，利用信息化服务绿色开采技术，改变传统的矿产资源开采技术。应用基于数字化、信息化的矿山绿色开采技术，借助物联网形成感知矿山，实现智能开采。通过推进绿色开采生态矿山建设，提高环境再造和改善能力，实现企业与环境和谐共生。将数字化、信息化现代技术广泛而深入地应用于绿色矿山，使粗放型的矿山开发模式向少人、无人的集约型矿井转变，实现“数字化信息化绿色环保矿山[30]”；在矿山生产过程管理上，利用信息技术来转变矿山管理方式，实现透明化、精细化、全面化管理。通过通信网络设施和可视化系统加强员工、部门、管理人员之间的联系，利用信息技术建立矿山开采的三维数字仿真立体模型，对矿山规划、开拓设计甚至矿体剖切，凿岩爆破等都可以进行软件模拟优化，提高资源利用率和工作效率。总之，在矿山生产活动中，结合数字化、信息化技术来进行矿山开采，构建如图 6-5 所示的系统，实现矿山生产过程的全面过程管理。

推进矿区信息化建设，形成开采系统集中化、采掘系统机械化、提升系统自动化、监控系统信息化，通过升级换代等途径提高装备自动化和现代化管理水平。

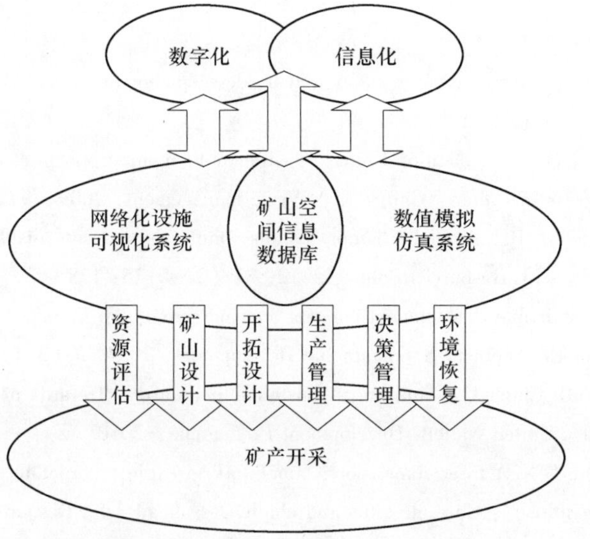

图 6-5 数字化、信息化与矿山开采

6.8 本章小结

本章从资源、环境和区域经济协调发展的视角，综合运用资源经济学、采矿学、可持续发展等理论和方法，应用理论与实证、定性与定量分析相结合的方法对绿色矿山建设模式进行了系统深入的探讨。首先，对绿色矿山建设内涵、条件及其在国内建设的实践进行了系统分析，指出绿色矿山建设是冶金矿山企业可持续发展的必经之路。其次，揭示了绿色矿山建设现状及存在的问题，并对其必要性进行了分析。第三，构建了“五位一体”绿色矿山建设模式，即以资源综合利用为核心，以循环经济为依托，以节能减排为重点，以技术创新为支撑，以科学管理为保障，打造“绿色、和谐、现代化矿山”。第四，通过该模式在富全矿业的实际应用，科学总结了“五位一体”绿色矿山建设模式，从管理效益、经济效益、社会效益和生态效益四个方面系统总结了富全矿业在矿山生产管理中所取得的成效。最后，针对绿色矿山建设实际，从强化绿色矿山理念，加强制度建设与环境评估，深化科技创新、保障科技投入，依托信息化、建设数字化矿山等方面提出对策建议。

参 考 文 献

[1] 中国煤炭学会，等. 第十届全国采矿学术会议论文集——专题六：煤炭经济、管理、非煤、其它 [C]. 2015，7.

[2] 王斌. 我国绿色矿山评价研究 [D]. 北京：中国地质大学（北京），2014.

[3] 张叶. 绿色经济问题初探 [J]. 生态经济（中文版），2002（3）：59~61.

[4] A. W. 克拉格，宋光明，阚世喆．可持续发展是采矿工业的机遇还是危机［J］．矿业工程，1999（5）：1~9.

[5] Fang H. Overview of low-carbon economy and its development in China［J］. Economic Perspective，2009（3）：45~46.

[6] Geng Y，Zhu Q H. Implementing China’s Circular Economy Concept at the Regional Level：A Review of Progress in Dalian，China［J］. Waste management，2009（9）：121~132.

[7] Fleury A M，Davies B. Sustainable supply chains—minerals and sustainable development，going beyond the mine［J］. Resources Policy，2012，37（2）：175~178.

[8] Lawn P. The sustainable development concept and indicators：An introductory essay［J］. International Journal of Environment & Sustainable Development，2004，3（3/4）：199~234.

[9] Gomezecheverri. L China U. China and a Sustainable Future ：Towards a Low Carbon Economy and Society［J］. United Nations Development Programme，2010.

[10] Fuisz-Kehrbach S K. A three-dimensional framework to explore corporate sustainability activities in the mining industry：Current status and challenges ahead［J］. Resources Policy，2015，46：101~115.

[11] 刘军，刘丽涵，吴海娟．关于建设绿色矿山实现资源可持续发展的论述［J］．黑龙江环境通报，2006，30（2）：9~10.

[12] 孙维中．浅谈“绿色矿山”的建设［C］// 河北省煤炭工业行业协会、河北省煤炭学会2008年总工程师会议暨采煤专业委员会学术会议，2008.

[13] 黄敬军．论绿色矿山的建设［J］．金属矿山，2009，39（4）：7~10.

[14] 温吉洋，郭守仁，番明江．打造绿色矿山实现可持续发展［C］// 全国煤矿环境保护座谈会，2004.

[15] 贾晓晴．古莲河露天煤矿环境影响与景观变化研究［D］．北京：中国地质大学（北京），2011.

[16] 乔繁盛，栗欣．绿色矿山建设工作的进展与成效［J］．中国矿业，2012，21（6）：54~56.

[17] 刘玉强．绿色矿山建设现状及展望［J］．矿产保护与利用，2011（5）：4~8.

[18] 刘建兴．绿色矿山的概念内涵及其系统构成研究［J］．中国矿业，2014（2）：51~54.

[19] 吉学文，曾普海，严庆文．绿色矿山建设及生产实践［J］．采矿技术，2009，9（3）：1~3.

[20] 陈斌，张有乾，艾聪．基于绿色开采的绿色矿山建设［J］．山西焦煤科技，2010，34（6）：50~53.

[21] 胡建军，刘恩伟．建设绿色矿山促进采矿业可持续发展［J］．中国矿业，2012（s1）：60~61.

[22] 王小娜．清洁生产对推进环保型绿色矿山建设的作用研究——以晋城煤业集团发展为例［J］．图书情报导刊，2008，18（8）：89~91.

[23] 安广义．承德绿色矿山［M］．北京：地质出版社，2009.

[24] 石锐钦．“塔山模式”绿色矿山建设实践［J］．煤炭经济研究，2012，32（7）：8~10.

[25] 乔繁盛，栗欣．以加快转变经济发展方式为主线建设绿色矿山［J］．中国矿业，2011，20（9）：51~53.
[26] 申丽晓．论发展绿色矿业，建设绿色矿山［J］．时代报告：学术版，2016（1）：130.
[27] 栗欣．绿色矿山建设模式的实践与探索［J］．中国国土资源经济，2017，30（4）：22~25.
[28] 连民杰，马毅敏，李全京，等．一种点柱式全矿床不分中段上向高分层连续推进充填采矿方法：中国，201110218656.7［P］．2012-03-28.
[29] 连民杰，周文略，李学忠．矿山企业降本增效五位一体科技创新体系［J］．金属矿山，2016，45（7）：42~46.
[30] 徐金辉，高祥，王亮亮，等．基于数字化信息化的矿山绿色开采技术应用［J］．有色金属科学与工程，2016，（02）：77~82.

7 结论与展望

矿产资源开采是我国经济发展不可忽视的一环，我国非常重视矿产资源供给的稳定性和持续性，抵制资源浪费和开采过程中的环境污染。在现代化机械与信息技术取代传统人力采矿的新时代，矿业生产必须更加注重集约高效开发、绿色开采、安全生产，矿山企业通过管理挖潜提高效率、降低成本，更加注重人文和谐。基于先进科学管理思想和理念，在对矿产资源开发外部性成本剖析的基础上，总结和提出了富全矿业组织文化管理、全生产过程协同管理、精益化安全生产管理、生产管控一体化、绿色矿山建设等管理模式，全面开启了富全矿业绿色安全高效管理实践。

7.1 结论

通过系统总结富全矿业“新时代冶金矿山企业高效开采管理模式”，得到了以下几个方面的研究成果和结论：

（1）资源外部性成本剖析。

1）将外部性理论与资源开采相结合，揭示了造成资源浪费和环境污染的主要原因是对矿产资源开采的外部性成本认识不清，没有将资源开采的外部性成本内部化。

2）探讨了矿产资源开采的外部性成本构成及估算方法。

（2）冶金矿山企业组织文化建设。

1）通过对矿山企业组织文化建设的现状和问题的考察，提出应该以企业精神文明建设为核心，从企业组织架构、人力资源架构、政治架构和符号架构四个方面构建企业组织文化体系。

2）根据四架构组织文化体系建设理念，对富全矿业组织文化建设进行了方案设计，方案实施后大大提升了富全矿业整体形象，减少了生产运营成本，提高了企业的经济效益和员工的凝聚力，企业核心竞争力明显增强。

（3）“RHO”安全生产管理模式。

1）结合价值管理、标准化管理、风险管理等管理理论和方法提出了包含3大体系（即安全生产目标管理体系，安全生产风险分级管理体系、安全生产隐患应对体系）的“RHO”高效管理模式。该模式能激发职工的工作热情，让职工主动参与安全管理，由被动向主动转变，实现“自我管理、自我完善、自我提升、大胆创新，持续改进”的目标，实现本质安全型矿山目标。

2）将“RHO”系统应用到中钢富全矿业，加快了富全矿山建设，生产组织安全高效，实现了企业效益最大化。

（4）生产管控一体化管理模式。

1）提出了基于信息技术的生产管控一体化模式，对采矿生产各类生产设备、生产数据、运行管理进行全局的有效管理与控制。通过覆盖采矿生产开拓、采矿、运输、选矿、尾矿于一体的管控平台，整合矿山各类资源，实现冶金地下矿山运行管理一体化、资源利用最优化、业务应用互动化、决策支持智能化，为采矿生产运行提供有力可靠的支撑。

2）构建的富全矿业生产管控一体化管理系统，提高了富全矿业管理效率和经济社会效益。

（5）“五位一体”绿色矿山建设模式。

1）综合运用资源经济学、采矿学、可持续发展理论等知识，应用理论与实证、定性与定量分析相结合的方法对绿色矿山建设模式进行了系统研究，构建了“五位一体”绿色矿山建设模式，即以资源综合利用为核心，以循环经济为依托，以节能减排为重点，以技术创新为支撑，以科学管理为保障，打造“绿色、安全、高效的现代化矿山”。

2）富全矿业“五位一体”绿色矿山建设实践，提高了矿山的管理效益、经济效益、社会效益和生态效益。

3）针对绿色矿山建设实际，从强化绿色矿山理念，加强制度建设与环境评估，深化科技创新、保障科技投入，依托信息化、建设数字化矿山等方面提出了对策建议。

7.2 展望

矿山生产过程管理是一个多目标复杂系统，随着国家政策、环境变化以及技术创新发展，需要不断创新管理模式。只有紧跟时代脉搏，不断调整步伐，才能保证企业的持续健康发展。新时代冶金矿山企业高效开采管理模式是在中钢富全矿业全体员工在多年改革实践中总结出来的理论成果，希望能对我国冶金矿山企业的生产管理实践起到借鉴和参考作用，并在实践中不断丰富和完善，探索出一条具有中国特色的矿产资源开发利用路径。